Leo N. Tolstoi

Vernunft und Dogma

Eine Kritik der Glaubenslehre

Band-Signatur
TFb_A002

Tolstoi-Friedensbibliothek
Reihe A | Band 2

Eine Neuedition von
Gottfried Orth und
Peter Bürger

Leo N. Tolstoi

Vernunft und Dogma

Eine Kritik der Glaubenslehre

(Erster Teil der Schrift „Issledovanie
dogmatičeskogo bogoslovija", 1879-1884)

Mit Genehmigung des Verfassers
aus dem Russischen übersetzt
von L. Albert Hauff
(1891)

Tolstoi Friedensbibliothek

TFb_A002

Die TFb-Buchausgaben
folgen dem Editionsprojekt
www.tolstoi-friedensbibliothek.de

© 2023

Leo N. Tolstoi

VERNUNFT UND DOGMA

Eine Kritik der Glaubenslehre

*Mit Genehmigung des Verfassers aus dem Russischen
übersetzt von L. Albert Hauff* (1891)

Neu ediert von Gottfried Orth und Peter Bürger
Tolstoi-Friedensbibliothek: Band-Signatur TFb_A002

Herausgeber, Redaktion & Gestaltung: Peter Bürger
www.tolstoi-friedensbibliothek.de
Umschlagbildnis: L. N. Tolstoi (Дьяговиченко I
Diagowitschenko, 1876 – commons.wikimedia.org)

Herstellung & Verlag: BoD – Books on Demand, Norderstedt
ISBN: 978-3-7578-0983-6

Inhalt

LEO N. TOLSTOI (1828-1910)

VORWORT DES HERAUSGEBERS

Beim Studium des Dogmenhandbuches „denkt man unwillkürlich, dass die einfachste, klarste Schlussfolgerung aus allen hervorgegangenen Streitigkeiten nur die eine sei, man solle keine Dummheiten reden, man solle vor allem nicht lehren, was niemand begreifen kann und, was noch wichtiger ist, man solle nicht darauf hin die hauptsächlichsten Grundlagen des Glaubens, die Liebe und die Nachsicht für den Nächsten, erschüttern."
LEO N. TOLSTOI (→S. 120)

Das bürgerlich geprägte Kirchentum, welches sich gegenwärtig in einem rasanten Tempo pulverisiert, besteht weithin aus ‚theologiefreien Zonen'. Hier zeigt man sich inzwischen nicht mehr bekümmert über einen Weltkatechismus, in welchen die Buchhalter der obersten Kirchenbehörde sogenannte Glaubensbesitztümer förmlich abgeheftet haben. Über vielerlei wird im kirchlichen Medienzirkus unserer Tage debattiert, aber nicht über die so naheliegende Frage, ob denn die Messe in ihrer Tag für Tag weitergeschleppten Form des Hofzeremoniells die brennenden Fragen des dritten Jahrtausends – die Menschwerdung des Menschen und die Freilegung einer wirklich auf das Ganze schauenden ‚Katholizität' – überhaupt (noch) zum Ausdruck bringen kann. Selbst den Zelebranten scheinen die mirakulösen Hochgebete aus einer ‚anderen Welt' nichts mehr zu sagen.[1] Schon hört man aus dem Innenraum des Tempels die Bitte, die überkommenen religiösen Obliegenheiten doch zumindest noch als Kulturgut zu bewahren – zum Nutzen von ‚Heimat', Gesellschaft und Staatswesen. Dass ein Bischof in überzeugender Weise vorträgt, die heillose Menschenwelt brauche die Wegweisung aus Naza-

---

[1] TOLSTOI meint mit Blick auf Kirchendiener, die behaupten, sie glaubten alles Unerklärliche in dem von ihnen verkündeten amtlichen Dogma: „Aber das ist nicht wahr, sie glauben nicht und niemals hat Jemand daran geglaubt. Es ist eine erstaunliche Erscheinung." (→S. 98)

7

reth so dringlich wie ein Verdurstender das Wasser, hat man aber schon lange nicht mehr vernommen.

Gleichgültigkeit und gedankenlose Routine gab es zu allen Zeiten bei den versorgten Dienern des Tempelwesens. Zugeben müssen wir allerdings, dass in der zweiten Hälfte des 20. Jahrhunderts noch leidenschaftlich gerungen wurde um eine ‚gute Theologie' – nicht selten gar unter Teilnahme eines breiten Publikums. Es standen Fragen auf der Tagesordnung, wie sie – nur ein Jahrzehnt nach dem Ersten Vatikanum – auch der Russe LEO N. TOLSTOI (1828-1910) in seinen theologiekritischen Schriften aufgeworfen hat. Die Religion war diesem Anhänger der ‚Lehre Christi' das Wichtigste im Leben – eine Frage auf Leben und Tod. Kummer ob der Unbekümmertheit von amtlichen Sachwaltern der als heilig geltenden Überlieferungen trieb ihn zum theologischen Selbststudium. Die hierbei entstandenen Arbeiten wurden im Anschluss an seine *„Beichte"* (Band 1 unserer Reihe) auch veröffentlicht. In Russland selbst durften die theologie- und kirchenkritischen Werke freilich viele Jahre nicht erscheinen. ‚Rechtgläubigkeit' war Staatssache.

Mitnichten stand am Anfang der Vorsatz, eine Attacke gegen alles Kirchliche ins Werk zu setzen: „Ich setzte noch nicht voraus, dass die Lehre falsch sei, ich bekämpfte den Gedanken daran ..." (→S. 19). Bei den Bauern hatte der begüterte und schon weltberühmte Dichter den Glauben als jene Kraft wahrgenommen, welche die Menschen leben und lieben lässt. Er wollte zu diesen liebenden ‚Lebenskünstlern' gehören und reihte sich ein in das volkskirchliche Gefüge. Unverständliche Riten und Dogmen erschienen TOLSTOI zwar nicht als notwendig, um glauben zu lernen, sie galten ihm aber auch noch nicht als etwas Schädliches. Wider allen Vorsatz wurde zunächst ein Sakramenten-Empfang zum traumatischen Erlebnis. Vielleicht galt das Erschrecken der – nunmehr ins Bewusstsein gelangten – Versuchung, sich einer Religionsgestalt (bzw. Priesterkaste) zu unterwerfen, die die Angst der Sinnlosigkeit nur *betäubt* (statt zu Gott hinzuführen). Wohl bedeutend traumatischer noch war die Erkenntnis, dass die kirchlichen Autoritäten das Totmachen von Menschen –

sofern sie als Feindes des Staates oder des eigenen Vaterlandes identifiziert waren – mit ihrem Segen rechtfertigen. Jetzt ging es in der Tat nicht mehr nur darum, ‚Unverständliches‘ besser zu verstehen. TOLSTOI musste in Erfahrung bringen, auf welcher Doktrin ein Kriegskirchentum fußt, das die ‚Lehre Christi‘ offenkundig beliebig bis hin zu einer Lehrverkündigung des Mordens umzubiegen versteht, andererseits aber im Namen der ‚Glaubenstreue‘ – im Einzelfall gar wegen eines einzigen Buchstaben – hohe Mauern zwischen den Menschen aufstellt statt sie gemäß dem Wesen jeder wahren Religion über alle Schranken hinweg zu vereinigen.

Nicht zuletzt stellt sich bezogen auf den von Theologen erfundenen ‚Gott‘ die Frage: „Auf welche Art ist der Widerspruch zu lösen zwischen der Güte und der Gerechtigkeit? Wie kann der gütige Gott für die Sünden mit ewigem Feuer strafen? […] Wie kann hier von Besserung und Liebe die Rede sein, wenn man für zeitliche Sünden ewig im Feuer bratet?" (→S. 74)

LEO N. TOLSTOI studierte von 1879 bis 1884 „wie ein guter Seminarist" (→S. 21; vgl. →S. 173-201) vor allem die damals am meisten verbreitete „*Orthodoxe dogmatische Theologie*" des Moskauer Metropoliten MAKARIJ I. (MICHAIL PETROWITSCH BULGAKOV, 1816-1882), erschienen 1847 bis 1853 in insgesamt sechs Bänden als ein Standardwerk für das Studium angehender Geistlicher. Zu diesem Zeitpunkt waltete allerdings schon die Kümmernis: Da „verlor ich diesen wichtigen Stützpunkt, den mir die Kirche geboten hatte, als Trägerin der Wahrheit, als Quelle jener Erkenntnis vom Sinne des Lebens, welchen ich im Glauben gesucht hatte." (→S. 19)

Ein erster Teil von TOLSTOIS „Untersuchung der dogmatischen Theologie" (*Issledovanie dogmatičeskogo bogoslovija*, 1879-1884) erschien 1891 – mit mangelhaftem russischen Text – zunächst in Genf, der zweite Teil erst ein halbes Jahrzehnt später ebenfalls in der Schweiz. 1903 veranstaltete WLADIMIR GRIGORJEWITSCH TSCHERTKOW[2] in England eine Gesamtedition der Unter-

---

2 Andere Schreibweise: Čertkov.

suchung im Rahmen der „Werkausgabe der in Russland verbotenen Schriften Tolstois". Erst drei Jahre vor dem Tod des Verfassers konnte auch in Russland eine ungekürzte Fassung veröffentlicht werden. – Im vorliegenden Band edieren wir erneut die Übersetzung der defizitären Ausgabe von 1891 durch L. ALBERT HAUFF (1838-1904), die 1891 – also sehr zeitnah – im Berliner Verlag von Otto Janke erschienen ist.[3] Der Satz dieser Ausgabe irritiert, denn es werden einzelnen Zwischenüberschriften aus der behandelten Dogmatik des Metropoliten MAKARIJ I. hervorgehoben, während vier Ziffern zu Kapitelanfängen von TOLSTOIS Studie einfach fehlen. Anhand der zuerst 1904 veröffentlichten *Gesamtübersetzung* von CARL RITTER[4] für eine deutschsprachige Leserschaft haben wir die Kapitelgliederung wieder hergestellt; die Eingriffe sind durch eckige Klammern kenntlich gemacht.

Keineswegs nebensächlich oder nur auf das exemplarisch herangezogene Lehrhandbuch anzuwenden sind die Beobachtungen TOLSTOIS zur Vorgehensweise (‚Methodik') der dogmatischen Literaturproduktion: „Es war unmöglich, die ausgesprochenen Gedanken zu untersuchen und zu beurteilen, weil nicht ein einziger klar ausgedrückter Gedanke darin zu finden war. Kaum wollte man einen Gedanken erfassen, um ihn zu überlegen, so entschwand er wieder, deshalb, weil er mit absichtlicher Unklarheit ausgedrückt war …" (→S. 20). „Immer wieder haben Worte nicht jene Bedeutung, die sie gewöhnlich in der Sprache haben, sondern irgend einen besonderen Sinn, dessen Bestimmung aber nicht gegeben war." (→S. 21) „Die Kunstgriffe der Darlegung sind …: Unklarheit der Ausdrücke, Widersprüche, eine durch nichtssagende Worte verhüllte Erniedrigung des Gegenstandes

---

[3] LEO N. TOLSTOI: Vernunft und Dogma. Eine Kritik der Glaubenslehre. Mit Genehmigung des Verfassers aus dem Russischen übersetzt von L. A[lbert]. Hauff. Berlin: Verlag von Otto Janke 1891.
[4] LEO N. TOLSTOJ: Kritik der dogmatischen Theologie. Erster und Zweiter Band. Übersetzt von Carl Ritter. (= Leo N. Tolstoj. Gesammelte Werke. II. Serie, Band 1/2. Von dem Verfasser genehmigte Ausgabe von Raphael Löwenfeld). Leipzig: Eugen Diederichs Verlag 1904. – Eine Neuedition dieser *Gesamtausgabe* wird derzeit ebenfalls für unsere Tolstoi-Friedensbibliothek vorbereitet.

und Herabführung desselben auf das niedrigste Gebiet, Vernachlässigung der Forderungen des Verstandes und immer wieder das beständige Streben, durch einen Wortschwall die verschiedenartigsten Ansichten von Gott, von Abraham bis zu den Kirchenvätern zu verbinden und allein auf diese Überlieferung alle Beweise zu gründen." (→S. 76) Die Wiedergabe der tradierten Formeln wird in der ‚Anwendung' eines Dogmas durch beliebige Assoziationsketten und willkürliche Anreicherungen aus unterschiedlichsten Segmenten der Überlieferung ergänzt. Ohne Zweifel betrachtet TOLSTOI viele Seiten der Dogmatik als bloßes Erzeugnis klerikaler Geschwätzigkeit – ohne Sinn und Verstand.

Dem Anspruch nach soll selbstverständlich alles glasklar, widerspruchsfrei und unwiderleglich dargelegt werden. Genau besehen läuft die Methodik jedoch unausgesprochen – auf Schritt und Tritt – auf das Grunddogma von einer *unfehlbaren Hierarchie* hinaus, die überall die letztbegründende Instanz der Lehre darstellt und deren Wahrheitsspruch man nie hinterfragen darf. Mit anderen Worten: ‚Die Partei, die Partei hat immer recht.'

Diese Verwaltung des ‚Glaubens-Depots' ist ein Gipfel von *Machtausübung*. Die Hierarchie ist außerdem symbiotisch mit den ‚weltlichen Mächtigen' verbandelt. Sie sorgt nicht zuletzt dafür, dass auch die ewige Lehre von einer gottgewollten Staats- und Strafmacht in der Dogmatik einen prominenten Platz erhält: „Das Wohlergehen der Reiche gewährt uns Ruhe … denn Gott hat die Obrigkeit zum allgemeinen Wohl eingesetzt. […] Vernichtest Du das Gericht, so vernichtest Du auch jede Ordnung in unserem Leben. […] Indem der Allerhöchste die irdischen Reiche regiert, setzt Er selber über sie Könige und verleiht den von ihm Erwählten durch die geheimnisvolle Salbung Kraft und Gewalt […], wenn du dich der Obrigkeit widersetzest, so widersetzest du dich dem göttlichen Willen" (→S. 160-162).

Die Glaubensbesitzer, die von Jesu Seligpreisung über unsere menschliche Bedürftigkeit offenbar nie etwas vernommen haben, müssen das Allerhöchste schließlich zu einer statischen, toten Angelegenheit machen: „Gott ist ein unwandelbares, allwissendes, allweises Wesen. Als unwandelbar kann Er, nachdem Er die vernünftigen Geschöpfe mit seiner Freiheit begabt hat, jetzt nicht seine Bestimmung wieder ändern ..." (→S. 156)[5].

Die inspizierte Dogmatik erschien Tolstoi nicht nur als ein Spott auf die Religion, sondern der Sache nach als ein gottloses Unternehmen. Die Beweise und Festschreibungen zerstören geradewegs den Glauben: „Gott und die Seele erkenne ich ganz ebenso, wie ich die Unendlichkeit erkenne, nicht vermittelst der Definition, sondern auf einem ganz anderen Wege. Die Definition aber zerstört in mir diese Erkenntnis. [...] Dasselbe ist der Fall, wenn man von meiner Seele und ihren Eigenschaften spricht: Ich begreife nichts mehr und glaube nicht mehr an diese Seele." (→131-132)

Der TOLSTOI-Anhänger und Übersetzer EUGEN SCHMITT (1851-1916) wird 1901 bei Diederichs in Leipzig ein interessantes Buch über „Die Kulturbedingungen der christlichen Dogmen und unsere Zeit" veröffentlichen. Darin werden am Rande auch Grenzen von TOLSTOIS Verständnis der Dogmengeschichte angesprochen.

Was sind überhaupt Dogmen? Da gibt es zunächst ‚Urbilder' der religiösen Überlieferungen wie die jungfräuliche Geburt eines anderen, neuen Lebens oder den Verlust des Paradieses[6], die wir heute im Lichte von Religionsgeschichte und tiefenpsychologischen Zugängen (EUGEN DREWERMANN) besser würdigen können als TOLSTOI, der sie in seiner Religion unter dem Vorzeichen einer „Vernunft", die zur Liebe befreit, nahezu ignoriert. Der russische Vorreiter von ‚Entmythologisierung des Christen-

---

[5] TOLSTOI kommentiert: „Und wenn in der Definition der göttlichen Eigenschaften hinzugefügt wird, dass Er seine Bestimmungen nicht ändere, so ist diese unrichtige Definition augenscheinlich nur deshalb gemacht worden, um sich später darauf zu stützen." (→S. 157)

[6] Den Ausführungen TOLSTOIS zur Paradieserzählung (Genesis 2,4b-3,24) wird man nach Lektüre von EUGEN DREWERMANNS Werk „Strukturen des Bösen" (1977–1978) nur unbedingt Beifall spenden können (→S. 133-152). Der Dichter erkennt jedoch klar, dass der Text eine subversive Erzählschicht in sich birgt, die der äußeren Lehrdeutung geradewegs widerspricht. Die wirklich erschütternde *theologische Tiefe* dieser biblischen, die Archetypen neu ausgestaltenden Urerzählung wird vom rechtgläubigen Dogmatiker und von TOLSTOI gleichermaßen (trotz der gegensätzlichen Standorte) *nicht* wahrgenommen.

tums' kritisiert aber versiert die Konstrukte jener Dogmatik, welche ,Urbilder' der Religion in *kalten Begriffen* dingfest machen will und solchermaßen zielgerichtet zerstört. – Allenfalls nur noch rudimentär oder gar nicht mehr wirkt ,Urbildliches' im Hintergrund jener Proklamationen der staatskirchlich veranstalteten frühen Konzilier, die in sakrosankten abstrakten *Formeln* das ,Wesen Gottes' festschreiben sollen (Zweinaturenlehre, Dreifaltigkeit) und den Jürgern Jesu am See Genezareth mit einiger Sicherheit rein gar nichts gesagt hätten. Auf diese unantastbaren *Definitionen*, die die rechtgläubigen Schultheologen selbst wie alles andere als etwas Unerklärliches darbieten[7], konzentriert sich in erster Linie TOLSTOIS Untersuchung.

Alles läge daran, hinsichtlich der dogmatischen „Formeln" allererst zu fragen, von *welchem* menschlichen oder göttlichen „Wesen" denn jeweils überhaupt die Rede ist. Werden Gott und Mensch als Konkurrenten eingeführt (Machtfrage) oder unter dem biblischen Vorzeichen einer möglichen Entsprechung (Lebensfrage)? L. N. TOLSTOI zeigt diesbezüglich durchaus das nötige Problembewusstsein: „Gott ist also unendlich, unbegrenzt, frei und das wird durch Zitate bewiesen, und, wie immer, zeigen eben die Zitate, dass diejenigen, welche diese Worte geschrieben und gesprochen haben, Gott nicht begriffen haben, sondern … von irgend einem heidnischen, starken Gott sprechen, aber nicht von dem Gott, an welchen wir glauben." (→S. 70)

Aus der dogmengeschichtlichen Entwicklung weiß TOLSTOI, dass z. B. das Wort „Hypostase" je nach Autor bzw. Schule einmal für das „*eine* Wesen Gottes", dann aber im Plural auch für die unterschiedenen „*drei* göttlichen Personen" verwandt wer-

---

[7] TOLSTOI zitiert aus der Dogmatik des Metropoliten MAKARIJ I: „Nicht wenig Unbegreifliches werden wir auch in der Folge sehen bei der Erklärung der Dogmen von der Menschwerdung und der Person unseres Erlösers, von seinem Kreuzestod, von der ewigen Jungfräulichkeit der Mutter· Gottes, von der Wirkung der Gnade auf uns und Ähnlichem. Aber das Geheimnis der christlichen Geheimnisse ist unstreitig das Dogma von der allerheiligsten Dreieinigkeit. Wie in dem einigen Gott drei Personen sind, wie auch der Vater Gott und der Sohn Gott und der heilige Geist Gott ist und dennoch nicht drei Götter sind, sondern ein einiger Gott, – das übersteigt vollkommen jedes Verständnis!" (→S. 89)

den konnte.[8] Man hat sich schließlich auf eins von beiden – das letzte – geeinigt. Das mindert nicht den Ansatz der Kritik. Alles muss begrifflich stets so weit getrieben bzw. zurecht gemacht werden, bis es irgendwie passt. Was für eine Form von ‚Offenbarung' soll das sein?

Wer, wie der Herausgeber dieses Bandes, daran festhält, dass das ‚Symbolon' von der göttlichen Dreifaltigkeit – trotz seiner staatskirchlichen Genese – unter bestimmten Voraussetzungen wirklich als ein Juwel des theologischen Nachsinnens in der Christenheit vermittelt werden könnte, ist versucht, an dieser Stelle lange Ausführungen zur eigenen Anschauung einzufügen. Doch all die klugen Belehrungen, die LEO N. TOLSTOI postum seitens der Apologeten bis heute über sich ergehen lassen muss, führen an der Sache vorbei. TOLSTOI trifft in seiner Studie keine Aussage darüber, ob irgendwann und irgendwo eine überzeugende Theologie der „Trinität" überhaupt möglich sei. Er bezieht sich auf konkrete, durchaus zentrale Zeugnisse des Kirchentums seiner Zeit. Seine Kritik ist im wesentlichen ‚nachgeholt' worden von einem beträchtlichen Teil der systematischen Theologie, auch wenn man etwa in Rom die oberste Theologenpolizei noch im dritten Jahrtausend von einem intellektuell denkbar anspruchslosen (Defacto-)Fundamentalisten aus Deutschland leiten ließ. Wer den berühmten westlichen Kirchenvätern des 20. Jahrhunderts – KARL BARTH und KARL RAHNER – folgt, wird wie TOLSTOI sagen müssen, dass eine Rede von „drei göttlichen *Personen*" nach alter Väter Sitte einfach nicht zur retten ist. – Daran ändert sich auch nichts, wenn die „drei *Personen*" nunmehr etwa „subsistierende Relationen"[9] (‚Beziehungen' als unterscheidbare ‚Unter-Seinsweisen') sein sollen …

---

[8] „Das Christentum gibt uns einen anderen Begriff von dem Wesen, einen anderen von den göttlichen Personen. Aber das ist es ja eben, was ich suche, jenen ‚anderen' Begriff von den Personen und dem Wesen, und den habe ich nirgends gefunden. Und nicht nur habe ich ihn nicht gefunden, er kann auch nicht existieren, da die Worte οὐσία und ὑπόστασις bald Verschiedenes, bald dasselbe bedeuten und willkürlich angewendet werden." (→S. 109)

[9] Diese Fährte mag weiterhelfen, der Begriff „*Person*" jedoch gewiss nicht mehr. Wann wird man es endlich eingestehen?

Gegen den Kult der *Begriffsfetische*, welcher den amtlichen Verkündern selbst gar kein existentieller Ernstfall ist, macht TOLSTOI mit großem Nachdruck den *allgemeinen Glaubenssinn* der Christenmenschen geltend: „Fragt einen Bauern, ein Weib, was die Dreifaltigkeit sei, so wird von zehn kaum einer antworten, und man kann nicht sagen, dass das von Unwissenheit herrühre. Fragt man aber, worin die Lehre Christi besteht, so antwortet jeder. Das Dogma der Dreifaltigkeit ist nicht kompliziert und nicht lang, warum also kennt es niemand? Deshalb, weil man nicht kennen kann, was keinen Sinn hat." (→S. 98) „Von hundert Frauen und Männern aus dem Volke verstehen nicht mehr als drei die Personen der Dreieinigkeit herzuzählen und nicht mehr als dreißig können sagen, was die Dreieinigkeit sei, verstehen aber nicht die Personen aufzuzählen und schließen Nikolai den Wundertäter und die Mutter Gottes mit ein. Der ganze Rest weiß nichts von der Dreieinigkeit." (→S. 117-118)

Heute ist es nicht mehr so leicht möglich, TOLSTOI nach Art eines FEDOR STEPUN (1884-1965) als sozialrevolutionär ambitionierten ‚Jesuaner' auszugrenzen, der den Heiland bloß noch als einen „jüdischen Sokrates" gewürdigt und zentrale Inhalte des Christentums verneint habe. Zunächst überzeugt eine Exkommunikation von ‚Jesuanern', denen man kurzerhand das ‚Christsein' absprechen will, heute auch im Innenraum der Kirchen die meisten Gläubigen nicht mehr. Wenn man sich aber schon auf die theologische Tradition beziehen will, kann man kaum übersehen, wieviel *„Christologie"* in TOLSTOIS Schriften anzutreffen ist. Als ‚Jesuaner' wäre der Russe hier kaum angemessen anzusprechen.

Die Paragraphen der Lehrliteratur führten LEO N. TOLSTOI vor Augen, dass die sich selbst lehrende Kirche nicht etwa ein ‚Sakrament für die *Einigung* der menschlichen Familie' ist, sondern vielmehr ein Instrument zur *Spaltung* der Menschen: „Wie immer, wird durch irgend eine häretische Lehre erklärt, was anders von keinem vernünftigen Menschen begriffen werden kann." (→S. 143) „Das Dogma aber ist nur ein Produkt des Streits. Deshalb muss man darstellen, was bestritten wurde, nur um zu sagen, worin die Lehre der Kirche bestehe. [...] Dieser Streit ist auch nicht interessant und hat nichts gemein mit den Fragen des Glaubens, mit der Frage: ‚Welchen Sinn hat mein Leben?'"

TOLSTOI begann seine Untersuchungen der dogmatischen Theologie nicht aus einer neutralen – akademischen – Haltung heraus. Dies kommt auch zum Ausdruck durch folgendes Gebet in seiner Schrift (→S. 113-114):

„Gott, Du unbegreiflicher, aber wahrhaft bestehender Gott, nach dessen Willen ich lebe! Du selbst hast dieses Streben in mich gelegt, Dich und mich selbst zu erkennen. Ich irrte, ich habe nicht dort die Wahrheit gesucht, wo ich sie hätte suchen sollen, ich wusste, dass ich mich verirrte. Ich gab meinen schlechten Leidenschaften nach und wusste, dass sie schlecht waren. Aber niemals habe ich Dich vergessen. Ich fühlte Dich immer, auch in den Augenblicken meiner Verirrungen. Fast wäre ich untergegangen, da ich Dich verloren hatte, aber Du reichtest mir die Hand, ich ergriff sie und das Leben erhellte sich für mich. Du hast mich gerettet, und ich suche jetzt nur eins: Dir näher zu kommen, Dich zu begreifen, soweit dies für mich möglich ist. Hilf mir, lehre mich. Ich weiß, dass ich gut bin, dass ich alle liebe oder lieben will, dass ich die Wahrheit lieben will. Du bist der Gott der Liebe und der Wahrheit, ziehe mich zu Dir, offenbare mir alles über Dich und mich, was ich begreifen kann."

Glaubensspuren hatten TOLSTOI einen Ausweg aus Sinnlosigkeit und Verzweiflung eröffnet. Doch dann wurde ihm, der am Abgrund des seelischen Hungertodes gestanden hatte, im Kirchenraum nur eine imaginäre Speise vorgelegt, die – auch wenn sie mehr wäre als reine Fiktion oder Konstruktion – niemanden ernähren kann. Sollte es wirklich der „gütige Gott" sein, der dem *Verzweifelten,* der nach Erlösung aus der Sinnlosigkeit schreit, durch den „Mund der Kirche" antwortet: „Die Gottheit ist einig und dreifaltig. O herrliche Vorstellung!" (→S. 114) ?

pb

Vernunft und Dogma.

Eine Kritik der Glaubenslehre

von

Graf Leo N. Tolstoi.

Mit Genehmigung des Verfassers aus dem Russischen

übersetzt von

L. A. Hauff.

Berlin.

Verlag von Otto Janke.

Textquelle der dargebotenen Übersetzung | Graf Leo N. TOLSTOI:
Vernunft und Dogma. Eine Kritik der Glaubenslehre. Mit Genehmigung des Verfassers aus dem Russischen übersetzt von
L. A[lbert]. Hauff. Berlin: Verlag von Otto Janke 1891.
[164 Seiten; enthält nur den ersten Teil von Tolstois Werk.]

VORBEMERKUNG DES ÜBERSETZERS

Das vorliegende Werk schließt sich an die kürzlich erschienene bemerkenswerthe Schrift Tolstoi's „Meine Beichte" an. Der Verfasser lehnt sich hier noch entschiedener, als in der „Beichte" gegen den Zwang auf, welchen die Glaubenssatzungen ihm auferlegen, hält sich aber nicht mehr in der Defensive gegen diesen Zwang, sondern geht aggressiv vor, indem er die Satzungen der griechisch-orthodoxen Konfession, – officiell die „rechtgläubige Kirche" genannt, – einer strengen Prüfung unterwirft.

Tolstoi studirte die rechtgläubige dogmatische Theologie, wie er selbst sagt, „wie ein Seminarist" und theilt hier die Ergebnisse seiner Kritik mit. Das vorliegende Werk ist also für uns schon dadurch von ganz besonderem Interesse, daß es einen Einblick in das Lehrgebäude der rechtgläubigen Theologie bietet.

Um diesen Einblick ganz ohne Störung zu vermitteln, hielt es der Uebersetzer für geboten, mehr auf genaue Wiedergabe nicht nur des Wortlauts, sondern auch aller von Tolstoi gewollten Abtönungen des Ausdrucks zu halten, als auf stylistische Vollkommenheit. Dies mag zur Entschuldigung für etwaige Härten in der Übersetzung dienen. Ebenso wurden auch die zahlreichen Bibelstellen nicht nach der Luther-Bibel angeführt, sondern nach dem altslavischen Text der russischen Bibel, wie ihn Tolstoi citirt, so wortgetreu als möglich übersetzt, in der Voraussetzung, daß eine Vergleichung der citirten Bibelstellen in beiden Übersetzungen für manche Leser von einigem Interesse sein wird.

L. A[lbert]. H[auff].
[1891]

Leo N. Tolstoi

Vernunft und Dogma

Eine Kritik der Glaubenslehre

Issledovanie dogmatičeskogo bogoslovija
(1879-1884)

EINLEITUNG

Durch zwingende Gründe bin ich zur Untersuchung der Glaubenslehre der rechtgläubigen Kirche veranlaßt worden. In der Vereinigung mit der rechtgläubigen Kirche hatte ich Rettung vor Verzweiflung gefunden. Ich war fest überzeugt, daß in dieser Lehre allein die Wahrheit liege. Aber viele, sehr viele Erscheinungen und Äußerungen dieser Lehre, welche meinen Grundbegriffen von Gott und seinem Gesetz widersprachen, führten mich darauf hin, mich der Erforschung dieser Lehre selbst zuzuwenden.

Ich setzte noch nicht voraus, daß die Lehre falsch sei, ich bekämpfte den Gedanken daran, weil ein einziger Irrtum in dieser Lehre das ganze Lehrgebäude zerstören mußte. Und damals verlor ich diesen wichtigen Stützpunkt, den mir die Kirche geboten hatte, als Trägerin der Wahrheit, als Quelle jener Erkenntnis vom Sinne des Lebens, welchen ich im Glauben gesucht hatte. Und ich begann, die Bücher zu studieren, welche die rechtgläubige Glaubenslehre darlegten. In allen diesen Werken fand ich, ungeachtet ihrer Verschiedenheit in Einzelheiten und einigen Unterschieden in den Schlußfolgerungen, eine und dieselbe Lehre, einen und denselben Zusammenhang zwischen den Theilen, eine und dieselbe Grundlage.

Ich las und studierte diese Bücher und werde in folgendem die Gefühle und Eindrücke schildern, welche ich durch dieses Studium empfangen habe. Wenn ich nicht durch das Leben zur unvermeidlichen Erkenntnis der Notwendigkeit des Glaubens hingeführt worden wäre, – wenn ich nicht gesehen hätte, daß dieser Glaube zur Grundlage des Lebens aller Menschen dient, – wenn nicht in meinem Herzen dieses durch das Leben erschütterte Gefühl sich von neuem befestigt hätte, – wenn die Grundlage meines Glaubens nur ein leichtgläubiges Vertrauen wäre, – wenn in mir nur derselbe Glaube lebte, von welchem die Theologie spricht (der Unterrichtete glaubt), – so wäre ich beim Durchlesen dieser Bücher nicht nur ein gottloser Mensch geworden, sondern auch der schlimmste Feind jedes Glaubens, weil ich in diesen Lehren nicht nur Sinnlosigkeit, sondern bewußten Lug und Trug der Menschen fand, welche den Glauben als Mittel zur Erreichung irgend welcher eigener Zwecke gewählt haben.

Das Studium dieser Bücher kostete mich entsetzliche Mühe, nicht nur wegen der Anstrengung, mit der ich den Zusammenhang zwischen den Aussprüchen zu finden suchte, denjenigen Zusammenhang, welchen darin die Verfasser dieser Bücher sahen, sondern auch wegen jenes inneren Kampfes, den ich beständig mit mir selbst zu führen hatte, um beim Lesen dieser Bücher meine Entrüstung zu zügeln.

Ich habe viel Papier verschrieben, indem ich begann, Wort für Wort zuerst das Glaubensbekenntnis zu analysieren, dann den Katechismus Philarets, dann die Epistel der orientalischen Patriarchen, dann die Einleitung in die Theologie, dann die dogmatische Theologie desselben Makari. Ein ernster, wissenschaftlicher Ton, wie der, in welchem diese Bücher, besonders die neueren, wie die Theologie Makaris, geschrieben sind, war beim Studium dieser Bücher unmöglich. Es war unmöglich, die ausgesprochenen Gedanken zu untersuchen und zu beurteilen, weil nicht ein einziger klar ausgedrückter Gedanke darin zu finden war. Kaum wollte man einen Gedanken erfassen, um ihn zu überlegen, so entschwand er wieder, deshalb, weil er mit absichtlicher Unklarheit ausgedrückt war, und unwillkürlich kehrte ich zur Analyse der einzelnen Ausdrücke dieses Gedankens zurück, wobei sich erwies, daß ein bestimmter Gedanke überhaupt nicht vorhanden war. Immer wieder haben Worte nicht jene Bedeutung, die sie gewöhnlich in der Sprache haben, sondern irgend einen besonderen Sinn, dessen Bestimmung aber nicht gegeben war. Wenn eine Bestimmung oder eine Erklärung eines Gedankens gegeben war, so war sie immer im umgekehrten Sinne gegeben. Zur Bestimmung oder Erklärung eines schwer verständlichen Wortes wurde immer wieder ein Wort oder Worte angewendet, welche gänzlich unverständlich waren. Lange zweifelte ich an mir selbst und erlaubte mir nicht, das zu verwerfen was ich nicht begreifen konnte, und mit allen Kräften der Seele und des Geistes bemühte ich mich, diese Lehre so zu verstehen, wie sie diejenigen verstanden, welche behaupteten, an sie zu glauben und verlangten, alle sollen auch glauben. Und das war um so schwerer für mich, je ausführlicher und pseudowissenschaftlicher die Lehre dargestellt war. Mit dem Studium des Glaubensbekenntnisses in altslavischer Sprache, in jener wörtlichen Übersetzung aus einem unklaren griechischen Text, konnte ich noch irgendwie meine Begriffe vom Glauben in Einklang bringen, aber beim Lesen des Sendschreibens der orientalischen Patriarchen, wo jene Dogmen schon ausführlicher ausgesprochen sind, konnte ich meine Glaubensbegriffe schon nicht mehr vereinigen und ich konnte fast nicht mehr begreifen, was unter den Worten zu verstehen war, die ich las. Mit dem Studium des Katechismus vermehrte sich meine Nichtübereinstimmung und Nichtverständniß noch mehr. Beim Lesen der theologischen Werke, zuerst von Damaskin und dann von Makari, erreichte die Nichtübereinstimmung und das Nichtbegreifen die höchste Stufe. Dafür aber begann ich jenes äußerliche Band, welches diese Worte vereinigte, zu begreifen, sowie jenen Gedankengang, der den·Verfasser leitete, und den Grund, warum es mir unmöglich war, ihm beizustimmen.

Lange mühte ich mich damit ab und endlich gelangte ich dahin, daß ich die Theologie studierte wie ein guter Seminarist, und indem ich dem Gedankengang, der den Verfasser leitete, folge, kann ich die Grundlage von allem erklären, sowie den Zusammenhang der einzelnen Dogmen unter sich und die Bedeutung jedes Dogmas in diesem Zusammenhang und, was das Wichtigste ist, ich kann auch erklären, warum gerade ein solcher und nicht ein anderer Zusammenhang gewählt wurde, obgleich er so seltsam erscheint. Und als ich dies erreicht hatte, entsetzte ich mich. Ich begriff, daß diese ganze Glaubenslehre eine mittelst der alleräußerlichsten, ungenauen Kennzeichen künstlich konstruierte Zusammenstellung von Glaubensäußerungen der verschiedenartigsten Menschen ist, welche nicht miteinander übereinstimmen und gegenseitig einander widersprechen.

Ich begriff, daß diese Zusammenstellung für niemand nützlich sein kann, daß niemals jemand an diese ganze Glaubenslehre glauben konnte, noch glaubte und daß daher die unmögliche Vereinigung dieser verschiedenartigen Glaubenslehren in eine einzige Verkündigung derselben als Wahrheit nur durch irgend einen äußerlichen ·Zweck veranlaßt worden sein konnte. Ich begriff auch diesen Zweck. Ich begriff auch, warum diese Lehre dort, wo sie gelehrt wird, – in den Seminaren, – in Wirklichkeit Gottlose hervorbringt· Ich begriff auch jenes seltsame Gefühl, das ich beim Lesen jener Bücher empfand.

Ich habe auch die sogenannten religionsspötterischen Werke von Voltaire und Hume gelesen, aber niemals habe ich jene unzweifelhafte Überzeugung von der vollständigen Glaubenslosigkeit eines Menschen empfunden wie die, welche ich in Bezug auf die Verfasser der Katechismen und der Werke über Theologie empfand: Indem man in diesen Werken, welche von den Aposteln und den sogenannten Kirchenvätern hergeleitet werden, jene Aussprüche liest, aus denen die Theologie besteht, sieht man, daß das die Ausdrücke gläubiger Leute sind und man hört die Stimme des Herzens trotz der ungeschickten und zuweilen falschen Ausdrucksweise. Wenn man aber die Worte eines der genannten Autoren liest, so sieht man deutlich, daß der Verfasser nichts zu thun hat mit dem wirklichen innigen Sinne des von ihm gemachten Ausspruchs. Er sucht auch nicht einmal, ihn zu begreifen. Er sucht nur nach irgend einem ungefähr passenden Wort, um damit einen Gedanken eines Apostels mit einem

Ausspruch Mosis oder eines neuen Kirchenvaters zu verketten. Er strebt nur danach, einen solchen Kodex zusammenzustellen, welcher zeigen könnte, daß alles, was in den sogenannten heiligen Büchern und bei allen Kirchenvätern geschrieben steht, nur dazu geschrieben wurde, um das Glaubensbekenntnis zu rechtfertigen. Und so begriff ich endlich, daß diese ganze Glaubenslehre, welche ich für den Ausdruck des Volksglaubens angesehen hatte, nicht nur falsch, sondern Lug und Trug ist, der sich im Laufe der Jahrhunderte aufbaute und einen bestimmten und niedrigen Zweck hatte.

Das ist die Glaubenslehre. Ich werde sie noch näher erklären nach dem Glaubensbekenntnis, nach dem Sendschreiben der orientalischen Patriarchen, nach dem Katechismus Philarets und hauptsächlich nach der dogmatischen Theologie von Makari, einem Buch, welches von der Kirche für das beste dogmatische Werk anerkannt wird.

I.

[Einleitung zur „Dogmatischen Theologie" des Metropoliten Maca-rius.] – Die Einleitung besteht aus der Darstellung 1. des Zwe-ckes, 2. des Gegenstandes, 3. der Herkunft der rechtgläubig christlichen Dogmen, 4. der Bildung der Dogmen, 5. des Charak-ters, Planes und der Methode, 6. aus einer Skizze der Geschichte der wissenschaftlichen und dogmatischen Theologie.

Obgleich diese Einleitung nicht von dem Gegenstande selbst spricht, kann man sie doch nicht übergehen, da sie im Voraus bestimmt, was in jedem Buch dargelegt und wie es dargelegt wird.

§ 1. Die rechtgläubige dogmatische Theologie, im Sinne einer Wissenschaft aufgefaßt, muß die christlichen Dogmen in syste-matischer Folge darstellen mit möglichster Vollständigkeit, Klar-heit und Gründlichkeit und dabei nicht anders, als im Geiste der rechtgläubigen Kirche.

§ 2. Unter dem Namen christlicher Dogmen sind die geoffen-barten Wahrheiten zu verstehen, welche von Männern der Kir-che gelehrt worden als unumstößliche und unabänderliche Re-geln des erlösenden Glaubens.

Weiterhin wird dargelegt, daß geoffenbarte Wahrheiten die-jenigen Wahrheiten genannt werden, welche sich in den Glau-bensüberlieferungen und der heiligen Schrift finden. Überliefe-rung und heilige Schrift werden deshalb als Wahrheiten aner-kannt, weil die Kirche sie als solche anerkennt. Die Kirche aber wird selbst als Wahrheit anerkannt, weil sie dieselben Überliefe-rungen und die heilige Schrift anerkennt.

§ 3. Aus dem herrschenden Begriff von den christlichen Dog-men geht hervor, daß sie alle göttlichen Ursprung haben. Folg-lich hat niemand das Recht, ihre Zahl zu vermehren oder zu ver-mindern, noch sie auf irgend eine Weise, welche es auch sei, zu verändern: so viele ihrer Gott am Anfang geoffenbart hat, so viele müssen ihrer auch bleiben zu allen Zeiten, solange das Christentum bestehen wird.

Am Anfang geoffenbart. Was das bedeutet „am Anfang geoffenbart," – ist nicht gesagt. Am Anfang der Welt, oder am Anfang des Christentums?

Und in diesem oder jenem Fall, wann fand dieser Anfang statt? Es ist gesagt, die Dogmen seien nicht eines nach dem anderen erschienen, sondern alle zugleich am Anfang, aber wann dieser Anfang war, – ist nicht gesagt, weder hier, noch in dem ganzen Buch. Weiter:

„Aber indem sie in der Offenbarung selbst unverändert bleiben, sowohl der Zahl, als ihrem Wesen nach, müssen die Dogmen nichtsdestoweniger in der Kirche den Gläubigen enthüllt werden. Von jenen Zeiten, wo die Menschen anfingen, sich die Dogmen anzueignen, um sie in den Kreis ihrer Begriffe herabzuziehen, begannen diese heiligen Wahrheiten notwendigerweise in den Begriffen verschiedener Individen sich verschiedenartig zu gestalten, (das ist bei jeder Wahrheit der Fall, wenn sie das Eigentum der Menschen wird) – notwendigerweise mußten verschiedene Meinungen, verschiedene Mißverständnisse in Bezug auf die Dogmen entstehen, sowie auch sogar verschiedene Entstellungen der Dogmen, absichtliche oder unabsichtliche Häresien. Um die Gläubigen vor diesem allen zu bewahren, hat die Kirche von allem Anfang an ihnen nach Überlieferungen der heiligsten Apostel kurze Vorbilder des Glaubens oder Symbole geboten."

Die nach Zahl und Wesen unveränderlichen Dogmen sind von Anfang an geoffenbart worden und dabei müssen sie dennoch auch enthüllt werden. Das ist unverständlich. Und noch unverständlicher ist das, daß früher einfach gesagt wurde „am Anfang", was wir, wie auch die Theologie, verstanden: am Anfang aller Dinge. Jetzt aber ist mit diesem Anfang der Anfang des Christentums gemeint. Außerdem geht aus diesen Worten gerade jener Sinn hervor, welchen der Verfasser von Anfang an verneinte. Dort wurde gesagt, daß am Anfang alles geoffenbart worden sei, hier aber heißt es, die Dogmen werden in der Kirche enthüllt und am Ende wird gesagt, die Kirche habe am Anfang (von was?) nach der Überlieferung der Apostel kurze Vorbilder des Glaubens oder Symbole geboten. Das ist ein innerer Widerspruch. Augenscheinlich sind unter dem Wort „Dogma" zwei einander gegenseitig ausschließende Begriffe zu verstehen. Nach der Bestimmung der Theologie ist ein Dogma eine von der Kirche gelehrte Wahrheit. Nach diesen Bestimmungen können sich die Dogmen enthüllen, wie der Verfasser sagt, das heißt erscheinen, sich verändern, sich komplizieren, wie das in Wirklichkeit der Fall war und ist. Aber, indem der Verfasser den Begriff „Dogma" ungenau bestimmte, indem er, anstatt Unterweisung in dem, was für Wahrheit gehalten wird, sagte, Unterweisung in der Wahrheit, und indem er sogar einfach sagte: „das Dogma ist eine Wahrheit des Glaubens," hat er augenscheinlich dem Dogma noch eine andere Bedeutung gegeben, welche die erste ausschließt, und dadurch wurde er unwillkürlich in einen Widerspruch verwickelt. Aber dieser Widerspruch ist dem Verfasser notwendig· Es ist ihm für seine Zwecke notwendig, unter einem Dogma die Wahrheit selbst zu verstehen, eine absolute Wahrheit und eine in gewissen Worten ausgedrückte Wahrheit. Der Widerspruch ist ihm dazu notwendig, um, indem er lehrt, was die Kirche für Wahrheit hält, behaupten zu können, daß das, was sie überliefert, die allerabsoluteste Wahrheit sei. Diese falsche Anschauung ist nicht nur deshalb wichtig, weil sie unvermeidlich zum Widerspruch führt und jede Möglichkeit einer vernünftigen Darstellung ausschließt, sondern sie ist auch deshalb wichtig, weil sie unwillkürlich Zweifel an der folgenden Darlegung erregt. Das Dogma ist ja nach der Definition der Kirche geoffenbarte göttliche Wahrheit, welche von der Kirche zur Stärkung des erlösenden Glaubens gelehrt wird. Ich bin ein Mann Gottes. Indem Gott die Wahrheit geoffenbart hat, hat er sie auch mir geoffenbart. Ich suche den erlösenden Glauben und das, was ich von mir sage, das sagten und sagen Milliarden von Menschen. Also, gebt mir diese von Gott geoffenbarte Wahrheit, (welche für mich so gut wie für euch geoffenbart wurde). Wie sollte ich nicht an diese Wahrheiten glauben und sie annehmen? Ich verlange ja nur danach. Auch sie sind göttlich. Darum, lehret sie mich. Die Befürchtung ist überflüssig, daß ich sie ablehnen werde, aber die Kirche scheint zu fürchten, daß ich das ablehnen werde, was für mein Heil nötig ist und will mich im Voraus nötigen, anzuerkennen, daß alle diese Dogmen, welche mir gelehrt werden, Wahrheiten seien. Ja, daran kann kein Zweifel sein, daß Wahrheit das ist, was Gott den Menschen, die ihn suchen, geoffenbart hat. Also, gebt mir diese Wahrheiten. Aber hier wird absichtlich anstatt dieser Wahrheiten ein falsches Raisonnement aufgestellt, zu dem Zweck, mich im Voraus zu überzeugen, daß alles, was man mir sagen wird, alles Wahrheit sei. Diese Behauptung, anstatt mich der Wahrheit fügsam zu machen, bringt eine entgegengesetzte Wirkung auf mich hervor. Ich sehe augenscheinlich, daß dieses Raisonnement unrichtig ist und daß man mein Vertrauen zu dem, was man mir sagen wird, im Voraus gefangen nehmen will.

Aber woher weiß ich, daß das, was man mich als Wahrheit lehren wird, keine Falschheit ist? Ich weiß, daß sowohl in der dogmatischen Theologie, als im Katechismus und bei den orientalischen Patriarchen und selbst im Glaubensbekenntnis unter den Dogmen sich auch ein Dogma von der heiligen, sündlosen, vom heiligen Geist regierten Kirche, der Bewahrerin der Dogmen, befindet. Wenn die Dogmen nicht für sich selbst erklärt werden können, sondern nur gestützt auf das Dogma von der Kirche, so muß man auch mit dem Dogma von der Kirche anfangen. Wenn alles auf dieses Dogma sich gründet, so muß man es auch sagen und mit diesem anfangen, nicht aber, wie hier, vom ersten Paragraphen an, das Dogma von der Kirche als die Grundlage von allem hinstellen und es dann nur beiläufig erwähnen, wie etwas schon Bekanntes, und man muß es nicht so erwähnen, wie in dem Katechismus Philarets im 3. Kapitel, wo gesagt wird, die göttliche Offenbarung werde in der Kirche bewahrt mittelst der Überlieferung. Die Kirche aber wird durch alle gebildet, welche durch den Glauben an die Überlieferung vereinigt sind, und diese, durch die Überlieferung Vereinigten, bewahren die Überlieferung.

Eine Überlieferung wird immer durch diejenigen bewahrt, welche an diese Überlieferung glauben. Das ist immer so. Aber ist sie wahrhaftig, ist sie kein Irrtum? Und jenes Bestreben, mit welchem man, ohne von den Dogmen selbst etwas gesagt zu haben, im Voraus meine Zustimmung zu jedem Dogma erlisten will, veranlaßt mich, auf der Hut zu sein. Ich sage nicht, daß ich nicht an die Heiligkeit und Sündlosigkeit der Kirche glaube. Zu jener Zeit, als ich die Untersuchung begann, glaubte ich sogar vollkommen an sie und an sie allein, (wenigstens schien es mir, daß ich glaubte). Aber man muß wissen, was unter der Kirche zu verstehen ist und jedenfalls, wenn man die ganze Lehre auf das Dogma gründen will, so muß man auch mit diesem anfangen, wie es Chomjakow gethan hat. Wenn man aber nicht mit dem Dogma von der Kirche, sondern mit dem Dogma von Gott beginnt, wie im Glaubensbekenntnis, in der Epistel der orientalischen Patriarchen, im Katechismus und in allen dogmatischen Handbüchern, so muß man die wesentlichsten Dogmen, die von Gott den Menschen geoffenbarten Wahrheiten, darlegen.

Ich bin ein Mensch. Gott hat auch mich im Auge. Ich suche das Heil. Wie sollte ich also dieses einzige, was ich mit allen Kräften meiner Seele suche, nicht annehmen? Ich kann nicht anders, als sie anzunehmen, und nehme sie wirklich an. Wenn meine Vereinigung mit der Kirche sie verstärkt, – um so besser. Sagt mir die Wahrheiten so, wie ihr sie wißt, sagt sie wenigstens so, wie sie in jenem Glaubensbekenntnis ausgesprochen find, das wir alle auswendig gelernt haben. Wenn ihr befürchtet, daß ich wegen der Verdunkelung und Schwachheit meines Verstandes, wegen der Verdorbenheit meines Herzens sie nicht begreifen werde, so helft mir, (ihr kennt diese göttlichen Wahrheiten, ihr, die Kirche, lehret uns) helft meinem schwachen Verstande, aber vergeßt nicht, daß, was ihr auch sagen möget, ihr doch immer dem Verstande sagt. Wenn ihr göttliche Wahrheit aussprecht, so kann sie nur in Worten ausgedrückt werden, und diese Worte kann man doch nur durch den Verstand begreifen. – Erklärt diese Wahrheiten meinem Geist, zeigt mir die Nichtigkeit meiner Einwände, erweicht mein hart gewordenes Herz durch unablässiges Mitgefühl und durch das Streben nach dem Guten und der Wahrheit, welche ich in euch finde, aber sucht mich nicht durch

Worte, durch absichtlichen Betrug zu fangen, welcher die Heiligkeit des Gegenstandes beleidigt, von dem ihr sprecht. Mich rührt das Gebet der drei Einsiedler, von welchen die Volkslegende spricht; sie beteten zu Gott: „Ihr seid drei, wir sind drei, erbarme dich unser."[1] Ich weiß, daß ihr Begriff von Gott nicht richtig ist, aber es zieht mich zu ihnen hin, es verlangt mich, sie zu unterstützen, wie man lachen will, wenn man Lachende sieht und gähnt mit den Gähnenden, weil ich mit ganzem Herzen fühle, daß sie Gott suchen und den Irrtum ihres Ausdrucks nicht einsehen, aber die Sophismen, der absichtliche Betrug, um die Unvorsichtigen und solche, die nicht von starkem Verstande sind, in der Falle zu fangen, stoßen mich zurück.

In Wirklichkeit handelt es sich um die Erklärung der geoffenbarten Wahrheiten von Gott, von dem Menschen, von der Erlösung. Die Menschen wissen das und anstatt darzulegen, was sie wissen, stellen sie eine Reihe trügerischer Betrachtungen an, durch welche sie überzeugen wollen, daß alles, was sie von Gott, von dem Menschen, von der Erlösung sagen werden, alles so ausgedrückt sein werde, daß man es durchaus nicht anders ausdrücken kann und daß es unmöglich sei, nicht an alles das, was sie sagen, zu glauben.

Vielleicht werdet ihr mir die geoffenbarte Wahrheit auslegen, aber das Verfahren, das ihr dabei beobachtet, ist dasselbe, mit dem man an die Darklärung [sic] einer wissentlichen Lüge herantritt. Betrachten wir nun mit Eifer die Wahrheiten selbst, worin sie bestehen und wie sie ausgedrückt sind.

———

---

[1] [Vgl. dazu im Anhang der vorliegenden Neuedition →S. 165-172]

In dem Glaubensbekenntnis, im Sendschreiben der orientalischen Patriarchen, im Katechismus Philarets, in der dogmatischen Theologie ist das erste Dogma das Dogma von Gott. Die Hauptüberschrift des ersten Teils lautet: „Von Gott an sich selbst und von seinen allgemeinen Beziehungen zur Welt und zu den Menschen (θεολογία ἁπλῆ, das heißt: einfache Theologie), das ist die Überschrift des ersten Teils. Der zweite Teil heißt: „Von Gott, dem Erlöser und von seinen besonderen Beziehungen zum Menschengeschlecht (θεολογία οἰκονομική Theologie des Haushalts).

Wenn ich etwas von Gott weiß, wenn ich irgend einen Begriff hatte, so vernichten schon diese beiden Überschriften der beiden Teile alle meine Erkenntnis von Gott.· Ich kann meinen Begriff von Gott nicht vereinigen mit einem Gottesbegriff, für welchen es zwei verschiedene Beziehungen zum Menschen giebt: Die eine, eine allgemeine und die andere eine besondere. Der Begriff „besonders", welcher Gott beigelegt wird, zerstört meinen Gottesbegriff. Wenn Gott jener Gott ist, welchen ich begriff und begreife, so kann er keinerlei besondere Beziehungen zum Menschen haben. Aber vielleicht verstehe ich diese Worte nicht richtig, oder meine Begriffe sind nicht richtig. .Ich lese weiter über Gott. – „Erste Abteilung: Von Gott an sich selbst." – Und so erwarte ich nun die Darlegung jener von Gott dem Menschen zur Erlösung geoffenbarten Wahrheit von Gott zu finden, welche der Kirche bekannt ist. Aber vor der Auslegung dieser geoffenbarten Wahrheit begegne ich dem § 9, welcher von dem Grad unserer Erkenntnis Gottes nach der Lehre der Kirche spricht. Dieser Paragraph spricht ebenso wie die Einleitung nicht von dem Gegenstand selbst, sondern dient nur dazu, mich darauf vorzubereiten, wie ich das verstehen soll, was erklärt werden wird.

„Jeder Lehrsatz von Gott im Glaubensbekenntnis der rechtgläubigen Kirche beginnt mit den Worten: „Ich glaube …" und das erste Dogma, welches sie uns einflößen will, besteht in folgendem: „Gott ist unbegreiflich für den menschlichen Verstand, die Menschen können ihn nur teilweise erkennen – so viel, als er selbst sich entdecken wollte zur Stärkung ihres Glaubens und ihrer Frömmigkeit. Eine unumstößliche Wahrheit" (Seite 66).

Für diejenigen, welche an eine solche Art von Auslegung nicht gewöhnt sind, muß ich erklären, (da ich dies selbst lange nicht begriff), daß unter dieser unumstößlichen Wahrheit nicht das zu verstehen ist, daß Gott unbegreiflich sei, sondern das, daß er begreiflich, aber nur teilweise begreiflich sei. Die unumstößliche Wahrheit besteht darin, daß Gott unbegreiflich und zugleich begreiflich sei, aber nur teilweise. Darin besteht diese Wahrheit.

„Diese Wahrheit", heißt es weiter, ist klar dargelegt in der heiligen Schrift und genau erklärt in den Schriften der heiligen Väter und Lehrer der Kirche, auf Grund sogar des gesunden Verstandes. – Die heiligen Bücher lehren einerseits, a) daß Gott in der Welt unerreichbar lebt, keiner der Menschen hat ihn gesehen, noch kann ihn einer schauen (1. Tim. 6, 16), b) daß nicht nur für die Menschen, sondern auch für alle erschaffenen Geschöpfe das Wesen Gottes unbekannt, seine Gerichte unbegreiflich und seine Wege unerforschlich seien (Röm. 11, 33–34; Ev. Joh. 1,18; 1. Joh. 4, 12; Sirach 18, 3–4), und c) daß Gott vollständig nur von Gott allein erkannt wird. Denn welcher Mensch weiß, was im Menschen ist ohne den Geist des Menschen, der in ihm ist? Also auch weiß niemand, was in Gott ist ohne den Geist Gottes, und niemand kennt den Sohn außer dem Vater, noch kennt jemand den Vater außer dem Sohn, (Matth. 11, 27). (Seite 67).

Aber andererseits verkündigen uns die heiligen Bücher, daß der Unsichtbare und Unbegreifliche selbst sich dem Menschen offenbaren wollte, daß Gott für den Verstand unbegreiflich sei, sein Dasein aber begreiflich. Folgendes sind diese Wahrheiten:

a) An der Schöpfung ist seine ewige Kraft und Göttlichkeit zu ersehen (Röm. 1, 20; Psalm 18, 2–5; Weish. 13, 1–5) und noch weiter – b) In der übernatürlichen Offenbarung, nachdem (Gott) oftmals und auf vielerlei Weise in früheren Zeiten zu den Vätern geredet hat durch die Propheten, hat er am Ende dieser Tage zu uns durch den Sohn geredet. (Hebr. 1, 1–2. Weish. Sal. 9, 16–19) und nachdem dieser eingeborene Sohn Gottes, welcher in der

Welt im Fleisch erschien (1. Tim. 3, 16) uns Licht und Verstand gegeben, erkennen wir den wahren Gott (1. Joh. 5,20) und dann verkündigte er seine Lehre durch die Apostel, auf welche er den Geist der Wahrheit herabließ, welcher alles erforscht, auch die Tiefen der Gottheit. (Joh. 14, 16–18; 1. Kor. 2, 10.) Endlich behaupten die heiligen Bücher, daß, obgleich auf diese Weise der Sohn Gottes, der in des Vaters Schoße sei, uns Gott verkündigt habe, ihn niemand und nirgends gesehen habe. (Joh. 1, 18). (Seite 68).

Ich bitte den Leser, auf die Ungenauigkeit dieses Citats zu achten. Der wirkliche Text (Joh. 1, 18) lautet: „Niemand hat Gott je gesehen: der eingeborene Sohn, der im Schoße des Vaters ist, hat das verkündigt," aber nirgends ist gesagt: Der im Schoße des Vaters ist, hat uns Gott verkündigt."

„Aber auch jetzt sehen wir den Unsichtbaren nur durch den Spiegel in der Weissagung und jetzt verstehen wir den Unbegreiflichen nur teilweise. (1. Kor. 13, 12.)"

Ich bitte den Leser auch auf die Ungenauigkeit dieses Citats zu achten. In dem angeführten Text ist nicht gesagt: „Jetzt verstehen wir den Unbegreiflichen nur teilweise," es ist nicht gesagt „teilweise" und kein Wort ist gesagt von dem „Unbegreiflichen," und es ist sogar auch nicht die Rede von der Erkenntnis Gottes, sondern nur im allgemeinen von der menschlichen Liebe und Erkenntnis. Das ist der Inhalt des ganzen Kapitals. (1. Kor. 13.) In dem ganzen Kapitel ist nur davon die Rede, daß alle menschliche Erkenntnis unvollkommen sei, aber augenscheinlich ist hier garnicht beabsichtigt, von der Erkenntnis Gottes zu sprechen.

„Und jetzt gehen wir im Glauben und nicht im Schauen." (2. Kor. 5, 7). (Seite 68).

Richtig: „Denn wir wandeln im Glauben und nicht im Schauen," das heißt wir leben. Es ist auch nicht nur nichts gesagt von der teilweisen Erkenntnis Gottes, sondern es wird gesagt, daß wir im Glauben leben. –

Alle diese Stellen sind deshalb angeführt, um zu beweisen, daß Gott unbegreiflich sei, aber teilweise begreiflich. Hier findet wieder eine absichtliche Verwirrung der Begriffe statt. Der Verfasser vermischt absichtlich beide Begriffe: die Begreiflichkeit des Daseins Gottes und die Begreiflichkeit Gottes selbst.

Wenn wir vom Anfang aller Dinge, von Gott sprechen, so ist es augenscheinlich, daß wir sein Dasein erkennen und begreifen. Aber wenn wir vom Wesen Gottes selbst sprechen, so ist es augenscheinlich, daß wir es nicht begreifen können. Wozu also beweisen, daß er teilweise begreiflich sei? Wenn uns nichts aus der Welt vollkommen unbegreiflich ist, so ist es augenscheinlich, daß Gott, der Anfang aller Anfänge, keineswegs unbegreiflich ist. Wozu das beweisen, und so seltsam beweisen, indem man die Worte Johannis ungenau anführt, durch welche erwiesen wird, daß Gott niemand und nirgend gesehen hat, und indem man die ungenauen Worte Pauli, welche sich auf etwas ganz anderes beziehen, zum Beweise der teilweisen Begreiflichkeit Gottes anführt?

Diese seltsamen Citate und seltsamen Beweise fließen daraus her, daß das Wort „Begreiflichkeit" hier und weiterhin in zweifachem Sinne angewendet wird: im wirklichen Sinne der Begreiflichkeit und im Sinne der auf den Glauben übertragenen Erkenntnis. Wenn der Verfasser die Begreiflichkeit verstehen würde als „Begreiflichkeit", so würde er nicht beweisen wollen, daß wir Gott teilweise begreifen, sondern er würde geradezu bekennen, daß wir ihn nicht begreifen können. Aber unter dem Wort „Begreiflichkeit" versteht er hier Erkenntnis, angewendet auf den Glauben, und vermischt absichtlich diesen Begriff mit dem Begriff der Erkenntnis des Daseins Gottes. Und daraus folgt bei ihm, daß wir Gott teilweise begreifen können. Wenn er die Bibelstelle anführt, daß wir Gott aus seiner Schöpfung begreifen, so meint er damit die Erkenntnis des Daseins Gottes, aber, wenn er die Stelle anführt, daß „Gott redete zu den Vätern durch die Propheten" und dann „durch den Sohn", – so meint er die auf den Glauben übertragene Erkenntnis, wie das auch in der Folge ersichtlich wird. Eben deswegen ist auch die Stelle Pauli, daß „wir im Glauben wandeln", angeführt als Beweis der Begreiflichkeit, unter welcher zu verstehen ist die auf den Glauben übertragene Erkenntnis. Unter Begreiflichkeit versteht der Verfasser nicht eine mehr oder minder feste Überzeugung von dem

Dasein Gottes, sondern eine größere oder geringere Anzahl von Zeugnissen von Gott übertragen auf den Glauben, wenn solche auch durchaus nicht passen. Weiter heißt es:

„Die heiligen Väter und Lehrer der Kirche haben diese Wahrheit ausführlich enthüllt, besonders bei Gelegenheit von häretischen Meinungen, welche in Bezug auf dieselben entstanden sind."

Die häretischen Meinungen bestehen nach Ansicht des Verfassers darin, daß Gott vollständig begreiflich und keineswegs unbegreiflich sei; die Wahrheit ist nach der Meinung des Verfassers, daß Gott unbegreiflich, zugleich aber teilweise begreiflich sei. Obgleich das Wort teilweise[2] durchaus nicht auf das angewendet ist, wovon der Verfasser spricht, und sogar auch keine innere Autorität hat, – obgleich sogar dieses Wort in dem Sinne, in dem es hier angewandt wird, in der heiligen Schrift niemals angewandt worden ist, besteht doch der Verfasser hier darauf, daß Gott „teilweise" begreiflich sei und versteht darunter: teilweise bekannt. Wie kann etwas Unbegreifliches vollkommen oder teilweise bekannt sein? Es werden zwei Meinungen für höchst häretisch erklärt: die der einen, welche sagten, Gott sei vollkommen begreiflich und die der anderen, welche sagten, Gott sei vollkommen unbegreiflich. Sowohl die eine als die andere Meinung wird zurückgewiesen und die Beweise der Unbegreiflichkeit und Begreiflichkeit dargelegt. In Wirklichkeit aber ist es klar, daß weder die eine, noch die andere Meinung, weder die von der vollkommenen Unbegreiflichkeit Gottes, noch die von der vollkommenen Begreiflichkeit ausgesprochen war, noch ausgesprochen werden konnte.

In allen diesen falschen Argumenten für und wider wird das eine ausgesprochen, daß Gott schon dadurch, daß er einen Namen führt, daß an ihn gedacht und von ihm gesprochen wird, sich als existierend bekenne. Zugleich aber ist deshalb, weil der Begriff Gottes kein anderer sein kann, als der Begriff des Anfangs alles dessen, was der Verstand erkennt, – augenscheinlich, daß

---

[2] In der Lutherbibel: *stückweise*

Gott als Anfang aller Dinge dem Verstande nicht begreiflich sein kann. Nur indem man auf dem Wege vernünftigen Denkens bis zur äußersten Grenze des Verstandes geht, kann man Gott finden, aber wenn man bis zu diesem Begriff gelangt ist, so hört der Verstand schon auf zu begreifen. Und dieses eben ist ausgedrückt an allen Stellen, welche für und gegen die Begreiflichkeit Gottes aus der heiligen Schrift und den Schriften der Kirchenväter angeführt werden.

Aus den tiefen, wahrhaftigen Reden der Apostel und Kirchenväter, welche nur die Unbegreiflichkeit Gottes beweisen, wird auf ganz äußerliche Weise die Begreiflichkeit Gottes gefolgert. Die wörtliche Aufgabe der Theologie ist es, – zu beweisen, daß man Gott nie ganz, wohl aber teilweise begreifen könne. Aber nicht genug daran, daß die Beweisführung absichtlich verdreht ist, begegnete ich auch in diesen Zielen [sic] zum erstenmale einer direkten Entstellung nicht nur des Sinnes, sondern auch der Worte der heiligen Schrift. Der wirkliche Text: (Joh. 1, 18). „Gott hat niemand nirgend gesehen, der eingeborene Sohn im Schoße des Vaters hat das verkündigt", ist mit Einschiebung eigener Worte angeführt. Aus dem berühmten 13. Kap. 1. Kor., welches nur von der Liebe handelt, ist ein Vers herausgenommen und entstellt citiert worden, zur Bekräftigung seiner These. – Ferner folgen Citate aus den Kirchenvätern. „Die Göttlichkeit wird begrenzt, wenn sie durch den Verstand begriffen wird, denn auch der Begriff ist eine Art von Begrenzung", sagt einer von denjenigen, welche die Theologie den Verteidigern der Unbegreiflichkeit zuzählt.

„Unbegreiflich nenne ich nicht das, daß Gott existiert, sondern das, wie sein Wesen ist. Verkehre nicht unsere Aufrichtigkeit in Veranlassung zur Gottlosigkeit," sagt Gregor Bogoslow, dessen Theologie zu·den Verteidigungen der Begreiflichkeit gezählt wird.

Aus diesem allem schließt der Verfasser, daß wir Gott „teilweise" begreifen können, indem er unter dem Worte „begreifen" versteht: Kenntnis von ihm im Glauben nehmen, – und schreitet dann weiter zur Auslegung der Dogmen, welche eine Offenbarung davon geben sollen, wie Gott „teilweise" begreiflich sei. Sowohl die Einleitung, als auch jener § 9 erklären noch nichts von dem Gegenstand, sondern bereiten nur auf die Darlegung des Folgenden vor. Der Zweck dieses Paragraphen besteht augenscheinlich darin, den Leser so vorzubereiten, daß er, nachdem er aus seinen Begriffen Gott, als Gott, als den nach seinem Wesen unbegreiflichen Anfang aller Dinge ausgerottet habe, nicht wage, jene Zeugnisse von Gott abzuweisen, welche ihm als auf Überlieferung gegründete Wahrheiten gelehrt werden. Dieser Paragraph schließt durch ein Citat aus Johann Damaskin, welches den Gedanken, den Sinn des Ganzen ausdrückt:

„Die Gottheit ist unerklärlich und unbegreiflich, weil niemand den Vater kennt, außer dem Sohn, noch den Sohn, außer dem Vater (Math. 11, 27). Ebenso auch wird vom heiligen Geist Gott erkannt, ähnlich wie der menschliche Geist weiß, was im Menschen ist (1. Kor. 2, 11). Außer dem ersten und gesegneten Wesen hat niemals jemand Gott erkannt, außer wem Gott sich selbst geoffenbart hat, – niemand, nicht nur von den Menschen, sondern auch von den überirdischen Kräften, den Cherubim und Seraphim. Übrigens hat uns Gott nicht in vollständiger Unwissenheit von sich gelassen, denn das Wissen von dem Dasein Gottes hat Gott selbst in die Natur eines jeden gelegt, und selbst die Schöpfung, ihre Erhaltung und Regierung verkündet die Größe (Weish. 13, 5) der Gottheit. Überdies hat Gott anfangs durch das Gesetz und die Propheten, dann durch seinen eingeborenen Sohn, den Herrn und Gott und unseren Erlöser Jesus Christus, uns das Wissen von ihm mitgeteilt, so viel wir fassen können" (Seite 73).

In diesem Schluß, welches den ganzen Gedanken ausspricht, zeigt sich scharf und deutlich der innere Widerspruch. Im ersten Teil ist gesagt, daß niemand Gott begreifen könne, niemand seine Wege, seine Ziele kenne und hier im zweiten Teile ist gesagt: „übrigens hat uns Gott nicht in Unwissenheit gelassen, sondern durch die Propheten, durch seinen Sohn und die Apostel gab er uns Kenntnis von sich, so viel wir fassen können." Nun haben wir gesagt, daß wir Gott nicht begreifen, hier aber wird plötzlich behauptet, daß wir wissen, daß Er uns nicht in Unwissenheit lassen wollte, daß wir die Mittel wissen, die Er anwendete zur Erreichung dieses Zweckes, daß wir eben jene wirklichen Propheten und den wirklichen Sohn und die wirklichen Apostel kennen, welche Er gesandt hat, uns zu lehren. Es erweist sich, daß, nachdem wir Seine Unbegreiflichkeit erkannt haben, wir nun plötzlich Einzelheiten über Seine Ziele und Seine ·Zwecke und Seine Mittel erfahren, wir urteilen über Ihn, wie über einen Hausherrn, welcher seinen Arbeitern etwas mitteilen wollte: Eins von beiden muß der Fall sein, entweder Er ist unbegreiflich, und dann können wir Seine Zwecke und Sein Thun nicht erkennen, oder Er ist vollkommen begreiflich, wenn wir Seine Propheten kennen und wissen, daß diese Propheten keine falschen, sondern wahre sind. So stellt es sich auch heraus:

„Demnach wird alles, was uns durch das Gesetz, durch die Propheten, durch die Apostel und Evangelisten überliefert wurde, von uns angenommen und anerkannt und wir haben weiter nichts zu sagen. Und so hat Gott, als der alles Lenkende und der über das Wohl eines jeden wacht, alles geoffenbart, was uns zu wissen nützlich ist, und verschwiegen, was wir nicht fassen können. Begnügen wir uns damit und halten wir es fest, ohne die ewigen Grenzen zu verrücken und die göttlichen Gebote zu überschreiten." (Sprüche Sal. 22, 28) (Seite 74.)

Aber, wenn es so ist, so fragen wir uns unwillkürlich, waren diese Propheten und Apostel wahre und nicht andere, nicht solche, welche falsche genannt werden? Nun ergiebt sich, daß Gott unbegreiflich ist, daß Ihn niemand erkennen kann, daß Er aber Kenntnis von sich selbst den Menschen verliehen hat, aber nicht allen Menschen, sondern nur den Propheten und Aposteln, und daß diese Erkenntnis in der heiligen Überlieferung bewahrt wird, und daß wir an diese allein glauben sollen, weil es nur eine Wahrheit giebt, nämlich die heilige Kirche, das heißt, die Menschen, welche an die Überlieferung glauben und sie beobachten.

Bei der Einleitung war dasselbe der Fall. Nach langen Betrachtungen darüber, was ein Dogma sei, kam die Rede darauf, daß das Dogma eine Wahrheit sei, weil sie von der Kirche gelehrt werde, die Kirche aber sind die Menschen, welche durch den Glauben an diese Dogmen vereinigt seien.

Hier ist wieder derselbe Fall: Man kann Gott teilweise, ein wenig, erkennen, aber wie und auf welche Weise man ihn „ein wenig" erkennen kann, – das weiß nur die Kirche allein und alles, was sie sagt, alles das ist heilige Wahrheit.

Das Dogma erhielt eine zweifache Definition, als absolute Wahrheit und als Unterweisung und daher entstand ein Widerspruch dadurch, daß das Dogma bald eine unabänderliche von allem Anfang an geoffenbarte Wahrheit war, bald ein Lehrsatz der Kirche, welcher sich nach und nach entwickelte.

Hier, in der Frage nach der Begreiflichkeit, unter welcher die durch die Kirche auf den Glauben übertragene Erkenntnis zu verstehen ist, macht der Verfasser selbst den Widerspruch. Dem Worte Begreiflichkeit wird eine doppelte Bedeutung zugeschrieben, die Bedeutung der Begreiflichkeit und der Erkenntnis, welche aus den Glauben übertragen wurde. Sowohl Joan Damaskin, als Philaret und Makari können nicht umhin, einzusehen, daß für die größere Begreiflichkeit auch eine größere Klarheit nötig ist, daß aber die bloße Behauptung, daß das, was man mir sagt, von Leuten gesagt wird, welche von der Kirche Propheten genannt werden, keinenfalls zur Begreiflichkeit für den Verstand beitragen kann, und daß man „teilweise" begreifen nur das kann, was begreiflich ist, und deshalb unterstellen sie den Begriff Begreiflichkeit dem Begriff Erkenntnis und darum sagen sie, diese Erkenntnis sei durch die Propheten überliefert worden und die Frage nach der Begreiflichkeit bleibt gänzlich bei Seite liegen, so daß, wenn auch die Erkenntnis, welche durch die Propheten überliefert wurde, Gott für mich unbegreiflicher macht als früher, – diese Erkenntnis dennoch Wahrheit ist.

Aber außer dieser doppelten Definition zeigt sich hier noch ein Widerspruch zwischen den Ausdrücken der kirchlichen Überlieferung selbst. Es werden Bibelstellen angeführt, wovon die einen die Begreiflichkeit Gottes verneinen und die andern sie anerkennen. Man muß entweder die ersten, oder die anderen verwerfen, oder ihnen beistimmen. Die Theologie aber thut weder das eine, noch das andere, noch ein drittes, sondern sagt es gerade heraus, daß alles, was nachfolgt, über die Arten der Teilungen Gottes nach Wesen und Personen, Wahrheit sei, weil uns die unfehlbare Kirche so lehrt, das heißt die Überlieferung. Somit erweisen sich wieder, wie im ersten Fall bei der Betrachtung der Einleitung, alle Argumente als überflüssig und alles führte dahin, daß das, was ausgelegt werde, die Wahrheit sei, weil dies die Kirche lehre. Ebenso sind auch jetzt alle Betrachtungen überflüssig, weil die Grundlage aller Lehre die unfehlbare Kirche ist.

Hier aber erscheint außer diesem wiederholten Kunstgriff zum erstenmale die Lehre der Kirche selbst, der Kodex dieser Lehre und darin wird der Mangel an Einheit ersichtlich, sie widerspricht sich selbst.

In der Einleitung wird als Grundlage des Ganzen die Kirche hingestellt, das heißt die Überlieferung der Menschen, welche durch die Überlieferung vereinigt sind. Aber dort wußte ich noch nicht, wie diese Überlieferung ausgedrückt wird. Hier erscheint schon die Überlieferung selbst, das heißt Citate aus der heiligen Schrift und diese Citate widersprechen einander und es sind nur Worte ohne inneren Zusammenhang.

Wie ich am Anfang sagte, glaubte ich daran, daß die Kirche die Trägerin der Wahrheit sei. Während ich diese 73 Seiten der Einleitung und Erklärung dessen durchlas, was die Kirche über das Dogma und über die Unbegreiflichkeit Gottes lehrt, mußte ich mich zu meinem Bedauern überzeugen, daß diese Erklärung ungenau, und daß sich in diese Erklärung, absichtlich oder unabsichtlich, falsche Ansichten eingeschlichen haben, – erstens daß das Dogma eine absolute Wahrheit und zugleich eine Belehrung darüber sei, was die Kirche für Wahrheit hält, zweitens die falsche Ansicht, daß die Kundgebung dessen, was Gott ist, durch die Propheten, die Apostel, durch Jesus Christus dasselbe sei, wie die Begreiflichkeit Gottes. In beiden Behauptungen liegt nicht nur Unklarheit, sondern Gewissenlosigkeit. Welchen Gegenstand ich auch darlegen mag, wie sehr ich auch überzeugt sein mag von meiner unzweifelhaften Kenntnis der vollkommenen Wahrheit, – so kann ich bei der Darlegung eines Gegenstandes doch nicht anders verfahren, als zu sagen: „Ich werde dies oder dies auslegen und dieses halte ich für die Wahrheit aus diesem und diesem Grunde." Aber ich kann nicht voraussagen, alles, was ich sagen werde, sei unzweifelhafte Wahrheit, und welchen Gegenstand ich auch auslegen mag, so kann ich doch nicht anders, als sagen: „Der Gegenstand, welchen ich auslegen werde, ist nicht vollkommen begreiflich." Alle meine Erklärungen werden darauf hinzielen, ihn begreiflicher zu machen und die vermehrte Begreiflichkeit des Gegenstandes wird ein Anzeichen für die Richtigkeit meiner Auslegungen sein. Wenn ich aber sage: „Der Gegenstand, welchen ich auslegen werde, ist nur teilweise begreiflich und diesen Begriff habe ich durch die bekannte Überlieferung erhalten und alles, was diese Überlieferung sagt, selbst wenn sie den Gegenstand noch ·unbegreiflicher macht, – und nur das, was diese Überlieferung sagt, – das allein ist die Wahrheit," so wird mir augenscheinlich niemand glauben.

Aber vielleicht ist nur die Methode dieser Einleitung nicht richtig, die Auslegung der geoffenbarten Wahrheiten kann aber dennoch richtig sein. Wenden wir·nun also dieser Offenbarung unsere Aufmerksamkeit zu.

———

[III.]

„§. 10. Das Wesentliche von dem allem, was Gott uns über sich selbst offenbaren wollte, ohne sein Verhältnis zu anderen Wesen, drückt die rechtgläubige Kirche kurz aus in folgenden Worten des Athanasianischen Glaubensbekenntnisses: „Der katholische Glaube ist dieser: Wir verehren den einigen Gott in der Dreieinigkeit und die Dreieinigkeit in der Einheit, aber weder die zusammenfließenden göttlichen Personen, noch ein getrenntes Wesen."[3] (Seite 74.)

Die Grundwahrheit, welche Gott durch die Propheten und Apostel über sich selbst der Kirche offenbaren wollte und welche die Kirche uns offenbart, ist diese, daß Gott einer und drei, drei und einer sei. Der Ausdruck dieser Wahrheit ist solcher Art, daß ich sie nicht nur nicht begreifen kann, sondern auch unzweifelhaft erkenne, daß man dies überhaupt nicht begreifen kann. Der Mensch begreift durch den Verstand. Im Gebiete des menschlichen Verstandes giebt es keine genaueren Gesetze, als diejenigen, welche sich auf die Zahlen beziehen. Und nun drückt er das Erste, was Gott den Menschen über sich selbst offenbarte, in den Zahlen aus: Ich gleich 3 und 3 gleich 1 und 1 gleich 3.

Es kann doch wohl nicht sein, daß Gott in solcher Weise den Menschen geantwortet hat, welchen er nur dazu den Verstand gab, um ihn zu begreifen. Es kann nicht sein, daß Er so geantwortet hat. Wenn ein vernünftiger Mensch mit einem anderen spricht, wird er keine fremden Wörter anwenden, welche der Angeredete nicht versteht. Wo ist ein Mensch von so schwachem Verstande, daß er auf die Frage eines Kindes ihm nicht so antworten könnte, daß das Kind ihn begreift? Wie sollte Gott, indem er sich mir offenbart, wohl so sprechen, daß ich ihn nicht verstehen könnte? Ich habe ja, ohne Glauben zu besitzen, mir selbst eine Erklärung des Lebens gegeben und jeder Gläubige hat eine

---

[3] Es sei hier nochmals darauf hingewiesen, daß der Übersetzer es für das Richtigste hielt, alte Citate aus der russischen (orthodoxen) Glaubenslehre und aus der Bibel nach dem altslavischen Text, wie ihn Graf Tolstoj anführt, so wortgetreu, als möglich, wiederzugeben.

solche Erklärung. So schlecht auch diese Erklärung sein mag, jede Erklärung ist doch immer einigermaßen eine Erklärung. Aber dieses ist keine Erklärung, sondern nur eine Ansammlung von Worten ohne jeden Sinn, welche gar keinen Begriff ergiebt. Ich habe den Sinn meines Lebens in der vernünftigen Erkenntnis gesucht und gefunden, daß das Leben gar keinen Sinn hat. Dann schien mir, daß der Glaube diesen Sinn gebe und ich wandte mich zur Trägerin des Glaubens, – zur Kirche. Und da fand ich, daß von ihrem ersten Lehrsatz an die Kirche bestätigt, daß kein solcher Sinn selbst im Gottes-Begriff vorhanden sei. Aber vielleicht scheint mir das nur sinnlos, vielleicht begreife ich nicht die ganze Bedeutung dessen? Das sind ja nicht Hirngespinnste eines Einzigen, sondern das ist das, an was Milliarden glaubten und noch glauben. Eins und dreifältig, was bedeutet das? Ich lese weiter:

Kapitel I. Von dem einigen Gott. (Seite 74.) Der Verfasser wollte 1. zeigen, daß Gott eins in seinem Wesen sei und 2. den Begriff des göttlichen Wesens selbst erschließen. Nun muß man auf 14 Seiten in verschiedenen Paragraphen die Lehre von der Einheit Gottes nachlesen. (Die Lehre der Kirche und die kurze Geschichte des Dogmas von der Einheit Gottes.)

Beweise von der Einheit Gottes aus der heiligen Schrift und Beweise aus dem Verstand. Die sittliche Anwendung des Dogmas. Es folgt eine Darstellung der Beweise für und eine Belehrung über die Einheit Gottes.

Gott ist für mich und für jeden Glaubenden vor allem: der Anfang aller Dinge, die Ursache aller Ursachen. Er ist ein Wesen, das außerhalb der Zeit und dem Raum steht. Er ist die äußerste Grenze der Vernunft. Wie ich auch diesen Begriff aussprechen mag, er wird nicht so lauten, daß Gott eins sei, und ich kann auf diesen Begriff nicht den Begriff der Zahl, welcher aus Zeit und Raum entspringt, anwenden, und deshalb kann ich ebensowenig sagen, es seien 17 Götter, als ich sagen kann, Gott sei eins. Gott ist der Anfang aller Dinge. Gott ist Gott. Gott wie ich (und, wie ich weiß, noch viele außer mir,) früher Gott begriffen haben.· Jetzt wird mir bewiesen, Gott sei wirklich – eins. Mein Erstaunen vor diesem Ausspruch, Gott sei eins und drei, erhält nicht nur keine Aufklärung, sondern mein Begriff von Gott geht fast ganz verloren, wenn ich diese 14 Seiten lese, welche die Einheit Gottes beweisen. Von den ersten Worten an werde ich, anstatt eine Erklärung dieses schrecklichen, meinen Gottesbegriff zerstörenden Lehrsatzes von seiner Einheit und Dreifaltigkeit zu erhalten, in das Gebiet des Streites mit heidnischen und christlichen Lehren geführt, welche die Einheit Gottes verneinen. Es heißt:

„Als Widersacher der christlichen Lehre von der Einheit Gottes treten vor allem a) natürlich die Heiden auf, welche viele Götter verehren, und welche zum Christentum bekehrt werden sollten, b) dann vom zweiten Jahrhundert an, die christlichen Häretiker, welche unter dem allgemeinen Namen Gnostiker bekannt sind, von denen die einen unter dem Einfluß der orientalischen Philosophie und Theosophie zwar einen obersten Gott verehrten, dabei aber noch viele niedrigere Götter oder Äonen anerkannten, welche von ihm abstammen und die bestehende Welt erschaffen haben sollten. Andere aber, gleichfalls verlockt durch die Philosophie, welche unter anderem sich anheischig machte, den Ursprung des Bösen in der Welt zu erforschen, erkannten zwei einander feindliche Anfänge an, den Ursprung des Guten und den Ursprung des Bösen als die hauptsächlichste Veranlassung alles Guten und Bösen in der Welt; c) noch etwas später, vom Ende des dritten und besonders von der Hälfte des vierten Jahrhunderts an, – neue christliche Häretiker, Manichäer, welche gleichfalls und mit demselben Gedanken zwei Götter anerkannten, einen guten und einen bösen, von welchen sie dem ersten das ewige Reich des Lichts und dem letzteren das ewige Reich der Finsternis zuwiesen, d) vom Ende des 6. Jahrhunderts an erschien eine kleine Sekte von Dreigötterischen, welche die christliche Lehre von drei Personen in einer Gottheit nicht begriffen und drei Götter verehrten, welche ganz ebenso vollkommen getrennt sein sollten, wie z. B. drei beliebige Personen oder Individuen des Menschengeschlechts und überhaupt Individuen jeder Art und Klasse von Geschöpfen getrennt sind, obgleich sie alle dieselbe Natur haben, e) endlich vom 7. bis zum 12. Jahrhundert die Diocletianer, welche von vielen zu den Manichäern gerechnet wurden, und welche wirklich wie die Manichäer zwei Götter, einen guten und einen bösen, anerkannten." (Seite 76 und 77).

Nun aber hat man mir gesagt, Gott sei einer und drei und hat mir das gesagt als eine von Gott geoffenbarte Wahrheit. Ich kann das nicht begreifen und suche Aufklärung. Warum aber spricht man nun davon, wie falsch der Glaube der Heiden sei, welche zwei und drei Götter verehrten? Es ist mir ja klar, daß sie nicht denselben Begriff von Gott hatten, wie ich. Warum also spricht man mit mir von ihnen? Ich verlange nach Aufklärung des Dogmas, warum spricht man nun aber von diesen heidnischen und christlichen Zwei- und Dreigöttischen? Ich gehöre ja nicht zu ihnen. Die Widerlegung dieser Zwei- und Dreigöttischen beantwortet mir nicht meine Frage, aber dennoch stützt sich eben auf diese Widerlegung der Häretiker die ganze Auslegung des Dogmas von der göttlichen Einheit. Und das ist kein Zufall. Ganz ebenso wie früher in der Frage von der Begreiflichkeit und Unbegreiflichkeit Gottes die Auslegung der Lehre der Kirche davon mit der Widerlegung der falschen Lehren in Zusammenhang gebracht und sogar daraus gegründet wird, so wird auch hier die Lehre nicht direkt ausgelegt auf Grund der Überlieferung des Verstandes, des beiderseitigen Zusammenhanges, sondern nur auf Grund der Widersprüche anderer Lehren, welche Häresien genannt werden. In der Lehre von der Dreifaltigkeit, von der Göttlichkeit des Sohnes, von der Natur des Sohnes, überall derselbe Kunstgriff. Es wird nicht von diesem oder jenem gesagt: „so lehrt die Kirche," sondern immer wird gesagt: „Die einen lehrten, Gott sei ganz begreiflich, die anderen lehrten, Gott sei ganz unbegreiflich, und die einen und die anderen sind im Unrecht, die Wahrheit aber ist so und so."

In der Lehre von dem Sohn wird nicht gesagt, der Sohn ist der und der, sondern es wird gesagt, die einen lehrten, Er sei vollkommen Gott, die anderen vollkommen Mensch, wir aber lehren, Er sei das eine und das andere.

In der Lehre von der Kirche und der Gnade, von der Schöpfung, von der Erlösung wird immer dieses selbe Verfahren angewendet, niemals entspringt die Lehre aus sich selbst, sondern immer aus dem Streit, durch welchen bewiesen wird, daß nicht die eine und die andere Meinung richtig sei, sondern die eine und die andere seien gleichzeitig richtig.

Hier, bei der Auslegung des Dogmas von der Einheit Gottes, ist dieses Verfahren besonders erstaunlich, weil die Unmöglichkeit vieler oder vielmehr einer Anzahl von Göttern für uns und alle an Gott Glaubende so unzweifelhaft ist, daß die Erschließung des Dogmas davon, wenn gesagt wird, Gott sei dreifältig, dem Zwecke gerade entgegenwirkt, welchen der Verfasser verfolgt. Jenes niedrige Gebiet des Zanks mit den Vielgötterischen, auf welches der Verfasser sich herabläßt, und jene falschen Kunstgriffe, welche er dabei anwendet, vernichten beinahe jeden Begriff von Gott, welchen jeder hat, der an ihn glaubt. Der Verfasser sagt, Gott sei eins, aber nicht in solcher Weise, wie von jedem heidnischen Gott gesagt werden kann, welcher getrennt von der Schar seiner Mitgötter angenommen wird.

„Aber eins in dem Sinne, daß es keinen anderen Gott giebt, keinen ihm gleichen, noch höheren, noch niedrigen und Er allein nur ist der einzige Gott" (Seite 77). Und weiterhin wird der Ausspruch eines Kirchenvaters angeführt:

„Wenn wir sagen, daß die orientalischen Kirchen an den einen einzigen Gott Vater glauben, den allein herrschenden und vereinigten Herrn, so muß man hier verstehen, daß er einzig genannt wird nicht nach der Zahl, sondern universell (*unum non numero dici, sed universitate*). Wenn jemand von einem Menschen oder einem Pferde spricht – so bezieht sich eins auf die Zahl, weil es auch einen zweiten und dritten Menschen oder [ein zweites und drittes] Pferd geben kann. Aber wo von Einem in dem Sinne gesprochen wird, daß ein zweiter oder dritter nicht hinzugefügt werden kann, dann ist der Ausdruck ,eins' nicht als Zahl, sondern als Ganzes (universell) zu nehmen. Wenn wir z. B. sagen ,eine Sonne', so wird hier das Wort ,eine' in dem Sinne angewendet, daß weder eine zweite, noch eine dritte hinzugefügt werden kann. Um so mehr ist dies der Fall, wenn Gott der Einzige genannt wird, dann ist einzig nicht nach der Zahl, sondern als

Ganzes zu verstehen, einzig nämlich in dem Sinne, daß es keinen anderen Gott geben kann" (Seite 77).

Wie rührend diese Worte des Kirchenvaters in ihrem dunklen Drange nach Erhebung seiner Begriffe auf die höchste Stufe sein mögen, so ist doch augenscheinlich, daß, ebenso wie dieser Kirchenvater, auch der Verfasser nur mit Polytheisten, mit Vielgötterischen kämpft und nur einen einzigen Gott will, aber nicht begreift, daß das Wort „einzig" eine Zahl ausdrückt und deshalb nicht auf Gott angewendet werden kann, an den wir glauben. Und wenn er sagt, daß Gott „eins oder einzig nicht der Zahl nach sei", so ist es dasselbe, als wenn man sagen wollte: „Das Blatt ist grün oder grünlich nicht der Farbe nach." Es ist augenscheinlich, daß hier der Begriff Gottes nur so verstanden ist, wie eine Sonne, welche keineswegs die Möglichkeit einer zweiten Sonne ausschließt. Somit führt diese ganze Stelle nur zu der Überzeugung, daß derjenige, welcher den folgenden Betrachtungen folgen will, sich von dem Begriff Gottes als Anfang aller Dinge lossagen und diesen Begriff zu der halbheidnischen Vorstellung von einem einzigen Gott erniedrigen muß, als welcher er in Büchern des alten Testaments aufgefaßt ist. Obenan in der Reihe der Beweise aus dem alten Testament werden Bibelstellen angeführt, welche den Begriff Gottes schon zu dem einzigen, ausschließlichen Gott der Juden herabführen, und es wird der Streit nicht mit den Häretikern, sondern mit der heutigen Wissenschaft dargestellt. Die Meinung der heutigen Wissenschaft, daß der Gott der Juden von ihnen nicht so aufgefaßt worden sei, wie er jetzt von den Gläubigen aufgefaßt wird und daß sie sogar einen einzigen Gott nicht kannten, wird eine freche, offenbare Verleumdung genannt.

„Demnach ist es eine freche, offene Verleumdung, zu behaupten, daß im alten Testament Spuren der Lehre auch von der Vielgötterei zu finden seien und daß der Gott der Juden nach ihren heiligen Büchern nur einer von mehreren Göttern, ein Nationalgott gewesen sei, ähnlich den Göttern anderer damaliger Völker. Zur Unterstützung des ersteren Gedankens wird auf die Stelle der heiligen Schrift hingewiesen, wo Gott die Benennung Elohim beigelegt wird (Elohim: Götter, Mehrzahl von Eloha:

Gott) und wo man ihn sagen läßt: „Lasset uns Menschen machen nach unserer Gestalt und Ebenbild (1. Mos. 1, 26); lasset uns ihm (Adam einen Gehilfen nach ihm schaffen" (1. Mos. 2, 18) und ähnliche Stellen. Aber a) während dieser selbe Moses, in dessen Büchern sich diese Stellen finden, so oft und so entschieden den Monotheismus predigt, das hauptsächlichste Glied der ganzen sinaitischen Gesetzgebung, während er alle heidnischen Götter geradezu nichtige Götzenbilder nennt und sich fortwährend bemüht, die Juden von der Verehrung derselben abzuhalten (3. Mos. 17, 7; 5. Mos. 32, 21 *etc.*), so konnte er, ohne jeden Zweifel nicht im Widerspruch mit sich selbst an den angeführten Stellen offen die Lehre von der Vielgötterei verkünden, – und deshalb kann man nicht umhin, den heiligen Kirchenvätern zuzustimmen, daß sich hier, obgleich wirklich Gott in der Mehrzahl erscheint, sich dies doch auf die Mehrzahl nicht von Göttern, sondern von göttlichen Personen in einem und demselben Gott bezieht, das heißt, er spielt an auf die heilige Dreifaltigkeit" (Seite 79 u. 80).

Für jeden, der das alte Testament gelesen hat, ist es klar, daß der alttestamentarische Gottesbegriff nicht der Begriff eines einzigen Gottes ist, sondern eines besonderen Gottes nur für die Hebräer. Wozu das Gegenteil beweisen, während das doch ganz überflüssig ist? Hier wundert man sich unwillkürlich, weniger über die absichtliche Verschließung der Augen vor dem Augenscheinlichen, als über die Gewissenlosigkeit und unerreichbare Dreistigkeit, mit welcher das verneint wird, was für jeden augenscheinlich ist, der die Bibel liest, nämlich von dem, was durch Jahrhunderte von allen denkenden Leuten, welche sich mit diesem Gegenstande beschäftigten, erarbeitet und aufgeklärt worden ist.

Stellen aus der Bibel anzuführen, aus welchen augenscheinlich hervorgeht, daß die Hebräer ihren Gott nur als einen von verschiedenen Göttern auffaßten, wäre nutzlos. Die 5 Bücher Mosis sind voll von solchen Stellen (1. Mos. 31, 19. 20; Psalmen XVI, 8, das allererste Gebot Moses). Wir wundern uns, für wen diese Betrachtungen geschrieben sind. Aber das Allerwunderlichste ist, daß alles das Denen gesagt wird, welche Aufklärung der von Gott geoffenbarten Wahrheiten über Gott suchen. Zu dem Zwecke, um mir die Wahrheit über Gott zu erschließen, welche von der heiligen Kirche aufbewahrt wird, sagte man mir die unverständlichen Worte: „Gott ist eins und drei" und anstatt einer Erklärung dafür, begann man, mir zu beweisen, was ich und jeder Gläubige weiß und nicht umhin kann zu wissen: daß es für Gott keine Zahl giebt, und um das zu beweisen, führte man mich auf das Gebiet der niedrigsten, wildesten Begriffe von Gott, und um den Becher zu überfüllen, führte man mir zum Beweise der Einheit Gottes aus dem alten Testament Citate an, welche mir augenscheinlich das Gegenteil beweisen, und um diese religionsspötterischen Reden von Gott zu bekräftigen, führte man mir das an, daß die Ausdrücke in der Mehrzahl gebraucht worden seien, um auf die heilige Dreifaltigkeit anzuspielen, – das heißt, daß die Götter wie im Olymp saßen und miteinander sprachen: „Lasset uns schaffen." Man fühlt das Verlangen, alles wegzuwerfen und sich dieser peinlichen, gotteslästerlichen Lektüre zu entledigen in unüberwindlichem Widerwillen, aber die Sache ist zu wichtig. Das ist eben die Lehre der Kirche, an welche das Volk glaubt und welche ihm den Sinn des Lebens giebt. Man muß weiter gehen.

Weiterhin folgen die Bekräftigungen für die Einheit Gottes aus dem neuen Testament und damit wird wieder zu beweisen gesucht, was zu beweisen nicht möglich und nicht notwendig ist, und wieder folgt bei diesen Beweisen eine Erniedrigung des Gottesbegriffs und wieder gewissenlose Kniffe. Zum Beweise der Einheit Gottes wird folgendes angeführt:

„Der Erlöser selbst hat auf die Frage eines Schriftgelehrten, welches das erste aller Gebote sei, geantwortet: „Das erste aller Gebote ist: Höre Israel: Der Herr, euer Gott, ist ein einziger Herr (Mark. 12, 28. 29)" (Seite 81).

Der Verfasser sieht nicht, daß dies nur eine Wiederholung des alttestamentlichen Wortes ist und daß gesagt ist: „Euer Gott ist ein einiger Gott." Aber am erstaunlichsten ist folgendes:

„In anderen Fällen drückte er diese Wahrheit nicht weniger klar, oder sogar noch klarer aus, als er z. B. einem Menschen, der ihn einen guten Lehrer nannte, bemerkte: Niemand ist gut, außer allein (ein) Gott" (Seite 81).

Der Verfasser sieht nicht, daß hier das Wort „ein" (allein) nicht die Bedeutung einer Zahl hat, hier bedeutet „ein" auch nicht der einzige Gott, sondern es bedeutet „nur" Gott und alles das, um zu beweisen, was in dem Gottesbegriff eingeschlossen ist, an welchem niemand, der den Namen Gottes ausspricht, zweifeln kann. Warum diese Religionsspötterei? Unwillkürlich denkt man, das alles geschehe nur dazu, um absichtlich den Gottesbegriff zu erniedrigen, einen anderen Zweck kann man sich nicht vorstellen.

Aber das genügt dem Verfasser noch nicht, er hält es für nötig, noch weitere Beweise für die Einheit anzuführen (das heißt für das, was beim Gedanken an Gott nicht in Frage kommt) und zwar aus dem Verstand. Es folgen die Beweise des Verstandes.

„Die Beweise der Einheit Gottes, welche die heiligen Väter und Kirchenväter anwandten auf Grundlage des gesunden Verstandes, sind fast dieselben, welche auch jetzt gewöhnlich für denselben Zweck angewendet werden. Die einen derselben sind von den Zeugnissen der Geschichte und der menschlichen Seele entlehnt (anthropologische), andere aus der Betrachtung der Welt (kosmologische), wieder andere aus dem Gottesbegriff selbst (ontologische)" (Seite 83).

Erstens ist dieses nicht richtig, weil niemals solche Schlüsse angeführt wurden zum Beweise der Einheit Gottes, sie werden und wurden zum Beweise des Daseins Gottes angewendet – und hier sind sie am Platze – und von Kant untersucht worden. Zweitens aber ist erwiesen, daß nicht einer derselben für den Verstand überzeugend ist. Folgendes sind die Beweise, wie sie in der Theologie angeführt sind:

„Daß alle Völker den Begriff von dem einzigen Gott bewahrt haben."

Das ist nicht richtig, noch eben hat der Schriftsteller selbst die Vielgötterei bekämpft.

„Zweitens die Zustimmung der heidnischen Schriftsteller."

Das ist auch nicht richtig, das kann kein Beweis sein, da es sich nicht auf alle heidnischen Schriftsteller bezieht.

„Drittens, daß uns die Idee von einem einzigen Gott angeboren ist."

Dieses ist wieder nicht richtig, da die Worte Tertullians, welche zur Bekräftigung dieser Behauptung angeführt werden, sich auf das Angeborensein der Gottesidee beziehen, aber nicht auf das Angeborensein der Idee von einem einzigen Gott.

„,Hört,' spricht Tertullian zu den Heiden, ,auf das Zeugnis eurer Seele, welche, ungeachtet des Gefängnisses des Körpers, der Vorurteile, der schlechten Erziehung und der wilden Leidenschaften, der Sklaverei vor falschen Göttern, – wenn sie gleichsam aus der Trunkenheit erwacht oder aus tiefem Schlaf, wenn sie fühlt sozusagen den Funken der Gesundheit – unwillkürlich den Namen des einigen, wirklichen Gottes ausspricht und ausruft: Großer Gott oder guter Gott oder Gott sei Dank! In solcher Weise findet sich sein Name in aller Mund. Auch die Seele erkennt ihn durch folgende Worte als Richter an: Gott sieht alles, ich hoffe auf Gott, Gott wird mir vergelten.' Von dem Zeugnis der Seele nach der christlichen Art (*naturaliter Christianae*)! Und nach diesem Worte wendet sie ihre Blicke nicht auf das Kapitol, sondern gen Himmel, da sie weiß, daß dort der Thron des lebendigen Gottes ist, daß sie selbst von dort und von ihm abstammt." (Seite 84).

Damit sind die anthropologischen Beweise erschöpft. Nun, die kosmologischen Beweise: „Die Welt ist eins und darum ist auch Gott – eins."

Aber warum die Welt eins ist, – das erfährt man nicht.

2. „Im Leben der Welt herrscht Ordnung. Wenn viele Gebiete der Welt, viele Götter, welche natürlich verschieden unter sich wären, existieren würden, so könnte nicht ein so ungehemmter Lauf und eine solche Harmonie in der Natur herrschen, im Gegenteil, alles würde in Unordnung geraten und ein Chaos würde entstehen, dann würde jeder Gott auch seinen Teil oder die ganze Welt nach seinem Willen, seinem Gutdünken beherrschen und es würden beständige Zusammenstöße und Kämpfe stattfinden."

3. „Zur Erschaffung und zur Regierung der Welt ist ein allmächtiger, allwissender Gott vollkommen genügend. Wozu denn alle die übrigen Götter? Sie sind augenscheinlich überflüssig."

Das sind die kosmologischen Beweise! Nun, ist das boshafter Witz? Spott? Nein, das ist Theologie, das ist die Darstellung der von Gott geoffenbarten Wahrheiten. Aber das ist noch nicht alles, es folgen nun die ontologischen Beweise:

1. „Nach einhelliger Übereinstimmung aller Menschen ist Gott ein solches Wesen, daß es ein höheres und vollkommneres nicht giebt und nicht geben kann. Aber es ist nur ein einziges, höchstes und vollkommenes Wesen möglich: denn wenn noch andere ihm gleiche existieren würden, so würde es aufhören, das höchste und vollkommenste von allen zu sein, das heißt, es würde aufhören, Gott zu sein."

Hier beweist dieser Sophismus garnichts und ruft nur Zweifel an der Strenge und Genauigkeit des Gedankens der heiligen Väter, namentlich Joan Damaskins, hervor.

Der erste Beweis dafür, daß das vollkommenste Wesen nur eins sein kann, ist die einzig richtige Ansicht von der Eigenschaft dessen, was wir Gott nennen, aber er ist keineswegs auch ein Beweis für die Einheit Gottes; dies ist nur ein Ausdruck jenes Grundbegriffs von Gott, welcher schon nach seinem Wesen jede Möglichkeit der Vereinigung dieses Begriffes mit dem Begriffe der Zahl ausschließt, denn wenn Gott wirklich höher und vollkommener als alles ist, so sind alle früheren Citate aus dem alten Testament und andere dafür, daß Gott eins sei, nur geeignet, diesen Begriff zu stören. – Dann aber wieder, wie in der Betrachtung von der Begreiflichkeit und Unbegreiflichkeit, strebt der Verfasser auch hier augenscheinlich nicht nach Klarheit und Harmonie der Gedanken, sondern nur nach einer mechanischen Verbindung der Gebote der Kirche, und an dieser Verbindung wird um jeden Preis festgehalten mit Aufopferung des Sinnes. Nach diesen Beweisen folgen noch spezielle Beweise für die Einheit Gottes, welche gegen die zweigöttischen Häretiker gerichtet sind. Das alles aber hat gar keinen Zusammenhang mit dem vorliegenden Gegenstande. Und nach allem diesem meint der Verfasser, das erste Dogma von der Einheit Gottes erschlossen zu haben, und es folgt die Lehre der sittlichen Anwendung dieses ersten Dogmas.

Der Gedanke des Verfassers ist der, jedes Dogma sei für den erlösenden Glauben notwendig, so ist also das Dogma „ein Gott" erschlossen, und darum muß nun gezeigt werden, wie dieses Dogma zur Erlösung der Menschen mitwirkt, wie folgt:

„Aus dem Dogma von der Einheit Gottes können wir drei wichtige Lehren für uns ableiten. – Die erste Lehre bezieht sich auf unser Verhältniß zu Gott. ‚Ich glaube an den einzigen Gott', spricht jeder Christ, wenn er die Worte des Glaubensbekenntnisses anfängt, an den „einzigen', aber nicht an viele oder zwei oder drei, wie die Heiden und einige Ketzer glaubten. Also sollen wir auch nur ihm allein dienen als Gott (5. Mos. 6, 13; Matth. 4, 10), ihn allein sollen wir lieben von ganzem Herzen und von ganzer Seele (5. Mos. 6, 4–5), auf ihn allein alle unsere Hoffnung setzen (Psalm 117, 8 u. 9; 1. Petri 1, 21), und damit zugleich sollen wir uns hüten vor jeder Vielgötterei und Götzendienerei (2. Mos. 20, 3–5). Die Heiden glaubten an einen obersten Gott und zu gleicher Zeit an viele Götter niedrigen Ranges, und zu diesen Göttern rechneten sie auch körperlose, gute oder böse Geister (Genien und Dämonen) und verstorbene Menschen, welche sich im Leben durch irgend etwas ausgezeichnet haben. Auch wir ehren gute Engel und heilige Leute, welche sich im Leben durch Glauben und Tugend ausgezeichnet haben, aber wir vergessen nicht, daß wir nach der Lehre der rechtgläubigen Kirche sie nicht als niedere Götter verehren sollen, sondern als Diener und Verehrer Gottes, als unsere Fürsprecher bei Gott und Mitarbeiter zu unserer Erlösung – und wir sollen sie so verehren, daß alles Lob sich vorzugsweise auf ihn, den einzigen, gleichsam den Göttlichen unter seinen Heiligen bezieht (Psalm 67, 30; Matth. 10, 24). Die Heiden machten Bildsäulen ihrer Götter, stellten ihre Götzenbilder auf, und in ihrer Verblendung sahen sie diese Bildsäulen und Götzenbilder für die Götter selbst an und erwiesen ihnen göttliche Verehrung. Aber man soll darauf achten, daß nicht auch

jemand von den Christen in eine ähnliche Götzendienerei ver-
fällt. Auch wir gebrauchen und verehren die Bilder des wahren
Gottes und seiner Heiligen und verbeugen uns vor ihnen, aber
wir verehren sie nur als uns heilige und tief belehrende Darstellungen, aber wir vergöttern sie keineswegs, und indem wir uns
vor den heiligen Bildern verbeugen, verbeugen wir uns nicht vor
dem Holz und den Farben, sondern vor Gott selbst und den Gott-
gefälligen, welche auf den Bildern abgebildet sind. In diesem
Sinne muß die wirkliche Verehrung der heiligen Bilder geschehen, aber dieselbe darf keineswegs der Götzendienerei ähnlich
werden." (Seite 89–90).

Das heißt, der ganzen vorhergehenden Betrachtung zufolge
erhalten wir hier die Lehre, daß wir dasselbe thun sollen, was die
Götzendiener thun, wir sollen aber dabei einen spitzfindigen Unterschied machen, der hier näher beschrieben wird.

„Es ist bekannt endlich, daß die Heiden alle menschlichen
Leidenschaften verkörperten und sie in dieser Gestalt vergötter-
ten. Wir verkörpern nicht die Leidenschaften, um sie zu vergö-
tern, wir kennen ihren Wert, aber leider dienen oft auch Christen
ihren Leidenschaften wie Göttern, obgleich sie es selbst nicht bemerken. Der eine ist so sehr ergeben der Völlerei und überhaupt
sinnlichen Genüssen, daß, wie der Apostel sagt, der Bauch sein
Gott ist (Phil. 3, 19), ein anderer ist mit solcher Gier beschäftigt,
Reichtümer zu erwerben und bewacht sie mit solcher Liebe, daß
man seine Habgier nicht anders als Abgötterei nennen kann (Kolosser 3, 5), ein dritter ist so sehr beschäftigt mit seinen Würden
und wirklichen und eingebildeten Vorzügen und stellt sie so
hoch, daß er aus ihnen für sich selbst ein Götzenbild schafft, das
er selbst verehrt und für welches er von anderen Verehrung fordert (Daniel Kap. 3). Kurz, jede Leidenschaft und jede Vorliebe
für irgend etwas – sogar etwas Wichtiges und Edles, wenn wir
uns ihm stark bis zur Vergessenheit Gottes und seinem Willen
zuwider hingeben, – wird für uns zu einem neuen Gott oder Götzenbild, dem wir dienen, und der Christ soll nicht vergessen, daß
eine solche Götzendienerei niemals zu gleicher Zeit mit der Verehrung des einen wahren Gottes möglich ist. Nach dem Worte

des Erlösers, niemand kann zwei Herren dienen, man kann nicht Gott dienen und dem Mammon. (Matth. 6, 24)." (Seite 90 und 91).

Wie ist das? Wie kommt das hierher? Was ist hier alles gesprochen worden und in Verbindung gebracht mit der Einheit Gottes, wie folgt eines aus dem andern? Daraus ist keine Antwort zu finden.

„Die zweite Lehre bezieht sich auf unser Verhältnis zum Nächsten. Indem wir an den einen Gott glauben, von welchem wir alle unser Dasein erhielten, durch den wir leben, uns bewegen und existieren (Apost. 17, 28), und welchem allein wir alle zustreben, streben wir natürlich auch zur Vereinigung unter uns."

Und noch weitere Citate und noch weniger Zusammenhang wie der vorhergehende. Wenn ein Zusammenhang vorhanden ist, so ist er nur eine Art Wortspiel: „Gott ist einer, daher sollen wir nach Vereinigung streben."

„Endlich die dritte Lehre in bezug auf unser Verhältnis zu uns selbst. Indem wir an den seinem Wesen nach einigen Gott glauben, müssen wir uns bemühen, daß auch in unserem eigenen Wesen sich die ursprüngliche Einheit wieder herstellt, welche in uns durch die Sünde gestört worden ist. Jetzt fühlen wir die Entzweiung unseres Wesens, die Auflösung der Eintracht unserer Kräfte und Fähigkeiten und Bestrebungen, wir haben Lust am Gesetze Gottes nach dem inneren Menschen und zugleich sehen wir ein anderes Gesetz in unseren Gliedern, welches dem Gesetz widerstreitet, unseren Geist und uns selbst gefangen nimmt durch ein sündiges Gesetz, das in unseren Gliedern ist (Röm. 7, 22-23), so daß in jedem von uns nicht einer, sondern zwei Menschen wohnen, ein innerer und ein äußerer, ein geistiger und ein fleischlicher. Wir müssen danach streben, uns des alten Menschen zu entledigen, welcher in den Sinneslüsten vergeht und uns mit dem neuen Menschen bekleiden, welcher nach Gott geschaffen ist in der Rechtschaffenheit und in der Lehre der Wahrheit (Epheser 4, 22–24), damit wir dadurch von neuem wieder ebenso einig in unserem Wesen erscheinen, wie wir aus den Händen des Schöpfers hervorgegangen sind."

Und so weiter. Ohne den geringsten Zusammenhang mit den Dogmen von der Einigkeit Gottes, aber mit Wortspielen mit den Begriffen Einigkeit und Einheit wird diese Betrachtung über die sittliche Anwendung des Dogmas vorgeführt. Eine Lösung der Frage von der Einheit und Dreifaltigkeit wird nicht gegeben.

Ich gehe zur folgenden Abteilung des 1. Kapitels über.

———

[IV.]

II. Vom göttlichen Wesen. – Vom göttlichen Wesen? Es war ja gesagt, Gott sei nach seinem Wesen unbegreiflich, dann ist gesagt Er sei dreifältig. Ich suche nach einer Aufklärung darüber, was das bedeutet: Er ist dreifältig, ich erhalte aber keine Antwort auf meine Frage und es wird eine neue Aufgabe gestellt: Gott, unbegreiflich nach seinem Wesen, wird mir nach seinem Wesen erschlossen.

„Die Frage, was Gott sei nach seinem Wesen (οὐσια φύσις, *essentia, substantia, natura*) war schon in den ersten Jahrhunderten des Christentums Gegenstand der besonderen Beachtung der Kirchenlehre. Dies ist einerseits als Frage und an sich selbst sehr wichtig und steht dem Geist und Herz jedes Menschen nahe, noch mehr aber deshalb, weil mit dieser Frage sich damals die Häretiker viel beschäftigten, welche dadurch natürlich die Verteidiger der Rechtgläubigkeit gegen sich herausforderten.["]

Wieder verwickelt man mich in einen Streit, um mir die Wahrheit zu erschließen, und erklärt mir die Meinung anderer und dabei ist die eine wie die andere Seite im Irrtum. Doch weiter: „Indem die rechtgläubige Kirche sich immer von allen solchen Feinheiten abwandte, hielt und hält sie nur daran fest, daß Gott selbst in seiner Offenbarung ihr von sich Kunde geben wollte und ohne irgend wie die Absicht zu haben, das Wesen Gottes bestimmen zu wollen, das sie als unbegreiflich erkennt, aber dem strengen Sinne folgend und in dem Wunsche, ihren Jüngern einen möglichst nahen, genauen und verständlichen Begriff von Gott zu geben, sagt sie von ihm folgendes: ‚Gott ist ein ewiger, allgütiger, allwissender, gerechter, allmächtiger, allgegenwärtiger, unwandelbarer, in sich selbst zufriedener und gesegneter Geist'."

Hier werden wir belehrt erstens über die Unbegreiflichkeit des Wesens Gottes (oder Natur, Substanz), soweit es jetzt für unseren Verstand begreiflich ist, und zweitens über die wesentlichen Eigenheiten, durch welche sich dieses Wesen oder genauer gesagt, durch welche sich Gott selbst von allen anderen Wesen unterscheidet (Seite 94 u. 95).

Über das Wesen, die Natur, die Substanz Gottes werden wir belehrt, sowie auch über die Eigenschaften, durch welche sich Gott von den anderen Wesen unterscheidet. Ja, wovon sprechen wir denn? Von irgend einem begrenzten Wesen oder von Gott? Wie kann Gott sich von anderem unterscheiden? Wie können wir in ihm Substanz, Natur und eigene Art unterscheiden? Er ist ja doch unbegreiflich, Er ist ja höher und vollkommener als alles. Ich begreife immer weniger und weniger den Sinn dessen, was man mir sagen will, und immer klarer und klarer wird es mir, daß aus irgend einem Grunde es unumgänglich notwendig ist zur Erreichung irgend welcher verborgener Zwecke unter Vernachlässigung des gesunden Verstandes, der Gesetze der Logik, der Rede und des Gewissens dasselbe zu thun, was bisher geschah: nämlich meine und jedes gläubigen Menschen Vorstellung von Gott auf eine niedrige, halb heidnische Vorstellung herabzubringen. Was gesagt wird von der Natur und den Eigenschaften dessen, was hier Gott genannt wird, ist Folgendes:

„§ 17. Begriff vom Wesen Gottes. Gott ist ein Geist. Das Wort Geist bezeichnet wirklich verständlicher als alles ein für uns unbegreifliches Wesen oder die Natur Gottes. Wir kennen nur zweierlei Arten von Natur, die materielle, zusammengesetzte, welche kein Bewußtsein und kein Verständnis hat, und die immaterielle, einfache, geistige, welche mehr oder weniger mit Bewußtsein und Verständnis begabt ist. Zuzugeben, daß Gott an sich selbst eine Natur ersterer Art habe, ist ganz unmöglich, da wir in allen seinen Werken, sowohl der Schöpfung als der Vorsehung, die Spuren des allerhöchsten Verstandes erblicken, dagegen fühlen wir uns durch die beständige Betrachtung dieser Spuren unumgänglich genötigt, in Gott eine Natur letzterer Art anzunehmen" (Seite 95).

Zur Bekräftigung dieser unverständlichen, verdrehten und verwirrten Worte werden in einer Anmerkung die Worte Johann Damaskins angeführt, welche fast ebenso unverständlich und verkehrt sind.

„Dadurch, daß wir wissen, was Gott zugeschrieben wird, und indem wir davon zum Wesen Gottes uns erheben, begreifen wir noch nicht das Wesen selbst, sondern nur das, was sich auf das Wesen bezieht, ebenso wie wir dadurch, daß wir wissen, daß die Seele körperlos und unsichtbar ist, noch nicht ihr Wesen begreifen; wir begreifen noch nicht das Wesen eines Körpers, wenn wir wissen, daß er weiß oder schwarz sei, sondern wir erkennen nur das, was sich auf sein Wesen bezieht: Das Wort der Wahrheit lehrt, daß die Gottheit einfach ist und nur eine einzige, einfache, siegreiche Wirkung hat, welche aus jede Weise und in allem thätig ist." (Seite 96).

Wie peinlich mühsam es auch ist, solche Ausdrücke zu analysieren, in welchen bei jedem Wort ein Irrtum oder ein Betrug, bei jeder Zusammenfügung eines Subjekts, mit dem, was gesagt werden soll, entweder eine Tautologie oder ein Widerspruch, bei jeder Verbindung eines Satzes mit einem anderen entweder ein Irrtum oder ein beabsichtigter Betrug zu finden ist, so war es doch unumgänglich, dies zu thun. Es ist gesagt, „der Geist bezeichnet die Natur."

Der Geist bezeichnet nur das Gegenteil von der Natur. Geist ist vor allem ein Wort, welches nur als Gegenteil von jedem Stoffe, nur als das Gegenteil alles Sichtbaren, Hörbaren, Fühlbaren, durch die Sinne Erkennbaren angewendet wird. Natur, Beschaffenheit, Wesen ist nur eine Unterscheidung erkennbarer und fühlbarer Dinge. Nach der Natur, nach dem Wesen, nach der Beschaffenheit unterscheiden sich Steine, Bäume, Tiere, Menschen.

Der Geist aber ist das, was keine Natur und Beschaffenheit hat. Was aber können diese Worte bedeuten „der Geist bezeichnet die Natur"? Doch weiter: „Wir kennen nur zweierlei Arten von Natur, zusammengesetzte, materielle und einfache geistige". Wir kennen durchaus keinerlei einfache „geistige Natur", weil „geistige Natur" ein Widerspruch ist. Die zu dem Worte „Natur" hinzugefügten Eigenschaftswörter: „einfach, geistig, mehr oder weniger mit Bewußtsein und Verständnis begabt", bringen noch einen neuen innerlichen Widerspruch mit sich, indem in ganz unerwarteter Weise zu dem einfachen Begriff noch das Bewußtsein und Verständnis hinzugefügt wird, nach dessen Grad dieses „etwas" eingeteilt wird, welches einfache, geistige Natur genannt wird.

Die Worte „zuzugeben, daß Gott an sich selbst eine Natur ersterer Art habe" –, würden folgerichtig ausgedrückt lauten: „zuzugeben, daß der einige Gott ein zusammengesetztes und materielles Wesen sei." Das ist der höchste Unsinn, das hieße zugestehen, daß der einige Gott ein Produkt verschiedenartiger Stoffe sei, wovon nicht die Rede sein kann. Die Worte: „Dagegen fühlen wir uns unumgänglich genötigt, in Gott eine Natur letzterer Art anzunehmen, durch die beständige Betrachtung der Werke seiner Schöpfung und Vorsehung, in welchen die Spuren der aller höchsten Vernunft sichtbar sind", bedeuten durchaus nicht das, daß Gott ein Geist sei, sondern daß Gott die höchste Vernunft sei. Bei näherer Betrachtung dieser Worte ergiebt es sich, daß, anstatt zu sagen, „Gott ist ein Geist," gesagt wurde, Gott sei die höchste Vernunft. Und zur Bekräftigung dieser Worte werden die Worte Johann Damaskins angeführt, welcher noch ein Drittes sagt: Die Gottheit sei einfach.

Es ist erstaunlich, daß der Begriff Gottes als Geist nur im Sinne des Gegenteils von allem Materiellen für mich und für jeden Gläubigen unzweifelhaft ist, wie schon in den ersten Kapiteln von der Unbegreiflichkeit Gottes klargestellt ist. Beweisen kann man dies nicht. Wozu aber wird diese Beweisführung vorgebracht, diese religionsspötterischen Worte von der Untersuchung des Wesens Gottes, wobei dieser Beweis darauf hinausläuft, daß erwiesen wird, daß Gott, anstatt eines Geistes, Vernunft sei, oder daß die Gottheit einfach sei und eine Wirksamkeit habe? Wozu wird das bewiesen? Nur dazu, um während der Beweisführung den Begriff nicht eines einfachen Geistes, sondern der geistigen Natur, welche mehr oder weniger mit Bewußtsein und Vernunft begabt ist, (das sind Menschen, Dämonen, Engel, welche später notwendig sind) unter der Hand einzuführen und hauptsächlich wegen jener Verbindung mit dem Worte „Geist", welche später eine große Rolle spielen wird bei der Darlegung der Lehre. Sogleich wird ersichtlich werden, warum:

„Und wenn wirklich die Offenbarung uns Gott darstellt als geistiges Wesen, – so muß unsere Vermutung die Stufe unzweifelhafter Wahrheit erreichen. Und die Offenbarung lehrt uns wirklich, daß Gott der reinste Geist ist, der mit keinem Körper vereinigt ist, und daß folglich seine Natur eine vollkommen immaterielle, jeder Zusammensetzung fernstehende, einfache ist" (Seite 95, 96).

Aus den Worten: „Der reinste Geist, der mit keinem Körper vereinigt ist," ist sogleich ersichtlich, daß das Wort „Geist" nicht so zu verstehen ist, wie in allen Sprachen und wie es im Evangelium im Gespräch mit Nikodem verstanden wird: „Der Geist atmet, wo er will," das heißt als vollkommeneres Gegenteil von allem Materiellen und darum unbegreiflich, sondern als etwas, was bestimmt und von Anderem unterschieden werden kann. Darauf werden Zeugnisse aus der heiligen Schrift angeführt, daß Gott ein Geist sei. Aber wie immer beweisen die Bibelstellen nur das Gegenteil.

„Kann sich jemand so in der Verborgenheit verbergen, daß ich ihn nicht sehe? spricht der Herr, erfülle ich nicht Himmel und Erde? spricht der Herr (Jerem. 23, 24; Psalm 139, 7–12). b) Jeder Körper hat eine bestimmte Form und darum kann er abgebildet werden. Gott aber hat keine sichtbare Form und deshalb war es im alten Testament streng verboten, ihn abzubilden: ‚Bewahret eure Seelen wohl, denn ihr habt keinerlei Bildnis gesehen am Tage, da der Herr zu euch sprach auf dem Berge Horeb aus der Mitte des Feuers: Sündiget nicht und verfertigt euch nicht irgend ein Bild männlichen oder weiblichen Geschlechts' (5. Mos. 4, 15–16). c) Aus demselben Grunde ist jeder Körper sichtbar, Gott aber heißt der unsichtbare Gott (Kolosser 1, 15; Tim. 1, 17; Röm. 1, 20; Joh. 1, 18; Evgl. Joh. 6, 46; 1. Tim. 6, 16; 2. Mos. 33, 18–23). d) Jeder Körper ist veränderlich, beim Vater des Lichts aber ist keine Veränderung oder Verwandlung des Schattens (Jakobi 1, 17). e) Jeder Körper kann zerstört werden und verwesen, weil er aus Teilen zusammengesetzt ist. – Gott ist der unvergängliche Herrscher in der Welt (1. Tim. l, 17)." (Seite 96, 97.)

Ist es etwa nicht klar, daß Gott, welcher alles sieht, welcher aus der Mitte der Flamme auf dem Berge Horeb sprach, bei welchem keine Verwandlung des Schattens, das heißt kein Bild möglich ist, welcher unvergänglich ist, – kein Geist ist? Es ist klar, daß man notwendig fand, daß man von Gott sprechen konnte, wie von einem bestimmten Wesen wie der Mensch, daß es aber auch notwendig war, die Möglichkeit zu haben, von Gott auch zu sprechen als von einem vollkommenen einfachen, unbegreiflichen Geist. Es ist immer dieselbe Falle. In allen Überschriften dieses Buches sind absichtlich zwei verschiedene Begriffe zu einem vereinigt, um, wenn nötig, den einen durch den anderen zu ersetzen und durch diesen Kunstgriff alle Bibelstellen mechanisch zu mischen und so zu verwirren, daß man das Nichtpassende entfernen kann. Darauf folgt, eine Auslegung der Lehre der Kirche und, wie überall, nicht eine Auslegung des Dogmas, keine Erklärung, sondern Streit. Es wird gestritten mit den Anthropomorphisten und Pantheisten, es wird bewiesen, es sei unwahr, daß Gott mit Fleisch angethan und dem Menschen ähnlich sei. Wenn in der Schrift von seinem Körper gesprochen werde, so muß unter seinen Augen und den Blicken Gottes seine alles durchschauende Kraft, sein alles umfassendes Wissen verstanden werden, wie auch wir durch den Sinn des Gesichts eine vollständigen und richtige Erkenntnis erwerben.· Unter seinen Ohren und seinem Gehör muß seine gnädige Aufmerksamkeit und Aufnahme unserer Gebete verstanden werden, denn auch wir neigen unser Ohr dem Bittenden zu, wenn man uns bittet und beweisen ihm dadurch unsere Wohlgeneigtheit. Unter dem Munde und der Sprache müssen wir die Verkündigung des Willens Gottes verstehen, ebenso wie auch wir unsere Herzensgedanken durch den Mund und die Rede äußern. Unter Speise und Trank ist zu verstehen unsere Unterwerfung unter den Willen Gottes, weil wir durch den Geschmack das unumgängliche Bedürfnis der Natur befriedigen. Unter dem Riechen ist zu verstehen das Verständnis unserer Gedanken, welche zu Gott streben, und unserer Herzensverfassung, ebenso wie wir durch das Riechen den Wohlgeruch empfinden. Unter dem Gesicht ist zu verstehen seine Erscheinung und Kenntlichmachung in seinen Werken, wie auch unser Gesicht uns kenntlich macht. Unter den Händen ist zu verstehen seine schaffende Kraft, weil auch wir alles, was nützlich ist, mit unseren Händen thun. Unter seiner rechten Hand ist zu verstehen die Hilfe in gerechten Sachen, so wie auch wir bei den edleren, wichtigeren und mehr Kraft verlangenden Thaten uns meist der rechten Hand bedienen. Unter seinem Gefühl ist zu verstehen genaue Erkenntnis und Betrachtung selbst des kleinsten und verborgensten, weil auch unser Gefühl nichts verbergen kann. Unter den Füßen und dem Gange ist zu verstehen seine Anwesenheit und Erscheinung entweder zur Hilfe der Bedrängten, oder zu ihrer Verteidigung gegen die Feinde oder zu irgend einer anderen Handlung, ganz so, wie auch wir irgend wohin mit den Füßen gehen. Unter Schwur ist zu verstehen die Unabänderlichkeit seines Ratschlusses, wie auch zwischen uns gegenseitige Verträge durch den Schwur bekräftigt werden. Unter dem Zorn und der Wut ist sein Abscheu vor dem Bösen zu verstehen, denn auch wir geraten in Wut, indem wir das verabscheuen, was unserem Willen zuwiderläuft. Unter vergessen, schlafen und träumen ist zu verstehen seine Langsamkeit in der Bestrafung der Feinde und der Aufschub seiner Hilfe für die seinigen bis zu geeigneter Zeit. (Seite 99 und 100).

Diese Erklärungen und Zurückweisungen der Anthropomorphisten, – abgesehen von der Willkür und Unverständlichkeit der Erklärungen (wie z. B. warum unter Speise und Trank unsere Unterwerfung unter den Willen Gottes zu verstehen sei) – verlieren sich immer tiefer in das Gebiet einer kleinlichen, oft geradezu einfältigen Dialektik und mehr und mehr entschwindet die Hoffnung, in die von Gott geoffenbarten Wahrheiten eingeweiht zu werden. – Im zweiten Abschnitt werden dann noch Beweisgründe der Kirchenväter dafür angeführt, daß Gott ein körperloses, immaterielles Wesen sei. Und so geht es weiter. Es werden nicht irrige, aber seltsame Ansichten der Kirchenväter angeführt, welche beweisen, daß die Kirchenväter weit entfernt waren von jenem Gottesbegriff, welchen jetzt jeder Gläubige hegt. Sie beweisen sehr umständlich z. B. daß Gott durch nichts begrenzt sei und nicht den Leiden und der Vernichtung ausgesetzt sei. So wertvoll auch die Arbeiten der Kirchenväter zu jener Zeit im Kampfe mit den Heiden waren, so wirkt doch auf uns die Behauptung, daß Gott nicht den Leiden ausgesetzt sei, unwillkürlich ebenso, wie etwa eine Behauptung wirken würde, daß Gott keine Kleidung, noch Speise nötig habe, und unwillkürlich wird man gewahr, daß ein Mensch, der die Unvergänglichkeit Gottes beweisen will, keiner klaren und festen Gottesbegriff haben konnte. Für uns beweist das garnichts und beleidigt nur unser Gefühl, aber augenscheinlich wünscht der Verfasser eben das, daß unser Gefühl beleidigt und unser Gottesbegriff erniedrigt werde.

Im dritten Abschnitt führt der Verfasser als Beweis sogar jene Schmährede an, welche die Kirchenväter zur Verteidigung ihrer Meinung anwandten: „Dabei ist für uns besonders das bemerkenswert, daß die alten Pastoren, indem sie die Irrtümer der Antropomorphisten nachwiesen, dieselben unsinnige Häresie nannten und die Anthropomorphisten selbst, welche hartnäckig bei ihrer Meinung blieben, beständig zu den Häretikern zählten."

Und als letzter Beweisgrund der Kirche wird angeführt:

„Deshalb hören wir auch im rechtgläubigen Gottesdienst in der ersten Woche der großen Fasten unter anderem folgende Worte der rechtgläubigen Kirche: „Die, welche sagen, der rechtgläubige Gott sei kein Geist, sondern Fleisch, seien verflucht."

Und damit schließt, was wir vom Wesen Gottes wissen, nämlich, daß er ein Geist sei. Was ist die Schlußfolgerung aus diesem allem? Das, daß Gott kein Wesen, sondern ein Geist sei. Aber das geht schon aus dem Gottesbegriff hervor und alle Gläubigen können nicht anders denken und das wird zum teil durch diesen Paragraphen bestätigt. Außerdem wird aber auch behauptet, daß dieser Geist etwas Besonderes, zum teil Begreifliches sei und aus diesem Zusammenfluß dieser Widersprüche besteht der ganze Inhalt des §. 18. Was der Zweck davon ist, wird klar ersichtlich aus dem folgenden §. 18.

[„] § 18. *Der Begriff der wesentlichen göttlichen Eigenschaften, ihre Zahl und Einteilung.* Wesentliche Eigenschaften Gottes (τὰ οὐσιώδη, ἰδιώματα, *proprietates essentiales*) oder mit einem Wort ἀξιώματα, δόγματα [sic], ἐπιτηδεύματα, *attributa, perfectiones,* werden diejenigen genannt, welche dem göttlichen Wesen selbst angehören und dasselbe von allen anderen Wesen unterscheiden und folglich sind das Eigenschaften, welche gleichmäßig allen Personen der allerheiligsten Dreifaltigkeit zukommen, welche ein einziges Wesen bilden, weshalb sie auch allgemeine göttliche Eigenschaften genannt werden zum Unterschiede von den besonderen oder persönlichen Eigenschaften (τα προσωπικὰ ἰδιώματα, *proprietates personales*), welche jeder der göttlichen Personen im besonderen angehören und dieselben unter sich unterscheiden." (Seite 102.)

Es ergiebt sich also, daß Gott, der einfache Geist, eine Eigenschaft hat, welche ihn von allen anderen Wesen unterscheidet. Außerdem giebt es auch außer den allgemeinen göttlichen Eigenschaften solche, welche denselben Gott in Personen abteilen, obgleich noch nicht gesagt ist, was die Dreifaltigkeit und was eine göttliche Person sei.

„Die Anzahl der wesentlichen oder allgemeinen göttlichen Eigenschaften zu bestimmen, ist unmöglich. Und obgleich die Kirche, indem sie uns einen gesunden Begriff von Gott mitteilt, einige derselben nennt („Gott ist ein ewiger, allgütiger, allwissender, allgerechter, allmächtiger, allgegenwärtiger, unvergänglicher, in sich selbst zufriedener und seliger Geist"), so bemerkt sie doch zugleich, daß die allgemeinen göttlichen Eigenschaften zahllos seien: Denn alles, was nur in der Offenbarung gesagt ist, von dem in seinem Wesen einigen Gott, alles das bildet in gewissem Sinne auch die Eigenschaften des göttlichen Wesens. Und deshalb beschränken auch wir uns nach dem Beispiel der Kirche auf die Betrachtung nur einiger derselben, – der hauptsächlichsten, welche am meisten das göttliche Wesen charakterisieren oder auch andere, weniger bemerkbare Eigenschaften erklären und von welchen deutlicher gesprochen wird in der göttlichen Offenbarung" (Seite 102).

Die göttlichen Eigenschaften sind zahllos und deshalb werden wir nur von einigen sprechen. Aber wenn sie zahllos sind, so sind einige nur ein unendlich kleiner Teil derselben und deshalb ist es unnütz, von ihnen zu sprechen. Aber die Theologie urteilt anders „nicht nur von einigen, sondern auch von den wichtigsten." Wie kann es unter unzähligen wichtigste geben? Alle sind in gleicher Weise unendlich wenig.

„Wir werden von denjenigen sprechen, welche am meisten die Gottheit charakterisieren."

Wieso charakterisieren? Gott hat also einen Charakter, das heißt es giebt also eine Verschiedenheit eines Gottes von einem anderen? Nein. Es ist klar, wir sprechen von irgend etwas, nur nicht von Gott. Doch weiter.

„Um von den wesentlichen göttlichen Eigenschaften klare Begriffe zu haben und die Lehre von denselben in einem System darzulegen, haben sich schon in alten Zeiten die Gottesgelehrten bemüht, sie in Klassen einzuteilen, und solcher Abteilungen hat man besonders im Mittelalter und in neuerer Zeit sehr viele erdacht, welche alle, wenn auch nicht in gleichem Maße ihren Wert und ihre Mängel haben. Der hauptsächlichste Grund der letzteren ist sehr begreiflich: Die Eigenschaften des göttlichen Wesens sind, wie auch die Göttlichkeit selbst, für uns vollkommen unbegreiflich. Deshalb unterlassen wir vergebliche Bemühungen, eine bessere Einteilung derselben zu finden, und wählen diejenige, welche uns als die richtigste und einfachste erscheint" (Seite 102 und 103.)

Die Eigenschaften des göttlichen Wesens, wie auch das Wesen selbst sind für uns vollständig unbegreiflich. Was nun? Machen wir uns nicht der Religionsspötterei schuldig. Sprechen wir nicht von Unbegreiflichem. Nein. „Deshalb wählen wir die Einteilung, welche uns als die richtigste erscheint."

„Gott ist nach seinem Wesen ein Geist. In jedem Geist aber unterscheiden wir besonders außer der eigentlichen geistigen Natur (Substanz) zwei hauptsächliche Kräfte oder Fähigkeiten: Vernunft und Wille."

Wie kann es in einem einfachen Geist eine Teilung in Vernunft und Willen geben? Aber wo ist das gesagt? Es war nur im allgemeinen die Rede von einem Geist, davon aber, daß er Vernunft und Willen habe, ist nichts gesagt worden. Vernunft und Wille sind zwei Worte, durch welche wir, die Menschen, wenigstens einige, zwei Thätigkeiten von einander unterscheiden. Warum aber ist das auch bei Gott der Fall?

„In gleicher Weise kann man die wesentlichen göttlichen Eigenschaften in drei Klassen einteilen. I. In allgemeine göttliche Eigenschaften, das heißt solche, welche in gleicher Weise sowohl der göttlichen Natur (Substanz), als ihren beiden Kräften, Vernunft und Wille angehören und Gott als Geist im allgemeinen von allen übrigen Wesen unterscheiden. II. In Eigenschaften der göttlichen Vernunft, das heißt solche, welche allein der göttlichen Vernunft angehören. Und endlich III. „in Eigenschaften des göttlichen Willens, das heißt solche, welche nur dem göttlichen Willen angehören."

Soll man nicht das Buch wegwerfen? Das ist ja Aberwitz eines Wahnsinnigen! Doch nein, ich habe mir vorgenommen, alle Darlegungen der Theologie sorgfältig und genau zu verfolgen.

Darauf folgen sechzig Seiten über die Eigenschaften Gottes. Der Inhalt dieser sechzig Seiten ist kurz folgender.

[„] § 19. Die Eigenschaften des göttlichen Wesens überhaupt. Gott als Geist unterscheidet sich von allen übrigen Wesen im allgemeinen dadurch, daß sie alle begrenzt sind, sowohl ihrem Dasein, als ihren Kräften nach und folglich mehr oder weniger unvollkommen. Er aber ist ein unbegrenzter, in allen Beziehungen unendlicher Geist, mit andern Worten von höchster Vollkommenheit." (Seite 103 u. 104.)

„Gott unterscheidet sich von allen anderen Wesen überhaupt." Diese falsche Vorstellung von einem Gott, der sich von anderen Wesen unterscheidet, ist augenscheinlich notwendig, weil oftmals vorher und nachher, so wie auch hier gesagt ist, Gott sei unendlich, und man deshalb nicht sagen kann, das Unendliche könne sich von irgend etwas unterscheiden.

„Im Besonderen sind alle anderen Wesen a) begrenzt durch den Ursprung ihres ganzen Daseins und ihre Dauer: Alle erhielten ihr Dasein von Gott und befinden sich in beständiger Abhängigkeit von ihm und zum Teil auch von einander. – Gott aber hat von niemand sein Dasein erhalten und ist von niemand irgendwie abhängig, Er ist selbstständig und unabhängig; b) sie sind begrenzt in ihrer Gestalt oder Form, weil sie notwendigerweise den Begriffen von Raum und Zeit unterworfen sind und folglich Veränderungen unterliegen, – Gott aber steht über den Begriffen des Raumes: Er ist unermeßlich und allgegenwärtig, sowie über den Begriffen der Zeit: Er ist ewig und unvergänglich; c) endlich sind sie begrenzt nach der Menge und Art ihrer Kräfte. – Für Gott aber giebt es auch in dieser Beziehung keine Grenze, Er ist allmächtig. Demnach sind die wichtigsten Eigenschaften, welche dem göttlichen Wesen im allgemeinen angehören, folgende: 1. Unbegrenztheit oder höchste Vollkommenheit. 2. Selbständigkeit. 3. Unabhängigkeit. 4. Unermeßlichkeit und Allgegenwärtigkeit. 5. Ewigkeit. 6. Unvergänglichkeit. 7. Allmächtigkeit."

Dann unterscheidet sich Gott von andern Wesen im besonderen:

„1. Durch die Unbegrenztheit oder höchste Vollkommenheit."

Warum die Unbegrenztheit gleich ist der höchsten Vollkommenheit, bleibt unerklärt wie hier, so auch in der Folge.

„2. Selbständigkeit. 3. Unabhängigkeit."

Welcher Unterschied zwischen diesen beiden Eigenschaften besteht, bleibt ebenso unerklärt. Die Selbstständigkeit wird folgendermaßen erklärt:

„Selbständig heißt Gott deshalb, weil er sein Dasein nicht irgend einem anderen Wesen verdankt, sondern sein Dasein und alles was er hat, von sich selbst hat."

Die Unabhängigkeit aber wird auf Seite 110 so definirt:

„Unter der Unabhängigkeit Gottes ist die Eigenschaft zu verstehen, durch welche er, sowohl seinem Wesen als seinen Kräften und seinem Thun nach, nur durch sich selbst bestimmt wird und nicht durch irgend etwas anders und durch welche er *in sich selbst zufrieden,* (αὐτάρκης) *in sich selbst gewaltig,* (αὐτεξούσιος) *selbstherrschend* (αὐτοκράτης) ist. – Die letztere Eigenschaft

Gottes entspringt aus der vorhergehenden. Wenn Gott ein selbständiges Wesen ist und alles, was er hat, von sich selbst hat, so bedeutet das, daß Er von nichts abhängt, wenigstens nach seinem Dasein und seinen Kräften" (Seite 110).

Somit ist zu der ersten Eigenschaft, der Unbegrenztheit, noch der Begriff der höchsten Vollkommenheit[4] hinzugefügt (ein unanwendbares, schlecht zusammengesetztes Wort, welches aber nach seiner Ableitung einen ganz anderen Sinn hat als Unbegrenztheit). Aber die Worte Selbstständigkeit und Unabhängigkeit, welche nach der Definition des Verfassers selbst einen und denselben Begriff ausdrücken, sind in obigem Text geteilt.

4. Unermeßlichkeit. Diese ist nur ein Synonym für Unbegrenztheit oder auch Unendlichkeit, wird aber hier mit Allgegenwärtigkeit zusammengestellt, obgleich sie mit diesem Begriffe nichts gemein hat.

5. Ewigkeit und 6. Unvergänglichkeit sind wieder geteilt, obgleich sie denselben Begriff bilden.

7. Allmächtigkeit, welche durch den Begriff unbegrenzter Macht definirt wird, während von der Kraft weder hier, noch später irgend wo die Rede ist.

Aber das ist noch lange nicht alles. Man muß sich daran erinnern, daß nach der Offenbarung des Wesens Gottes in sich selbst § 17 Seite 95 uns auch die wesentlichen Eigenschaften Gottes in § 18 Seite 102 erschlossen werden. Und von den wesentlichsten Eigenschaften Gottes werden uns jetzt die wesentlichsten Eigenschaften Gottes im allgemeinen erklärt, § 19 Seite 103. Es steht uns also noch bevor die Erschließung der Eigenschaften der Vernunft Gottes, § 20 Seite 122, und dann der Eigenschaften des Willens Gottes, § 21 Seite 129.

„Die Vernunft Gottes kann man von zwei Seiten betrachten, von theoretischer und praktischer Seite, das heißt in sich selbst und in Beziehung auf das göttliche Thun. Im ersten Fall erhalten wir einen Begriff von einer Eigenschaft dieser Vernunft: der

---

[4] Wörtlich: *Allvollkommenheit*

Allwissenheit, in letzterem Falle von einer anderen Eigenschaft: der höchsten Allweisheit."

Gott weiß in sich selbst alles. Was weiß er dann noch, wenn er die höchste Weisheit besitzt? Auf Seite 127 wird gesagt:

„Die Allweisheit besteht in der vollständigsten Erkenntnis der besten Zwecke und besten Mittel und im vollkommensten Verständnis, die letzteren auf die ersteren anzuwenden."

Das Erkennen der besten Zweck und Mittel! Aber wie kann ein unbegrenztes, allzufriedenes Wesen Zwecke haben? Und welche Bedeutung kann der Begriff des Mittels für ein allmächtiges Wesen haben? Doch weiter:

„Die Gegenstände des göttlichen Wissens werden von der heiligen Schrift genau aufgeführt. Sie bezeugt sowohl im allgemeinen, daß Gott alles wisse, als im besonderen, daß er sich selbst, und alles was außer ihm liegt, alles Mögliche und Wirkliche, alles Vergangene, Gegenwärtige und Zukünftige kenne." Seite 122.

Und dann wird in den Abteilungen durch Citate aus der heiligen Schrift bewiesen, Gott kenne a) alles, b) sich selbst, c) alles Mögliche, d) alles Bestehende, e) das Vergangene, f) das Gegenwärtige, g) das Zukünftige. Nun steht aber Gott zufolge der Theologie außer der Zeit und über der Zeit. Was giebt es also für Ihn Vergangenes und Zukünftiges? Und Gott steht auch außerhalb des Begriffes des Raumes, Er ist ein unbegrenztes, unendliches, allmächtiges Wesen. Wie kann es nun etwas „außerhalb" Seiner geben –? „Außerhalb" bezeichnet jenseits der Grenzen oder des Umfanges von irgend etwas Begrenztem. Ich suche nicht zu übertreiben oder absichtlich auf sonderbare Weise mich auszudrücken, im Gegenteil, ich bemühe mich stets, die ungeschlachte Wildheit der Ausdrücke zu mildern. Man lese einmal die Seiten 123 - 125 – doch was sage ich, man öffne diese zwei Bände, wo man will und lese, es ist überall dasselbe und je weiter, desto unbekümmerter um alle Gesetze der Logik und der Rede.

„§ 21. Den göttlichen Willen kann man von zwei Seiten betrachten, an sich selbst und in seiner Beziehung zu den Geschöpfen. Im ersteren Falle zeigt er sich a) nach seiner unendlich freien

Natur, dann aber b) in seinem freien, heiligen Thun. In letzterer Beziehung aber erscheint der Wille a) vor allem als allgütig: da die Güte die erste und wichtigste Veranlassung aller Handlungen Gottes in Beziehung auf alle vernünftigen Geschöpfe ist; b) dann im besonderen, im Verhältnis zu den vernünftigen Geschöpfen allein: als wahr und treu, insofern er sich ihnen offenbart in der Eigenschaft eines sittlichen Gesetzes für ihren Willen und in der Eigenschaft von Versprechungen oder einer sittlichen Veranlassung zur Erfüllung dieses Gesetzes; endlich c) als gerecht, sofern er den Handlungen dieser Wesen folgt und ihnen nach Verdienst lohnt.

Demnach sind die wichtigsten Eigenschaften des Willens Gottes, oder genauer gesagt, die wichtigsten göttlichen Eigenschaften in Beziehung auf den Willen: l. die höchste Freiheit, 2. die vollkommenste Heiligkeit, 3. unendliche Güte, 4. die vollkommenste Wahrheit und Treue und 5. unendliche Gerechtigkeit." (Seite 129 und 130.)

Gott ist also unendlich, unbegrenzt, frei und das wird durch Citate bewiesen, und, wie immer, zeigen eben die Citate, daß diejenigen, welche diese Worte geschrieben und gesprochen haben, Gott nicht begriffen haben, sondern sich nur der Erkenntnis näherten und von irgend einem heidnischen, starken Gott sprechen, aber nicht von dem Gott, an welchen wir glauben.

„Ich habe die Erde erschaffen und den Menschen und das Vieh, welche auf Erden sind, durch meine große Stärke und meinen hohen Arm und ich gebe sie demjenigen, der wohlgefällig ist vor meinen Augen. (Jer. 27, 5). Ich erbarme mich, dessen ich mich erbarme und ich beschenke reichlich denjenigen, den ich beschenke. (Röm. 9,15). Und nach seinem Willen erschafft Er im himmlischen Gebiet und auf dem irdischen Wohnort, und es ist nicht möglich, seiner Hand zu widerstehen und ihm zu sagen: Was hast Du gethan? (Dan. 4, 32.) Der Höchste regiert das menschliche Königreich und wem er will, giebt er es. (Dan. 4, 14; 22, 29.) Gleich wie Wasserläufe, so ist das Herz des Königs in der Hand Gottes, wohin er alles richten will, dahin wendet er es. (Sprüche 21, 1). Rechnet man nicht zwei Vögel für einen Pfennig?

Und keiner von ihnen fällt auf die Erde ohne euren Vater. Euch aber sind die Haupthaare alle gezählet. (Matth. 10, 29, 30.)["] d.) Über die Erlösung des Menschen ist gesagt: „Der himmlische Vater hat uns schon früher zur Kindschaft zu ihm durch Jesus Christus bestimmt nach dem Wohlgefallen seines Willens." (Ephes. 1, 5.) Und Christus, der Erlöser gab sich für unsere Sünden, um uns zu retten aus der gegenwärtigen Macht des Bösen nach dem Willen des Vaters unseres Gottes, ihm aber sei Ehre von Ewigkeit zu Ewigkeit. (Galater 1, 4, 5) e) In unserer Wiedergeburt und Reinigung. (Das alles ist eine Aufzählung der Erscheinungen der Freiheit Gottes.) Nach seinem Willen hat er uns durch das Wort der Wahrheit hervorgebracht, damit wir seien Erstlinge aller seiner Geschöpfe. (Jac. 1, 18.) Und jedem von uns wird gegeben eine Erscheinung des Geistes zum Nutzen: Dem Einen wird durch den Geist gegeben das Wort der Weisheit, dem andern das Wort der Vernunft von demselben Geist ... Alles das wirket ein und derselbe Geist, der die Gewalt mitteilt jedem, dem er will. (Kor. 12, 7, 8, 9, 11.) – Die heiligen Väter und Lehrer der Kirche, welche in ihren Schriften die göttliche Freiheit überhaupt erwähnt haben, sprachen sehr oft mit besonderer Klarheit ihre Gedanken darüber in zwei Fällen aus, a) wenn sie gegen die alten Philosophen kämpften, welche behaupteten, die Welt sei ewig und sei aus Gott hervorgegangen, nicht nach seinem Willen, sondern notwendigerweise, wie der Schatten von dem Körper, oder das Leuchten von dem Licht, b) wenn sie die Irrtümer der Heiden und einiger Häretiker bekämpften, als ob die ganze Welt und Gott selbst dem Schicksal unterworfen seien und c) wenn sie, in der Absicht zu bestimmen, worin das Bild Gottes in uns besteht, dasselbe in dem freien Willen des Menschen in uns vermuteten. In allen diesen Fällen sprachen sie aus, das: Gott keinerlei Notwendigkeit unterliege und sich selbst vollkommen frei in seinen Werken bestimme, daß er auch am Anfang Alles schuf, was er nur wollte und wie er wollte und fortfährt, alles in der Welt nur nach seinem Willen auszuführen und daß er überhaupt nach seinem Wesen unumschränkt sei. – Wirklich, wenn Gott der vollkommenste Geist ist, ein unabhängiger und allmächtiger

Geist, so muß auch unsere Vernunft anerkennen, daß Gott nach seiner eigenen Natur 1. die höchste Freiheit habe: Die Freiheit ist das wesentliche Attribut eines selbstbewußten Geistes und dasjenige, was allgewaltig ist und alles in seiner Macht hält, ohne selbst von irgend etwas abzuhängen, kann nicht irgend einer Notwendigkeit oder einem Schwanken unterliegen; – 2. die vollkommenste Heiligkeit. Indem wir Gott heilig nennen (ἅγιος *sanctus*) so bekennen wir damit, daß er vollkommen rein von jeder Sünde sei, sogar auch nicht sündigen könne und in allen seinen Handlungen dem sittlichen Gesetz vollkommen getreu sei, deshalb aber das Böse verabscheue und in allem seinem Thun nur das Gute liebe. (Seite 130, 131, 132.)

Die Heiligkeit besteht darin, daß Gott nicht „sündigt" und auch das Böse verabscheut. Und dann folgen wieder Bekräftigungen dieser Gotteslästerungen aus der heiligen Schrift.

„3. Die unendliche Güte. Die Güte Gottes ist diejenige Eigenschaft, nach welcher Er immer bereit ist, soviel Heil mitzuteilen und es wirklich mitteilt, wieviel Jeder nach seiner Natur in seinem Zustand entgegennehmen kann."

Und diese Güte wird folgendermaßen bekräftigt. „Die Güte ist die wichtigste Ursache der Schöpfung und Vorsehung. Von Ewigkeit existierte Gott allein und lebte in Glückseligkeit, da er niemand und nichts nötig hatte. Aber einzig in Folge seiner unendlichen Güte wollte er auch andere Wesen zu Teilnehmern seiner Glückseligkeit machen und schenkte ihnen das Dasein, begabte sie mit den verschiedenartigsten Fähigkeiten und hört nicht auf, sie alle mit den Gaben des Heils zu überschütten, welche für ihr Dasein und ihre Wonne nötig sind." (Seite 138)

Von Ewigkeit her. Das heißt durch eine unzählbare Zahl von Jahren hat Gott in Glückseligkeit allein gelebt und hat in seiner Allweisheit früher nicht daran gedacht, die Welt zu erschaffen. So daß auch die Güte, welche so zu verstehen ist, daß auf den Gottesbegriff der Begriff des Bösen nicht anzuwenden ist, in diesem Begriff verstümmelt und auf die niedrigste Vorstellung herabgebracht ist.

„4. Die vollkommene Wahrheit und Treue. Wir bekennen

Gott als wahr und treu (ἀιτιθινὸς, πιστός, *verax*, *fidelis*), weil alles, was er seinen Geschöpfen offenbart, immer wahr und glaubwürdig ist und Er im besonderen, was er ihnen auch für Verheißungen und Drohungen ausspricht, immer das Gesagte sicher erfüllt."

Getreu wem? Und der Begriff der Drohung und Strafe, der Begriff des Bösen vereinigt mit Gott! Und nun folgen Citate, welche bestätigen, daß Gott nicht lügen könne!

„5. Unendliche Gerechtigkeit. Unter dem Namen Gerechtigkeit (δικαιοσύνη *justitia*), ist hier diejenige Eigenschaft Gottes zu verstehen, nach welcher er allen sittlichen Geschöpfen, jedem nach seinem Verdienst, lohnt, nämlich indem er die Guten belohnt und die Bösen bestraft." (Seite 140.)

Der allgütige Gott rächt die Sünden der Menschen, die sie im zeitlichen Leben begingen, durch ewige Qualen. Und das wird durch Bibelstellen bestätigt:

„Und die Gottlosen hören das schwere Urteil des unparteischen Gerichts: Gehet weg von mir, ihr Verfluchten in das ewige Feuer, das bereitet ist dem Teufel und feinen Engeln. (Matth. 25, 41.) Außerdem wird durch die heilige Schrift b) bezeugt, daß der Fluch des Herrn in den Häusern der Gottlosen sei. (Sprüche 3, 33.) c) Sie nennt Gott das verzehrende Feuer: Unser Gott ist ein verzehrendes Feuer (Ebräer 12, 29 und 5. Mos. 4, 24) und d) nach menschlicher Art schreibt sie ihm Zorn und Rachsucht zu: Es offenbart sich der Zorn Gottes vom Himmel über alle Missethat und Ungerechtigkeit der Menschen, welche die Wahrheit in der Missethat zurückhalten (Röm. 1, 18; 2 Mos. 32, 10; 4. Mos. 11, 10; (Psalm 2, 5. 12; 87, 57, 17. Jes. 7, 14).["] (?)

„Mein ist die Rache und ich werde vergelten, spricht der Herr." (Röm. 12, 19; Ebr.10, 30; 5. Mos. 32, 35). (Seite 142)

Dieser augenscheinliche Widerspruch würde den Verfasser nicht aufhalten, wie ihn auch die früheren Widersprüche in jeder Abteilung von den göttlichen Eigenschaften nicht beunruhigten, aber in diesem Falle hielt er an, augenscheinlich, weil dieser Widerspruch schon viel früher bemerkt worden war und Aussprüche der Kirchenväter, auf Grund deren das ganze Buch geschrieben ist, sich darüber äußerten. Diese Kirchenväter schrieben folgendes:

„Der wahre Gott muß unfehlbar zugleich gütig und gerecht sein. Seine Güte ist gerecht und seine Gerechtigkeit eine gütige Gerechtigkeit. Er bleibt gerecht auch dann, wenn er uns wegen unserer Sünden bestraft, weil er als Vater straft, nicht aus Zorn oder Rachsucht, sondern zu unserer Besserung, zu unserem sittlichen Heil, und folglich sind auch seine Strafen vielmehr Zeugnisse seiner väterlichen Güte für uns und seiner Liebe, als seiner Gerechtigkeit."

Es fragt sich, auf welche Art ist der Widerspruch zu lösen zwischen der Güte und der Gerechtigkeit? Wie kann der gütige Gott für die Sünden mit ewigem Feuer strafen? Entweder ist er nicht gerecht, oder er ist nicht gütig. Es scheint, die Frage ist klar und gerechtfertigt, und der Verfasser stellt sich an, als ob er darauf antworten wolle, indem er folgende Autoritäten anführt: Irenäus, Tertullian, Clemens von Alexandrien, Slatoust, Hilarion, Augustinus. Das sind viele Autoritäten, aber was sagten sie? Sie sagten: „Ihr fraget, kann Gott gerecht sein, wenn Er zeitliche Sünden mit ewigen Qualen bestraft? Wir antworten: Gott muß sowohl gerecht, als gütig sein, seine Güte ist eine gerechte Güte und seine Gerechtigkeit ist eine gütige Gerechtigkeit." Ja, danach frage ich ja eben: Wie ist das zu verstehen? Wie kann der gerechte und gütige Gott mit ewigen Qualen für zeitliche Sünden strafen? Und darauf antwortet ihr, Er strafe wie ein Vater für unser sittliches Heil und seine Strafen seien Beweise seiner Güte und Liebe. Wie kann hier von Besserung und Liebe die Rede sein, wenn man für zeitliche Sünden ewig im Feuer bratet? Aber dem Verfasser scheint es, alles sei erklärt und ruhig beendigt er das Kapitel:

„Die vollkommenste Gerechtigkeit in Gott muß auch der gesunde Verstand anerkennen. Jede Unredlichkeit gegen andere kann in uns nur aus zwei Ursachen entspringen: Aus Unwissenheit oder Verwirrung unseres Urteils und aus der Verkehrtheit des Willens. Aber in Gott können diese beiden Ursachen nicht Raum haben: Gott ist ein allwissendes und heiligstes Wesen, Er weiß alles, selbst die verborgensten Handlungen sittlicher Wesen und Er ist im Stande, sie richtig abzuschätzen. Er liebt alles Gute seiner eigenen Natur zufolge und verabscheut alles Böse ebenfalls nach seiner eigenen Natur. Fügen wir hinzu, daß Gott zugleich ein allmächtiges Wesen ist, welches folglich alle Mittel hat, anderen nach ihrem Verdienst zu lohnen." (Seite 143, 144.)

Ich habe dies nur deshalb hier angeführt, damit ersichtlich wird, daß ich nichts auslasse. Das ist alles, wodurch der Widerspruch gelöst werden soll. Die Erschließung des Wesens Gottes in sich selbst und seiner wesentlichsten Eigenschaften ist beendigt. Was war es eigentlich? Es fing damit an, Gott sei unbegreiflich, aber es wurde hinzugefügt, Er sei zugleich auch teilweise begreiflich. Dieser Begriff „teilweise" ist uns so dargestellt, daß Gott einer sei und nicht zwei oder drei, das heißt auf den Gottesbegriff wird der ihm der ersten Definition zufolge fremde Begriff der Zahl angewendet.

Dann erfahren wir, daß in dem teilweise begreiflichen Gott wir aber einen Unterschied zwischen seinem Wesen und seinen Eigenschaften kennen. Die Definition des Wesens Gottes bestand darin, daß er ein Geist, das heißt ein immaterielles, einfaches, nicht zusammengesetztes Wesen sei, welches daher jede Untereinteilung ausschließe. Aber gleich darauf wurde verkündigt, daß wir die Eigenschaften dieses einfachen Wesens kennen und es in verschiedene Abteilungen teilen können. – Über die Zahl dieser Eigenschaften wird gesagt, sie seien unzählbar. Aber es werden uns aus dieser unzählbaren Anzahl von Eigenschaften des einfachen Wesens, des Geistes, 14 Eigenschaften genannt. Darauf wird uns ganz unerwartet mitgeteilt, daß dieses einfache Wesen, dieser Geist sich von anderen Wesen unterscheide und außerdem Vernunft und Willen habe (darüber, was unter Vernunft und Willen eines einfachen Wesens und Geistes zu verstehen sei, wird kein Wort gesprochen) und darauf, daß das nicht zusammengesetzte Wesen sich in die Grundbegriffe von Vernunft und Willen zerteile. Die 14 Eigenschaften werden in 4 Abteilungen gestellt: a) Wesentliche Eigenschaften im Allgemeinen. Die wesentlichen Eigenschaften des göttlichen Wesens im Allgemeinen, (ich verändere nichts und füge nichts hinzu), werden in 3 Abteilungen eingeteilt, aa) wesentliche Eigenschaften Gottes im Allgemeinen, welche ihn im Allgemeinen (sic!) von anderen Wesen unterscheiden und bb) in wesentliche Eigenschaften des göttlichen Wesens im Allgemeinen, welche es im Besonderen von anderen Wesen unterscheiden und danach ergab sich aaa) Unendlichkeit, und unerwartet wird die Allvollkommenheit mit dem Gleichheitszeichen hinzugefügt, bbb) die Selbständigkeit, ccc) die Unabhängigkeit, ddd) die Unermeßlichkeit und Allgegenwärtigkeit, (welche wieder unerwarteter Weise hinzugefügt wurde) eee) die Ewigkeit, fff) die Unvergänglichkeit, ggg) die Allmacht. – Eigenschaften des göttlichen Verstandes sind: a) Allwissenheit, b) höchste Allweisheit; und Eigenschaften des göttlichen Willens: a) Freiheit, b) Heiligkeit, c) Güte, d) Treue, e) Gerechtigkeit. Die Kunstgriffe der Darlegung sind dieselben, wie in den vorhergehenden Teilen: Unklarheit der Ausdrücke, Widersprüche, eine durch nichtssagende Worte verhüllte Erniedrigung des Gegenstandes und Herabführung desselben auf das niedrigste Gebiet, Vernachlässigung der Forderungen des Verstandes und immer wieder das beständige Streben, durch einen Wortschwall die verschiedenartigsten Ansichten von Gott, von Abraham bis zu den Kirchenvätern zu verbinden und allein auf diese Überlieferung alle Beweise zu gründen. Aber in dieser Abteilung, welche sich so entschieden von dem gesunden Menschenverstande abwendet (von jenen ersten Lehrsätzen an, welche angeführt wurden, während die Definition der göttlichen Eigenschaften begann), in dieser Abteilung findet sich ein neuer Zug: eine Zusammenstellung von Worten, welche für den Verfasser augenscheinlich nichts bedeuten. Augenscheinlich sind die Worte dort schon ganz und gar von dem Gedanken, mit dem sie verbunden waren, losgerissen und drücken gar keinen Gedanken mehr aus. Lange machte ich schreckliche Anstrengungen, um zu begreifen, was zum Beispiel unter den verschiedenen geistigen Naturen zu verstehen sei, oder unter dem Unterschied der Eigenschaften, unter der Unabhängigkeit, unter Vernunft und Willen Gottes, aber ich konnte nichts begreifen. Und endlich mußte ich mich überzeugen, daß der Verfasser nur für nötig gefunden hatte, auf ganz oberflächliche Weise alle Bibelstellen aufzuhäufen und daß ein vernünftiger Zusammenhang in seinen Worten auch für ihn selbst nicht vorhanden war.

§ 22. Dieser Paragraph spricht eben von dem, was unwillkürlich in dem Sinne eines jeden vorgeht, wenn man ihm die Eigenschaften des unbegreiflichen Gottes vorzählt. Jeder, der an Gott glaubt, kann nicht umhin, die Lästerung in diesen Unterabteilungen zu erkennen. Und hier wird plötzlich mit den Worten der Kirchenväter eben das ausgesprochen, was jeder Gläubige fühlt, nämlich, daß Gott für die Vernunft unbegreiflich sei und daß alle jene Merkmale, Worte, Epithete, welche wir Gott beilegten, durchaus keine klare Bedeutung haben. Alles fließt in das Eine zusammen, daß der Begriff Gottes als Ursprung aller Dinge dem Verstande unbegreiflich und ganz einfach unteilbar ist und daß es heißt, den Gottesbegriff zerstören, wenn man Gott nach seinem Wesen und seinen Eigenschaften in eine Einteilung bringen will.

„Das Wesen und die wesentlichen Eigenschaften Gottes sind in Wirklichkeit unter einander nicht verschieden und weichen nicht von einander ab, im Gegenteil, sie bilden in Gott eine Einheit. Dieser Gedanke fließt mit Notwendigkeit her 1. aus jenen Stellen der heiligen Schrift, wo Gott als der reinste Geist dargestellt und jede Stofflichkeit, Körperlichkeit, Zusammengesetztheit bei ihm verneint wird. Aber wenn die in Gott vorhandenen Eigenschaften wirklich verschieden und von seinem Wesen und von einander trennbar wären, so wäre Er nicht einfach, sondern zusammengesetzt, das heißt, Er wäre zusammengesetzt aus seinem Wesen und aus seinen untereinander verschiedenen Eigenschaften. So urteilten auch die heiligen Kirchenväter: Die Gottheit ist einfach und nicht zusammengesetzt, sagte der heilige Johann Damaskin, was aber aus Vielen und Verschiedenem besteht, das ist zusammengesetzt. Und somit, wenn wir die Unerschaffenheit, Anfangslosigkeit, Körperlosigkeit, Unsterblichkeit, Ewigkeit, die Güte, die Schöpfungskraft und Ähnliches wesentliche Verschiedenheiten in Gott (οὐσιωδεῖοφορας ἐπὶ Θεαῦ [sic]

[Θεοῦ]) nennen, so ist die Gottheit, welche aus so vielen Eigenschaften besteht, nicht einfach, sondern zusammengesetzt. Das aber zu behaupten, ist die höchste Gottlosigkeit." (Seite 145.)

Darauf folgen noch andere Citate aus den heiligen Kirchenvätern, welche diesen Gedanken bekräftigen. Demzufolge wundert man sich, wozu alle diese früheren Unterabteilungen und Definitionen dienen sollten. Aber diesen klaren, unzweifelhaften Beweisen, welche im Herzen jedes an Gott Glaubenden als volle Wahrheit Widerhall finden, diesen Beweisen geht eine ganz eben solche unerwartete Betrachtung voran, wie die von der Begreiflichkeit und Unbegreiflichkeit Gottes, wie sie der Erklärung jedes Dogmas vorausgehen. Im Dogma von Gott ist gesagt und bewiesen, daß Gott unbegreiflich sei und dann wieder ist angeblich bewiesen, daß Er begreiflich sei. Zur Lösung dieses Widerspruches ist die Lehre von der teilweisen Begreiflichkeit erdacht worden. Hier ist gesagt, daß das Wesen und die wesentlichen Eigenschaften Gottes nicht verschieden seien und sich nicht von einander trennen und sogleich darauf, auf Seite 147, ist gesagt:

„Das Wesen und die wesentlichen Eigenschaften Gottes, welche sich in Wirklichkeit nicht von einander unterscheiden und trennen, unterscheiden sich jedoch in unserer geistigen Vorstellung, was nicht ohne Begründung in Gott selbst ist, so daß der Begriff von irgend einer seiner Eigenschaften nicht zugleich auch der Begriff von seinem Dasein oder der Begriff von jeder anderen Eigenschaft ist." (Seite 147).

Und dieser Lehrsatz geht nach der Meinung des Verfassers unzweifelhaft aus der heiligen Schrift hervor. Dann werden die Worte Basilius des Großen angeführt: „Unsere Unterscheidungen der göttlichen Eigenschaften sind nicht nur rein subjektiv, nein, sie haben ihre Begründung in Gott selbst, in seinen verschiedenartigen Äußerungen, Handlungen, Beziehungen zu uns, wie die Schöpfung und die Vorsehung, obgleich Gott in sich selbst vollkommen einheitlich, einfach, unzusammengesetzt ist." (Seite 149.)

Glaubt man wirklich, daß ein so offenbarer Widerspruch der heiligen Kirchenväter zufälligerweise zusammengestellt worden sei und daß er vielleicht irgend wie gelöst werde? Keineswegs. Das eben beabsichtigte der Verfasser und darin besteht der ganze Sinn dieses § 22. Er beginnt wie folgt:

„Mit dieser Frage hat man sich in der Kirche in früherer Zeit viel beschäftigt, besonders im Mittelalter, sowohl im Abendland, als im Orient und es kamen dabei Übertreibungen zu Tage. Das erste Extrem giebt zu, daß zwischen dem Wesen und den wesentlichsten Eigenschaften Gottes, ganz ebenso wie auch zwischen den Eigenschaften selbst, ein wirklicher Unterschied (τῷ πράγματι, realis) bestehe, so daß die Eigenschaften in Gott etwas sowohl von dem Wesen, als von einander Getrenntes bilden. Das andere Extrem dagegen behauptet, das Wesen und alle wesentlichen Eigenschaften Gottes seien vollkommen identisch mit einander und sie unterscheiden sich überhaupt nicht, weder in Wirklichkeit, noch selbst in unseren geistigen Vorstellungen (ἐπινοίᾳ νοήσει, cogitatione).“ (Seite 149.)

Die rechtgläubige Kirche lehrt, daß beide Behauptungen von der Wahrheit entfernt sind. Welche steht nun der Wahrheit näher? Darüber ist nichts gesagt. Es sind zwei einander widersprechende Meinungen einander gegenübergestellt und es wird nichts gesagt zur Lösung dieses Widerspruchs. Ich suchte aufmerksam auf allen fünf Seiten, aber ich fand kein Wort darüber, wie das zu verstehen sei, nichts, durchaus nichts. Der Schluß des Paragraphen lautet:

„Bemerkenswert sind auch im vorliegenden Falle die Worte des heiligen Augustins: Ein anderer ist Gott, ein anderer der Vater. Obgleich die Vaterschaft und das Wesen in Gott eins sind, kann man doch nicht sagen, der Vater sei wegen seiner Vaterschaft Gott und wegen seiner Vaterschaft allweise. Das war immer die feste Überzeugung unserer Väter und sie widersprachen den Anomäern und behaupteten, sie hätten sich schon weit aus den Grenzen des Glaubens verirrt, weil diese Häretiker jeden Unterschied zwischen dem Wesen und den Eigenschaften Gottes verneinten.“ (Seite 150).

Damit ist das Kapitel zu Ende. Aber, ob die Anomäer Recht haben und warum die Worte des gesegneten Augustins bemerkenswert seien, – das ist ganz gleichgültig. Wie ist das zu verstehen? Die Worte Johann Damaskins sind wahr. Der Verfasser sagt selbst, sie seien richtig, wie aber stimmen sie zu den gegenteiligen Worten Augustins? Und sind sie wirklich wahr oder nicht? Der Verfasser hält nicht einmal für nötig, darauf zu antworten und schließt das Kapitel.

Im vorhergehenden Paragraphen über das Wesen und die 14 Eigenschaften Gottes war ich erstaunt über den vollständigen Mangel an jedem Gedanken und das augenscheinliche Spiel mit bloßen sich widersprechenden Worten oder Synonymen in tiefem vollständigem Dunkel. Hier aber findet sich ein neuer Zug ungewöhnlicher Leichtfertigkeit, welche nicht nur die Vernunft, sondern auch das Gefühl beleidigt.

In diesem Paragraph wird der Widerspruch geradezu vor Augen gestellt und gesagt: „dieses ist weiß und dieses ist schwarz," und man darf nicht sagen, dies sei weiß und dies sei schwarz; die Kirche lehrt uns das Eine und das Andere anerkennen, das heißt, daß schwarz weiß sei und daß weiß schwarz sei, so daß hier schon das Verlangen ausgesprochen wird, nicht nur daran zu glauben, was die Kirche sagt, sondern auch in Worten zu wiederholen, was sie sagt.

Nach diesem § 23 folgt: Die sittliche Anwendung des Dogmas. Die sittliche Anwendung des ersten Dogmas, des Dogmas von dem einigen Gott, setzte mich nur durch seine Inkonsequenz in Erstaunen. Jene sittlichen Vorschriften, welche auf Grund der Einheit Gottes gelehrt wurden, sind augenscheinlich nicht daraus hervorgegangen, sondern wurden einfach den Worten angeflickt: „Es ist ein einiger Gott, wir müssen sein in der Einigkeit," u. s. w. Aber als ich zu der zweiten Anwendung kam und im ganzen Werke alle jedem Dogma stets beigefügten sittlichen Vorschriften durchgesehen hatte und indem ich mich daran erinnerte, daß in der Einleitung gesagt ist, das Dogma des Glaubens und die Gesetze der Moral (Seite 36) seien ungeteilt von Gott den Menschen geoffenbart worden und befänden sich in unlösbarem Zusammenhange, – da begriff ich, daß diese Lehrsätze nicht zufällig, sondern sehr wichtig seien, als Beweise für die Bedeutung der Dogmen für ein gottseliges Leben. Und darauf wandte ich ihnen größere Aufmerksamkeit zu. – Folgendes ist die Anwendung des Dogmas von dem Wesen und Eigenschaften Gottes:

„1. Gott ist nach seinem Wesen ein Geist, nach der hauptsächlichsten Eigenschaft seines Wesens aber, welche alle andern umfaßt, ein unendlicher, das heißt der vollkommenste, höchste, glorreiche Geist. Daraus folgt – a) Vor allem lernen wir, Gott zu verehren und lieben, denn wen sollte man verehren und lieben, wenn nicht den Allervollkommensten, weil jede Vollkommenheit natürlicherweise in uns diese beiden Gefühle hervorruft? Aber die Liebe zu Gott im Verein mit der Verehrung bildet die Grundlage aller unserer Verpflichtungen gegen ihn. (Matth. 22, 37.) b) Wir müssen zugleich lernen, daß unsere Liebe und Verehrung für Gott sein müsse: aa) die innigste und geistige: Gott ist ein Geist, und wenn wir ihn anbeten, müssen wir ihn im Geist und in der Wahrheit anbeten, sagte der Erlöser (Joh. 4, 24). Jeder äußerliche Gottesdienst kann nur dann Wert haben, wenn er der Ausdruck eines innerlichen ist, andernfalls ist er Gott unangenehm. (2 Mos. 11–15[5] – und ein wahres Opfer ist ihm: Ein zerknirschter Geist, nach dem Worte des Propheten. (Psalm 50, 19)[6] – bb) Unsere Liebe und Verehrung Gottes soll aber auch die höchste und vollständigste sein: denn Gott übertrifft mit seinen Fähigkeiten unendlich alle anderen Wesen, für welche wir Verehrung und Liebe hegen können; und folglich, wenn irgend jemand, so sollen wir ihn vorzugsweise lieben und verehren mit unserem ganzen Herzen und ganzer Seele und unserem ganzen Geiste und aus allen Kräften. (Mark. 12, 30); cc) Sie soll ferner sein voll tiefster Verehrung: Wenn auch die Seraphim, welche im Himmel den Thron des allmächtigen Herrn umgeben, nicht im Stande, die Größe seines Ruhmes auszusprechen, ihr Gesicht bedecken, während sie einander zurufen: ‚Heilig, heilig, heilig ist der Herr Zebaoth,‘ (Jes. 6, 3) mit welchem verehrenden Zittern

---

[5] Im russischen Original so citiert.
[6] Nach der russischen Bibel richtig citiert.

sollen wir ihm dann dienen, wir, die niedrigsten und schwächs-
ten von allen seinen geistigen Geschöpfen? (Psalm 2, 11)."

„c) Wir werden gelehrt, Gott zu rühmen mit Herz und Mund,
mit unseren Gedanken und unserem ganzen Leben, indem wir
uns der Worte des Psalmisten erinnern: ‚Verkündet den Ruhm
und die Ehre des Herrn, verkündet den Ruhm seines Namens,
denn groß ist Gott und ruhmreich, und seine Größe hat keine
Grenze' (Psalm 95, 3, 4; 144, 3), und der Worte des Erlösers: ‚Also
laßt euer Licht leuchten vor den Menschen, damit sie eure guten
Thaten sehen und euren Vater preisen, der im Himmel ist.'
(Matth. 5, 16)."

„d) Endlich wird uns gelehrt, nach Gott zu streben, als nach
unserem höchsten Heil und in ihm allein vollkommene Beruhi-
gung zu suchen. Wie tief auch die Gier unseres Geistes sei, der
die Wahrheit suchet, Gott ist die höchste Wahrheit, wie glühend
auch unser Streben nach dem Guten sei, Gott ist das vollendetste
Gute, wie unersättlich auch die Liebe unseres Herzens zum
Glück und Heil sei, Gott ist das höchste, unendliche Heil. Wo,
wenn nicht in ihm, können wir vollkommene Befriedigung für
alle die hohen Bedürfnisse unseres Geistes finden?"

„2. Indem wir im Besonderen jede Eigenschaft des Wesens
Gottes einzeln betrachten, durch welche sich Gott vor seinen Geschöpfen auszeichnet, können wir daraus neue Lehren ziehen.
Und – a) wenn Gott allein selbständig ist, das heißt Niemand sein
Dasein verdankt, während alle anderen Wesen, folglich auch
wir, ihm alles verdanken, so sollen wir: aa) uns beständig vor
ihm demütigen und bb) ihm beständig danken: Von ihm leben
und regen wir uns und sind wir (Ap[g]. 17, 28). b) Wenn Er allein
unabhängig und allzufrieden ist und daher nach unserer Glückseligkeit nicht verlangt, (Psalm 15, 2)[7] sondern im Gegenteil, uns
alles, Leben, Atem und Alles giebt, (Ap[g]. 17, 25). so sollen wir
aa) in uns das Gefühl der vollkommensten Abhängigkeit von
ihm und des vollkommenen Gehorsams gegen ihn hegen und,
bb) indem wir ihm irgend welche Gaben und Opfer bringen,

---

[7] Im russischen Texte so citiert.

durchaus nicht glauben, damit dem Allzufriedenen eine Wohlthat zu erweisen, da alles, was wir haben, sein Eigentum ist. c) Die Zuversicht, daß wir uns immer vor dem Angesichte des allgegenwärtigen Gottes befinden, wo wir auch sein mögen, aa) veranlaßt uns natürlicherweise, sich vor ihm immer mit aller Vorsicht und Verehrung zu benehmen; bb) und kann uns vor Sünde behüten, wie sie einst Joseph behütet hat (1. Mos. 39, 9); cc) und kann uns ermutigen und trösten in allen Gefahren wie sie David ermutigt hat, als er von sich sprach: ‚Indem ich Gott jeder Zeit vor mir sehe, welcher mir zur Rechten ist, weiche ich nicht vom Wege ab' (Psalm 15, 8).[8] dd) Sie kann uns erwecken zur Anbetung, Lobpreisung und Danksagung gegen Gott an jeder Stelle. (Joh. 4, 21–24)"

„d) Indem wir uns erinnern, daß Gott allein ewig ist, während alles Übrige, das uns auf Erden umgiebt, zeitlich und schnell vergänglich ist, lernen wir, aa) nicht mit unserer Seele den verderblichen Gütern nachzuhängen, sondern das einzige, unvergängliche Heil in Gott zu suchen, (Matth. 6, 19, 20) bb) nicht auf die Fürsten und auf die Menschensöhne zu hoffen, welche jeden Augenblick sterben und uns ohne alle Stütze hinterlassen können (Psalm 145, 3–5), sondern alle unsere Hoffnungen auf den zu richten, der allein die Unsterblichkeit hat (1. Tim. 6, 16) und uns niemals verlassen wird."

„e) Der Gedanke an die vollkommene Unwandelbarkeit Gottes – aa) kann uns noch mehr erwecken zu dieser ausschließlichen Hoffnung auf Gott: Denn die Menschen im Allgemeinen sind so unbeständig; das Wohlwollen der Großen und Gewaltigen dieser Erde schwankt und vergeht so leicht; selbst die Liebe der Verwandten und Freunde verläßt uns nicht selten, -– während Gott allein immer derselbe, unveränderlich ist; bb) er kann uns zugleich zur Betrachtung der Unwandelbarkeit Gottes im sittlichen Sinne erwecken, das heißt zur größtmöglichen Festigkeit und Beständigkeit in allen rechtschaffenen Bestrebungen

---

[8] Im russischen Texte so citiert.

unserer Seele und zum unbeugsamem Wandel auf dem Wege der Tugend und des Heils."

„f) Der lebendige Glaube an Gott den Allmächtigen lehrt uns,– aa) ihn um Hilfe und Segen in allen unseren Unternehmungen zu bitten: Wenn Gott nicht das Haus mitbauet, so arbeiten die Bauleute umsonst, wenn Gott nicht die Stadt behütet, so sind alle Wächter umsonst (Psalm 127, 1); bb) nichts zu fürchten und nicht zu verzagen inmitten der größten Gefahren, wenn wir nur nach seinem Wohlgefallen handeln und dadurch seinen Segen auf uns herabrufen: Wenn Gott für uns ist, wer ist wider uns? (Röm. 8, 31); aber auch cc) ihn zu fürchten und vor ihm zu zittern, wenn wir wider seinen Willen handeln: Er ist stark, zu verderben nicht nur den Leib, sondern auch unsere Seele in Gehenna. (Matth. 10, 28.)"

„3. Wenn wir unsere Aufmerksamkeit auf die Eigenschaften des Geistes Gottes richten, – so finden wir auch hier für uns nicht wenig Erbauliches. a) Gott ist allwissend: Wie viel Trost und Ermutigung bietet das dem Gerechten! Mögen die Leute, die seine Absichten nicht kennen und seine Handlungen nicht zu schaden verstehen, ihn verachten und sogar verfolgen, – für ihn bleibt das Bewußtsein kostbar, daß Gott selbst seine Seele mit allen Gedanken und Wünschen deutlich sieht und alle seine Siege im blutigen Kampfe mit den Feinden des Heils, auch seine freiwilligen Entbehrungen und sein unschuldiges Leiden, sowie jeden Seufzer und jede seiner Thränen inmitten schwerer Versuchungen kennt. Welche drohende Ermahnung ist dies zugleich für den Gottlosen! So viel er auch vor den Menschen heuchelt, so viel er sich auch bemüht, seine verbrecherischen Absichten zu verbergen, in welchem Dunkel er auch seine Missethaten begeht, – er muß sich doch gestehen, daß es ein Wesen giebt, vor dem man sich nicht verbergen kann, vor welchem Alles nackt und offenbar ist (Ebr. 4, 13) und daß man wohl die Menschen täuschen kann, Gott aber niemals. – b) Gott ist unendlich weise; und deshalb – aa) soll unser Geist und Herz sich nicht verdüstern, wenn wir im gewöhnlichen Leben oder in der Natur Erscheinungen sehen, welche augenscheinlich mit allgemeinem Untergang und Zerstörung drohen. Alles das geht vor sich oder wird zugelassen nach dem für uns unerforschlichen Rat der allerhöchsten Weisheit; bb) wir sollen nicht verzagen oder gegen Gott murren, wenn es uns selbst widerfährt, daß wir uns in gedrückten Umständen befärden, sondern lieber uns gänzlich in seinen heiligen Willen ergeben in dem Glauben, daß Er besser als wir weiß, was uns nützlich und schädlich ist; cc) wir sollen lernen, nach unseren Kräften seine allerhöchste Weisheit zu unterstützen, indem wir beständig nach jenem erhabenen Ziel streben, das Er uns gesteckt hat und dazu jene besten Mittel wählen, welche Er uns selbst in seiner Offenbarung vorgeschrieben hat."

„4. Endlich ist jede der Eigenschaften des göttlichen Willens entweder ein Gegenstand der Verehrung für uns oder bietet uns zugleich auch einige andere sittliche Lehren. – a) Gott heißt der Allerhöchst-Freie deshalb, weil Er selbst immer nur das Gute wählt und ohne jede fremde Nötigung oder Veranlassung. Das ist es, worin auch unsere wahre Freiheit bestehen soll, in der Möglichkeit und der freiwillig angenommenen Gewohnheit, nur das Gute zu thun, nur deshalb, weil es gut ist und nicht in dem Belieben, das Gute oder Böse zu thun: wie man gewöhnlich denkt und noch weniger in dem Belieben, nur Böses zu thun, denn ‚Jeder, der Sünde thut, ist der Sünde Knecht', sagt der Erlöser (Joh. 8, 34); und indem wir Böses thun, verlieren wir jedesmal einen Teil unserer Freiheit, indem wir uns mehr und mehr unseren Leidenschaften und unreinen Neigungen unterwerfen, welche wir beherrschen sollten. b) Gott ist der Allerheiligste und hat uns verkündigt: ‚Heiliget euch und werdet heilig, denn heilig bin ich, der Herr, euer Gott' (3. Mos. 11, 44). Nur unter dieser Bedingung können wir der allerheiligsten Vereinigung mit Gott würdig werden; denn welche Gemeinschaft hat das Licht mit der Finsternis? (2. Cor. 6, 14.) Niemals würden wir würdig des Anblicks seines Antlitzes: Denn ‚nur die reinen Herzens sind, werden Gott schauen.' (Matth. 5, 8); c) Gott ist unendlich gütig in allem seinem Thun und besonders gegen uns: Dies aa) lehrt uns, ihm für alle seine Wohlthaten zu danken und seine väterliche

Liebe mit kindlicher Liebe zu erwidern: ‚Lieben wir Ihn, denn Er hat uns zuerst geliebet.' (1. Joh. 4, 19.)["]

Es fehlt nicht nur an jedem Sinn, es ist auch keinerlei Zusammenhang vorhanden, außer dem, was die Franzosen „a propos" nennen. – Und wirklich, was kann die sittliche Anwendung davon sein, daß Gott eins und unermeßlich und ein Geist und dreifältig ist? Nicht das ist also das Wunderlichste, daß die Darlegung der sittlichen Anwendung des Dogmas zusammenhanglos und schlecht geschrieben ist, sondern das, was zu dem Dogma hinzugedacht wird, welches durchaus keine Anwendung haben kann. Und unwillkürlich fragt man sich: wozu habe ich nötig, alle diese unbegreiflichen, vollkommenen Widersprüche des Dogmas zu wissen, wenn aus diesem Wissen durchaus nichts hervorgehen kann?

———

[V.]

Zweites Kapitel. Von Gott, dem Dreifältigen in Personen. [Seite 156]
– Ohne noch zur Betrachtung des Dogmas selbst überzugehen,
hielt ich unwillkürlich an vor dem Worte: „in Personen", „göttliche
Personen". – Ich las und studierte die Auslegung der Dogmen
vom göttlichen Wesen. Dort war keine Definition der Worte
„Personen" oder „göttliche Personen" zu finden, welche bei der
Definition der Dreifaltigkeit angewendet wurden. Nur an jener
Stelle, wo die Anthropomophisten bekämpft wurden, ist gesagt,
unter einer göttlichen Person müsse man verstehen: „die Erscheinung
und die Offenbarung Gottes in seinen Werken." Aber augenscheinlich
bezieht sich das nicht auf die Dreieinigkeit. Doch
vielleicht geht die Definition dieses Wortes, welche zum Begreifen
der Dreieinigkeit uns unumgänglich nötig ist, aus der Auslegung
selbst hervor? Ich lese weiter. Hier die Einleitung:

„Die Wahrheit über Gott, dem nach seinem Wesen einigen
und über seine wesentlichsten Eigenschaften, welche wir bisher
dargelegt haben, umfassen in sich nicht die ganze christliche
Lehre von Gott. Wenn wir nur anerkennen, daß Gott eins sei, haben
wir noch nicht das Recht, uns Christen zu nennen. Einen einigen
Gott verehren sowohl die Juden, welche Christus nicht als
Messias anerkennen und das Christentum verwerfen, als auch
die Mohamedaner und viele alte und neue Häretiker im Gebiete
des Christentums selbst. Die vollkommene christliche Lehre von
Gott, welche wir unverbrüchlich im Herzen behalten und mit
dem Mund bekennen sollen, um des Namens Christen würdig
zu sein, besteht darin, daß Gott sowohl einig, als dreifältig ist, –
einig nach seinem Wesen, dreifältig nach den Personen" (Seite
156).

Was bedeutet das? Alle in dem Abschnitt von dem Wesen
Gottes aufgezählten Eigenschaften Gottes, wie die Unendlichkeit,
Unermeßlichkeit und andere, schließen den Begriff einer
Person aus. Das, daß Gott ein Geist ist, – ist noch weniger vereinbar
mit einer Person. Was bedeutet das, „in Personen?" Eine Antwort
wird nicht gegeben und die Darlegung geht weiter.

„Diese Lehre bildet das eigentliche christliche Grunddogma: darauf gründet es sich unmittelbar, und folglich verneinen wir mit seiner Verwerfung unvermeidlich auch das Dogma von unserem Erlöser, – dem Herrn Jesus, von unserem Heiliger, – dem heiligen Geist, und dann auch mehr oder weniger alle Dogmen, welche sich auf unsere Erlösung beziehen. – Und indem wir verkündigen, daß Gott eins nach seinem Wesen und dreifältig in den Personen sei …" (Seite 186).

Nach seinem Wesen ist Gott eins und im Vorhergehenden ist gesagt, Gott ist ein Geist. Abgesehen von dem Wesen ist gesagt, Er habe vierzehn Eigenschaften. Alle Eigenschaften schließen den Begriff der Person aus. Was soll das nun bedeuten: „In Personen?" Also giebt es noch eine dritte Einteilung Gottes? Wir hatten bereits folgende: 1) nach dem Wesen und 2) nach seinen Eigenschaften. Jetzt kommt noch eine dritte hinzu: Nach den Personen. Worauf gründet sich diese? Dafür giebt es wieder keine Antwort und die Betrachtung wird fortgesetzt.

„Durch dieses Bekenntnis unterscheiden wir uns nicht nur von den Heiden und einigen Häretikern, welche viele oder zwei Götter verehren, sondern auch von den Juden und Mohamedanern und allen Häretikern, welche nur einen Gott verehren und verehrten."

Was geht es mich an, von wem ich mich unterscheide? Je weniger ich mich von andern Menschen unterscheide, desto besser ist es für mich. Was heißt das „eine Person?" Wieder folgt keine Antwort und die Darstellung geht weiter.

„Aber das wichtigste von allen christlichen Dogmen, das Dogma von der allerheiligen Dreieinigkeit, ist zugleich auch das unbegreiflichste."

Das ist ja eben, nach dessen Erklärung ich dürste und wovon ich, wenn nicht eine Erklärung, so doch wenigstens eine solche Ausdrucksweise ersehne, welche verständlich wäre! Wenn es vollständig unbegreiflich ist, so ist es nicht.

„Wir haben bereits nicht wenig Unbegreifliches gesehen, schon bei der Auslegung der Lehre von dem nach seinem Wesen einigen Gott, von seinen Eigenschaften, besonders von seiner

Selbständigkeit, Ewigkeit, Allgegenwärtigkeit." (Seite 157.)

Da war nichts Unbegreifliches, alles das waren nur Ausdrucksformen von verschiedenen Seiten aus für den ersten Begriff vom Dasein Gottes, eines Begriffes, welcher jedem, der an Gott glaubt, faßlich ist. Diese Ausdrücke waren meist falsch angewendet, aber es war nichts Unbegreifliches in ihnen.

„Nicht wenig Unbegreifliches werden wir auch in der Folge sehen bei der Erklärung der Dogmen von der Menschwerdung und der Person unseres Erlösers, von seinem Kreuzestod, von der ewigen Jungfräulichkeit der Mutter· Gottes, von der Wirkung der Gnade auf uns und Ähnlichem. Aber das Geheimnis der christlichen Geheimnisse ist unstreitig das Dogma von der allerheiligsten Dreieinigkeit. Wie in dem einigen Gott drei Personen sind, wie auch der Vater Gott und der Sohn Gott und der heilige Geist Gott ist und dennoch nicht drei Götter sind, sondern ein einiger Gott, – das übersteigt vollkommen jedes Verständnis!" (Seite 157.)

Das ist's ja eben, was ich frage: Was bedeutet das? Ein Kirchenvater sagt:

„,Welche Art von Betrachtung, welche mächtige Urteilskraft, welche Lebhaftigkeit des Verstandes, welcher Scharfsinn der Vorstellungskraft kann uns zeigen …, wie die Dreifaltigkeit besteht.' Und an einer andern Stelle: Übrigens wie sie ist, das steht außerhalb der Macht der Rede, das kann uns nicht einmal die Sprache der Engel, noch weniger die menschliche Sprache erklären." (Seite 157).

Die Dreieinigkeit ist Gott. Was Gott ist und wie er besteht, das übersteigt mein Begriffsvermögen. Aber wenn das Wesen Gottes mein Begriffsvermögen übersteigt, so kann ich von dem göttlichen Wesen auch nichts wissen. Wenn wir aber wissen, daß Er eine Dreifaltigkeit ist, so muß man sagen, was wir unter dieser Benennung verstehen. Was bedeuten diese Worte in Bezug auf Gott? Bis jetzt aber ist keine Erklärung dieser Worte zu finden und die Auslegung geht weiter.

„Und das ist der Grund, warum sich die Häretiker an keinem anderen Dogma so sehr gestoßennhaben, wie an der allerheiligsten Dreifaltigkeit, indem sie versuchen, die Glaubenswahrheiten durch den Verstand zu erklären, und deshalb ist es, wenn irgend wo, so vor allem hier unumgänglich notwendig, daß wir uns streng an die Lehre der Kirche halten, welche dieses Dogma gegen alle häretischen Ansichten und Auslegungen zur Richtschnur der Rechtgläubigen in aller möglichen Genauigkeit bewahrt und verteidigt hat." (Seite 157, 158.)

Diese Auslegung suche ich ja eben, das heißt eine solche, bei welcher ich begreifen könnte, was es bedeutet: Gott sei 1 und 3. Denn wenn ich, ohne zu begreifen, sage: ich glaube, so lüge ich, und Jeder, welcher sagt, er glaube, daß Gott 1 und 3 sei, der lügt, weil man nicht an das glauben kann, was man nicht begreift. Man kann es mit Worten wiederholen, aber man kann nicht an die Worte glauben, welche nicht nur keinen Sinn haben, sondern auch geradezu den gesunden Verstand beleidigen. Und auf folgende Weise legt die rechtgläubige Kirche diese Lehre mit Genauigkeit aus:

„1. Im Glaubensbekenntnis des heiligen Grigors, des Wunderthäters, Bischofs von Neu-Cäsarea, heißt es: ‚Einig ist Gott, der Vater des lebendigen Worts, der Allweisheit und der selbständigen Kraft und der Unvergänglichkeit, der vollkommene Erzeuger des Vollkommenen, der Vater des eingeborenen Sohnes. Einig ist der Herr, ein Einiger von dem Einigen, Gott von Gott, ein Bild und Ausdruck der Gottheit, das lebendige Wort, die Weisheit, welche alles erhält und die Kraft, welche die ganze Schöpfung erschafft; der wahre Sohn des wahren Vaters, der Unsichtbare des Unsichtbaren, der Unvergängliche des Unvergänglichen, der Unsterbliche des Unsterblichen, der Ewige des Ewigen. Und einig ist der heilige Geist, der von Gott ausgegangen ist durch den Sohn, der erschienen ist den Menschen; das Leben, durch das wir leben, die heilige Quelle, das Heiligtum, das uns Erleuchtung giebt. Durch ihn offenbart sich Gott, der Vater, welcher über Allem und in Allem, und Gott der Sohn, welcher durch Alles ist. – Die Dreifaltigkeit, welche durch den Ruhm und die Ewigkeit und die Herrlichkeit gebildet wird, ist unteilbar und untrennbar, deshalb giebt es in der Dreifaltigkeit weder einen

Erschaffenden noch einen Dienenden, noch einen später Hinzu-gekommenen. Weder war der Vater jemals ohne den Sohn, noch der Sohn ohne den Geist. Aber die Dreifaltigkeit ist unveränder-lich and immer dieselbe."

„2. In dem nizäisch-byzantinischen Glaubensbekenntnis heißt es: ‚Ich glaube an den einigen Gott Vater … . und an den einigen Herrn Jesus Christus, den eingeborenen Sohn Gottes, welcher von Gott erzeuget ist vor allen Zeiten, das Licht des Lichtes, den wahren Gott des wahren Gottes, den Unerschaffe-nen, welcher desselben Wesens, wie der Vater ist … Und an den heiligen Geist, den Leben gebenden Herrn, welcher vom Vater ausgeht, welchen wir mit dem Vater und dem Sohn verehren und loben."

„3. In dem Glaubensbekenntnis, welches unter dem Namen des heiligen Athanasius von Alexandrien bekannt ist, heißt es: ‚Dieser katholische Glaube ist: Wir verehren den einigen Gott in der Dreifaltigkeit, und die Dreifaltigkeit in der Einheit, weder die zusammenfließenden göttlichen Personen, noch ein geteiltes Wesen. Eine andere ist die Persönlichkeit des Vaters, eine andere die des Sohnes, eine andere die des heiligen Geistes. – Aber die des Vaters, des Sohnes und des heiligen Geistes ist die einige Gottheit, gleich im Ruhm, von gleich ewiger Majestät. Wie der Vater, so ist auch der Sohn und der heilige Geist … Somit ist Gott der Vater, Gott der Sohn und Gott auch der heilige Geist. Allein es sind nicht drei Götter, sondern nur ein Gott … Gott ist von niemand erschaffen, noch geboren worden. Der Sohn ist vom Va-ter selbst nicht erschaffen, nicht gebildet, noch erzeuget. Der hei-lige Geist ist vom Vater nicht erschaffen, nicht gebildet, noch er-zeuget, aber von ihm ausgehend … Und in dieser Dreifaltigkeit ist nichts das Erste oder das Letzte, nichts ist mehr oder weniger, aber alle drei Personen sind ganz gleich ewig und einander gleich." (Seite 158, 159.)

Das ist die Auslegung „mit aller möglichen Genauigkeit." Ich lese weiter:

„Indem wir diese Lehre von der rechtgläubigen Kirche von der allerheiligsten Dreieinigkeit aufmerksam betrachten, können wir nicht umhin, zu bemerken, daß sie sich aus drei Sätzen zusammensetzt: Einem allgemeinen und zwei besonderen, welche unmittelbar aus dem allgemeinen herfließen und ihn durch sich selbst erklären."

„Der allgemeine Lehrsatz handelt von Gott dem Ewigen, den drei Personen oder Göttlichkeiten, Vater, Sohn und heiliger Geist. – Die besonderen Sätze handeln: der erste davon, daß die drei Personen in Gott einig nach ihrem Wesen sind, gleichstehend untereinander und von gleichem Wesen: Der Vater ist Gott, und der Sohn ist Gott, und der heilige Geist ist Gott, aber es sind nicht drei Götter, sondern ein einiger Gott. – Der zweite Lehrsatz handelt davon, wie aber die drei Personen beschaffen seien. Sie sind verschieden unter sich nach ihren persönlichen Eigenschaften: der Vater ist von niemand erzeuget, der Sohn ist vom Vater erzeuget, der heilige Geist geht vom Vater aus" (Seite 159).

Ich habe nichts ausgelassen in Erwartung der Aufklärungen. Und was hat sich dann ergeben? Der Verfasser hält es nicht nur nicht für nötig, zu erklären, was hier gesagt ist, sondern er findet nach aufmerksamer Betrachtung auch hier Untereinteilungen und geht weiter. (Seite 161.)

Aber da ich keinerlei Definition der Personen der Dreifaltigkeit, noch eine Erklärung des Wortes „Person" erhalten habe, während mit so überflüssiger Umständlichkeit von dem Wesen und den Eigenschaften Gottes gesprochen wurde, fange ich unwillkürlich an, zu vermuten, daß weder der Verfasser, noch die Kirche eine Definition dieses Wortes geben könne, und daß sie also sprechen, ohne zu wissen, was. Und dieser Verdacht wird noch durch den folgenden Paragraph verstärkt. Wie immer nach der Darlegung eines unbegreiflichen Dogmas, folgt die Erörterung des Streites, aus welchem dieser Lehrsatz hervorgegangen ist. Auch hier wird gesagt:

„Daß Gott einig nach seinem Wesen, dreifältig in den Personen ist, das hat die heilige Kirche von Anfang an immer unabänderlich verkündigt, wie ihre Glaubensbekenntnisse und andere unumstößliche Beweise bezeugen."

Von welchem Anfang an? Das bleibt unbekannt. Aber nach

dem gesunden Menschenverstand, nach den geschichtlichen Daten, selbst nach der Darlegung verschiedener widerstreitender Meinungen in diesem § 28, ist ersichtlich, daß es einen solchen Anfang nicht gab, und daß dieses Dogma sich nach und nach gebildet hat. – Weiter folgt sogleich die Bestätigung dessen, daß dieses Dogma sich nicht von irgend einen unbestimmten „Anfang an" gebildet hat, sondern in einer sehr bestimmten historischen Periode der Kirchengeschichte.

„Aber die Art des Ausdrucks dieser Wahrheit war in den ersten Jahrhunderten selbst bei den rechtgläubigen Glaubenslehrern nicht dieselbe. Die Einen wandten die Worte: οὐσία, φύσις substantia, natura an, für die Bezeichnung des Wesens oder des Daseins Gottes; andere, übrigens sehr wenige, wandten diese Worte für die Bezeichnung der göttlichen Personen an. Auf gleiche Weise wurden von Einigen durch die Worte: ὑπόστασις, ὕπαρξις oder τρόπος, ὑπάρξεῶς die Personen in Gott bezeichnet; Andere dagegen bezeichneten mit diesen Worten das göttliche Wesen, und für die Bezeichnung der Personen wandten sie die Worte an: τρόσῶπον [πρόσωπον], persona. Die Verschiedenheit der Anwendung der Worte „göttliche Person" hatte sogar zu nicht unbedeutenden Streitfällen im Orient geführt, besonders in Antiochien, und brachte für einige Zeit eine Nichtübereinstimmung zwischen den morgenländischen und abendländischen Kirchen hervor, von welchen die ersteren lehrten, in Gott müsse man drei Personen verehren und sich vor dem Vorwurf des Savelianismus hüten, während die letzteren behaupteten, Gott sei nur eine Person und sich gegen den Vorwurf des Arianismus verwahrten.

Zur Lösung des Zwiespalts wurde in Alexandria im Jahre 362 ein Concil abgehalten, an welchem zugleich mit dem heiligen Athanasius dem Großen, auch Bischöfe aus Italien, Arabien, Egypten und Lybien teilnahmen. Auf dem Concil wurden die Vertreter beider Seiten gehört und es erwies sich, daß beide Seiten ganz dasselbe glaubten und sich nur in Worten unterschieden." (Seite 160, 161.)

Weiterhin wird gesagt, daß, wenn die Worte [Wesen, Hypostase:] οὐσία, ὑπόστασις anfangs in verschiedenem Sinne, das heißt eigentlich unterschiedslos, gebraucht worden seien, so sei im VI, VII. und den folgenden Jahrhunderten die Anwendung des Wortes ὑπόστασις auf drei und οὐσία auf eine Person schon allgemein üblich gewesen. Wenn ich also die geringste Hoffnung gehabt hätte, eine Erklärung dafür zu erhalten, was unter dem Worte „Person" zu verstehen sei, – dasselbe, auf Grund dessen 1 = 3 ist, so mußte ich doch beim Durchlesen dieser Darlegung der Anwendung der Worte durch die Kirchenväter begreifen, daß es eine solche Definition, (welche zum Begreifen der Dreifaltigkeit unumgänglich notwendig ist) nicht giebt und nicht gab, und daß die Kirchenväter Worte aussprachen, ohne ihnen irgend eine Bedeutung beizulegen und sie deshalb gleichgültig bald in dem einen, bald in dem entgegengesetzten Sinne anwendeten und daß sie sich schließlich nicht über Begriffe, sondern über Worte einigten. Das wird durch folgendes bestätigt:

„Aber damals, als die rechtgläubigen Glaubenslehrer sich nur in Worten unterschieden und beständig den dreieinigen Gott in der Dreieinigkeit und die Dreieinigkeit in der Einheit verkündigten, zerstörten die Häretiker ..." (Seite 162.)

Das heißt also ohne jede Aufklärung: Die Einigkeit ist der Dreifaltigkeit gleich, und die Dreifaltigkeit ist der Einheit gleich. Während die heiligen Väter dies verkündigten:

„Zerstörten die Häretiker den Gedanken den Dogmas selbst, indem die Einen die Dreifaltigkeit der Personen in Gott leugneten, während Andere drei Götter anerkannten."

Also wieder sagen die einen schwarz, die anderen weiß. Beide sind im Unrecht. Und wir sagen: Schwarz ist weiß und weiß ist schwarz. Aber warum ist das so? Nun, deshalb, weil die Kirche so gesprochen hat, das heißt die Überlieferung jener Menschen, welche an diese Überlieferung glauben. Folgendes sind die Ansichten der Häretiker, welche die Dreifaltigkeit leugnen:

„a) Noch zu Lebzeiten der Apostel lehrte Simon der Weise: daß der Vater, der Sohn und der heilige Geist nur Erscheinungsformen einer und derselben Person seien, und daß der einige Gott sich als Vater den Samarianern, – als Sohn in Christus den

Juden, – als heiliger Geist den Heiden geoffenbart habe.["] d) „Im 2. Jahrhundert behauptete Praxius, daß einer und derselbe Gott als verborgen in sich selbst der Vater sei, aber, als geoffenbart in der Schöpfung und dann in der Erlösung, der Sohn Christus sei. c) Im 3. Jahrhundert erkannte Noetius auch den Vater und den Sohn für eine Person, für einen Gott an, welcher Mensch wurde und Leiden und Tod ertrug. Savelius lehrte, Vater, Sohn und heiliger Geist seien nur drei Namen, drei Kräfte (ἐνέργεια) einer und derselben Person, Gottes, der im Fleisch erschienen sei und für uns den Tod erlitten habe. Und nach den Worten von Paul Samosatsky befinden sich der Sohn und der heilige Geist in Gott wie die Vernunft und die Kraft im Menschen. d) Im 4. Jahrhundert lehrte Marcellus und sein Schüler Photin nach Savelian, daß der Vater, der Sohn und der heilige Geist nur Namen einer und derselben Person in Gott seien und nach Paul Samosatsky, daß der Sohn oder das Wort der Verstand Gottes und der heilige Geist die Kraft Gottes sei." (Seite 162, 163.)

Nun folgen die Ansichten anderer Häretiker: „Ihr aller gemeinsamer Gedanke war, daß die göttlichen Personen: Vater, Sohn und heiliger Geist zwar ein Wesen seien, aber nicht von derselben Beschaffenheit, dieselbe Natur haben, aber Jeder besonders, wie z. B. drei menschliche Personen, und daß es demzufolge drei Götter, aber nicht einen Gott gebe." (Seite 163.)

Ohne die Frage lösen zu wollen, ob die Lehre der Häretiker wahr oder irrtümlich sei, muß ich gestehen, daß ich wenigstens begreife, was sie sagten. Und, ganz ebenso, ohne Betrachtungen darüber anstellen zu wollen, ob es wahr sei, daß Gott eins und drei sei, muß ich sagen, daß ich nicht verstehe, was dies bedeutet, obgleich das Dogma „in seiner ganzen Vollständigkeit" ausgelegt wird, wie der Verfasser sagt. In seiner ganzen Vollständigkeit wird das Dogma folgendermaßen ausgelegt:

„Den einigen Gott verehren wir in der Dreifaltigkeit und die Dreifaltigkeit in der Einheit, aber weder zusammenfließende (verschmolzene) göttliche Personen, noch ein getrenntes Wesen." Weder zusammenfließende göttliche Personen, das heißt, man soll den Vater, den Sohn, den heiligen Geist nicht nur für drei Namen, oder Formen, oder Erscheinungen eines und desselben Gottes anerkennen, wie die Häretiker darstellten, auch nicht für drei Eigenschaften oder Kräfte oder Energien desselben, sondern als drei selbständige Personen der Gottheit, insofern jede von ihnen, – sowohl der Vater, als der Sohn und der heilige Geist, im Besitz der göttlichen Vernunft und der übrigen göttlichen Eigenschaften, ihr besonderes persönliches Wesen haben. „Denn ein Anderes ist die Person des Vaters, ein Anderes die des Sohnes, ein Anderes die des heiligen Geistes." – „Noch ein getrenntes Wesen", das heißt, man soll sich vorstellen, daß der Vater, der Sohn und der heilige Geist eins nach ihrer Natur seien, ungeteilt einer in dem andern bestehen und sich untereinander nur nach den persönlichen Eigenschaften unterscheiden, aber in ihrer Vernunft und ihrem Willen und allen anderen göttlichen Eigenschaften vollkommen identisch seien, – jedoch durchaus nicht so, wie drei Individuen irgend einer Klasse von Geschöpfen unter Mitgeschöpfen, welche dieselbe Natur haben. „Unter Mitgeschöpfen", sagen wir nach den Worten von Johann Damaskin, „zeigt sich die gemeinsame Natur der Individuen nur in der Vernunft, weil die Individuen nicht eines in dem anderen bestehen, sondern jedes besonders und getrennt, das heißt für sich und jedes vieles hat, wodurch es sich von einem anderen unterscheidet. Sie unterscheiden sich nach Ort und Zeit, sie sind verschieden nach ihren Willensäußerungen, ihren Kräften, dem äußeren Ansehen oder der Form, nach ihren Gewohnheiten, ihrem Temperament, ihrer Lebensweise und nach anderen unterscheidenden Eigenschaften, am meisten aber deswegen, weil sie nicht eines in dem anderen, sondern getrennt existieren. Deshalb sagt man auch zwei, drei Menschen, und viele, aber in der heiligen, allerhöchsten, allervollkommensten, unbegreiflichen Dreifaltigkeit sehen wir etwas Anderes. Hier zeigt sich die Gemeinsamkeit und Einheit in Wirklichkeit in der Identität des Wesens, des Thuns und des Willens, in der Übereinstimmung der Beschlüsse, in der Identität, ich sage nicht der Erscheinung, aber in der Identität der Kraft, der Gewalt und der Güte und in der gleichen Absicht der Bewegung ... Jede der drei göttlichen Personen hat Einigkeit mit der anderen nicht weniger als mit sich selbst, das heißt Vater, Sohn und heiliger Geist sind in allen Beziehungen einig, außer in dem Geborensein, Geburt und Abstammung und unterscheiden sich nur in der geistigen Vorstellung. Denn wir kennen den einigen Gott und nur in der Eigenschaft als Vater, als Sohn und in der Abstammung erkennen wir einen Unterschied. In der unbegrenzten Göttlichkeit kann man nicht wie bei uns eine örtliche Entfernung zugeben, weil die göttlichen Personen in einander existieren, aber so, daß sie nicht mit einander verschmolzen, sondern vereinigt sind nach dem Worte des Herrn: ,Ich bin in dem Vater und der Vater ist in mir.' (Joh. 14, 11.) Ebensowenig kann man zugeben einen Unterschied des Willens, der Beschlüsse, der Thaten, der Kraft oder von irgend etwas Anderem, was bei uns eine wirkliche und vollkommene Trennung hervorbringt. Demnach erkennen wir den Vater, den Sohn und den heiligen Geist nicht als drei Götter, sondern als einen einigen Gott in der heiligen Dreifaltigkeit."

Darin besteht ja eben die ganze Unbegreiflichkeit der heiligen Dreifaltigkeit, daß drei selbständige Personen der Gottheit eins nach ihrem Wesen und vollkommen unteilbar sind. Aber wenn sie getrennt existieren würden, wie drei Individuen unter Mitgeschöpfen, so wäre darin für uns nichts Unbegreifliches.

„Die Gottheit ist die Einigkeit und Dreifaltigkeit. Oh; herrliche Vorstellung! Das durch die Natur Geeinigte teilt sich nach seiner Art: Denn das Unbehaubare spaltet sich, was einig ist, das teilt sich dreifaltig: Der Vater ist der Sohn und der lebendige Geist, welche Alles wahrnehmen." (Seite 164, und 165.)

Das ist sie also, diese ganze Lehre, diese von Gott geoffenbarte Wahrheit, die mir in ihrer ganzen Vollständigkeit zu meiner Erlösung erschlossen wurde. „Die Gottheit ist die Einheit und die Dreifaltigkeit. Oh herrliche Vorstellung!" Und die Darstellung und Erklärung ist beendigt und es folgt nichts weiter davon. Und das sagt mir Gott der Vater durch den Mund seiner Kirche, mir, seinem Sohn, der mit allen Seelenkräften nach Wahrheit und Erlösung sucht! Auf meine Gebete und Thränen der Verzweiflung antwortet Er mir: „Das Unbehaubare spaltet sich, was einig ist, teilt sich dreifältig, der Vater ist der Sohn und der lebendige Geist, welche alles beobachten." Und auf das Verlangen meiner Vernunft, welche mir zum Verständnis Gottes gegeben ist, giebt es keine andere Antwort. Ich kann nicht sagen, daß ich das begriffen habe, und Niemand wird es sagen können und darum kann ich auch nicht sagen, daß ich glaube. Mit der Zunge kann ich aussprechen: „Ich glaube, daß einig sind die Wesen der Gottheit", aber wenn ich das sage, bin ich ein Lügner und ein Gottloser, und das eben verlangt von mir die Kirche, das heißt jene Menschen, welche behaupten, daß sie daran glauben. Aber das ist nicht wahr, sie glauben nicht und niemals hat Jemand daran geglaubt. Es ist eine erstaunliche Erscheinung. Bei uns in Russland ist das Christenthum schon bald tausend Jahre alt. Tausend Jahre lehren die Pastoren ihren Heerden die Grundlagen des Glaubens. Die Grundlage des Glaubens ist das Dogma von der Dreifaltigkeit. Fragt einen Bauern, ein Weib, was die Dreifaltigkeit sei, so wird von zehn kaum einer antworten, und man kann nicht sagen, daß das von Unwissenheit herrühre. Fragt man aber, worin die Lehre Christi besteht, so antwortet jeder. Das Dogma der Dreifaltigkeit ist nicht complicirt und nicht lang, warum also kennt es niemand? Deshalb, weil man nicht kennen kann, was keinen Sinn hat.

Weiter folgen Beweise dafür, daß diese Wahrheiten, das heißt, daß Gott dreieinig sei, allen Menschen durch Gott geoffenbart worden seien. Diese Beweise sind einzuteilen in Beweise aus dem alten und aus dem neuen Testament. Im alten Testament, welches durch die Lehren der Hebräer gebildet wird, jener Hebräer, welche die Dreifaltigkeit für die höchste Gotteslästerung halten, in diesem alten Testament werden Beweise dafür aufgesucht, daß Gott den Menschen Offenbarungen über seine Dreifaltigkeit gemacht habe. Diese Beweise aus dem alten Testament sind folgende:

1. Daß Gott gesagt habe: „Lasset uns erschaffen" und nicht: „Ich werde erschaffen". Das habe Er zu Dreien mit dem Sohn und dem heiligen Geist gesagt. (Seite 165, 166.)

2. Er habe gesagt: Adam ist einer von uns. Unter dem Worte

„uns" seien drei zu verstehen, der Vater, der Sohn und der heilige Geist.

3. Er habe gesagt: „Wir wollen die Sprachen verwirren" und nicht: „Ich werde verwirren". Das heißt die Götter zu Dreien wollten die Sprachen verwirren.

4. Zu Abraham seien drei Engel gekommen, das seien der Vater, der Sohn und der heilige Geist gewesen, welche zu Abraham zu Gast kamen. (Seite 169, 170.)

5. Es sei im Buch der Zahl (4. Mos.) befohlen, das Wort „Herr" dreimal auszusprechen.

6. Im Psalter Davids sei gesagt: „Alle ihre Kräfte". „Ihre" ist ein Beweis für die Dreifaltigkeit.

7. Ein Beweis für die Dreifaltigkeit sei ferner das, daß Jesaias dreimal sagte: „Heilig, heilig, heilig".

8. Beweise dafür seien alle Stellen des alten Testaments, wo die Worte gesagt sind: Sohn und Geist. (Psalm 109, 1; Psalm 2, 7; 2. Mos. 48, 16; 11, 23; 61, l; Psalm 32, 6.)

Das sind alle Beweise aus dem alten Testament, ich habe nicht einen einzigen ausgelassen. – Der Verfasser sieht selbst, daß die Beweise schwach sind und daß man solcher Beweise eben so viel oder noch mehr in irgend einem Buche finden kann und darum hält er es für nöthig, eine Erklärung beizufügen. Deshalb wird weiter gesagt:

„Aber warum es Gott gefallen hat, im alten Testament das Geheimnis der allerheiligsten Dreifaltigkeit nicht vollkommen klar, sondern nur einigermaßen zu offenbaren, – das ist in den Plänen seiner unendlichen Weisheit verborgen. Die Gottgelehrten vermuteten hauptsächlich zwei Gründe dafür: a) Der eine liegt in der Eigenart der menschlichen Natur, welche beschränkt und schwach ist, welche nur stufenweise zur Erkenntnis der höchsten Geheimnisse erhoben werden kann, in dem Maße wie ihr Fassungsvermögen sich verstärkt: ‚Nicht ungefährlich wäre es', sagt der heilige Grigor der Theologe, ‚ehe die Gottheit des Vaters zum Bekenntnis geworden ist, auch den Sohn zu verkündigen und ehe der Sohn anerkannt ist, (ich drücke mich etwas kühn aus) uns noch durch die Verkündigung des heiligen

Geistes zu belasten und die Gefahr zu laufen, die letzten Kräfte auszugeben, wie bei Menschen, welche durch im Übermaß genossene Speisen belastet sind, oder welche ihr noch schwaches Sehvermögen auf das Sonnenlicht richten. Es war also notwendig, daß das dreifältige Licht nach und nach seine Leuchte verstärkte, wie David sagt, (Psalm 83, 6) durch Erhebung, durch Fortschreiten von Heil zu Heil.' b) Ein anderer Grund liegt in der Eigenart und den Schwachheiten des hebräischen Volkes, welchem die alttestamentliche Offenbarung mitgeteilt worden war: ‚Gott hielt es nach seiner unendlichen Allweisheit,' sagt der gesegnete Feodorit, ‚nicht für gut, den Juden die Erkenntnis der heiligen Dreifaltigkeit klar mitzuteilen, damit sie darin nicht Veranlassung zur Verehrung vieler Götter fänden, – da sie so sehr geneigt waren zur egyptischen Abgötterei. Und das ist auch der Grund, warum sich nach der babylonischen Gefangenschaft, als die Juden einen lebhaften Widerwillen gegen die Vielgötterei empfanden, in ihren heiligen und sogar nichtheiligen Büchern viel mehr Stellen als früher finden, in welchen von den göttlichen Personen gesprochen wird.'

Bemerken wir endlich, daß wir bei der Durchmusterung der Stellen des alten Testaments, welche Anspielungen auf die Dreifaltigkeit enthalten, hauptsächlich den Zweck im Auge hatten, zu beweisen, daß die Lehre von diesem Geheimnis durchaus nicht neu ist im neuen Testament, wie die späteren Juden sagen, und daß auch die Männer des alten Testaments an dieselbe Dreifaltigkeit glaubten, an Gott, den Sohn und den heiligen Geist, an welche wir glauben ... Aber die hauptsächlichste Grundlage dieses wichtigsten der christlichen Dogmen ist enthalten in Büchern des neuen Testaments." (Seite 173, 174). Und nun folgen die Beweise aus dem neuen Testament.

Den ersten Beweis findet die Theologie in den Unterredungen Christi mit seinen Jüngern: „Glaubt an mich, denn ich bin im Vater und der Vater in mir" (Joh. 14,11). „Und wenn ihr etwas bitten werdet vom Vater in meinem Namen, so werde ich es erwirken: Gelobt sei der Vater im Sohn" (Joh. 14, 13). – Daraus, daß Christus sich den Sohn des Vaters, Gottes, nennt und ebenso daraus, daß er alle Menschen lehrte, ihn für den Sohn Gottes anzusehen, folgt, daß Jesus Christus die zweite Person Gottes ist. Es wird gesagt: „Hier sind augenscheinlich zwei Personen der heiligen Dreifaltigkeit zu unterscheiden: Vater und Sohn." (Seite 175).

Der zweite Beweis wird aus der Stelle genommen, wo Jesus zu den Jüngern sagt: „Wenn ihr mich liebt, so haltet meine Gebote" (Joh. 14, 15). „Und ich werde den Vater bitten und Er wird euch einen anderen Tröster geben, welcher für immer bei euch bleibt." (Joh. 14, 16), „den Geist der Wahrheit, welchen die Welt nicht empfangen kann." (Joh. 14, 17). Der letzte Vers wird nicht ganz citiert, statt dessen aber wird als Fortsetzung der 26. Vers desselben Kapitels angenommen: „Der Tröster aber, der heilige Geist, welchen der Vater in meinem Namen senden wird, dieser wird euch alles lehren und euch an alles erinnern, was ich zu euch gesprochen habe (Joh. 14, 26)" (Seite 175).

Daraus werden folgende Schlüsse gezogen: „Hier sind schon alle drei Personen der heiligen Dreifaltigkeit zu unterscheiden, nämlich als Personen: der Sohn, welcher von sich selbst sagt, ich werde den Vater bitten, – der heilige Geist, welcher der andere Tröster genannt wird, folglich vom Sohn zu unterscheiden ist. Er wird durch den Vater gesandt, folglich ist er vom Vater zu unterscheiden; und er wird gesandt werden, um den Aposteln den Sohn zu ersetzen und sie alles zu lehren, folglich giebt es auch eine solche Person wie den Sohn." (Seite 175).

Daß der Paraklet, das heißt der Tröster, welchen Christus seinen Jüngern nach seinem Tode verspricht, von ihm einmal in dieser Unterredung heiliger Geist genannt wird, das wird als Beweis dafür angesehen, daß Christus in dieser Unterredung das Geheimnis der heiligen Dreifaltigkeit geoffenbart habe. Derselbe Sinn, welchen dieses Wort in der ganzen Unterredung hat, das, daß in dieser selben Unterredung dieser selbe Tröster von Christus genannt wird: der Geist der Wahrheit, ebenso wie Christus seine Lehre nannte, das bleibt ganz aus aller Beachtung: „Ich gehe, und ich werde wieder zu euch kommen" (Joh. 14, 28). „Und ich bin in euch und ihr in mir" (Joh. 14, 20). „Und wer mich liebet, der wird mein Wort erfüllen, mein Vater wird ihn lieben, und wir werden zu ihm kommen und bei ihm wohnen" (Joh. 14, 23). „Ich werde euch nicht als Waisen verlassen, sondern zu euch kommen" (Joh. 14, 18). „Und der Geist der Wahrheit wird von mir nehmen und es euch verkündigen" (Joh. 16, 14).

Diese Stellen der Unterhaltung, welche ihren ganzen Sinn erklären, werden nicht angeführt, aber das Wort „heilig", das auf den heiligen Geist angewendete Epithet, wird als Beweis dafür gehalten, daß hier Christus von der dritten Person der Dreifaltigkeit gesprochen habe.

„Dritter Beweis: Die Worte Joh. 14, 25. 26: Wenn aber der Tröster kommt, welchen ich euch vom Vater senden werde, der Geist der Wahrheit, der vom Vater ausgeht, so wird dieser von mir Zeugnis ablegen.["] – Diese Worte, welche vollkommen klar und einfach aussprechen: „wenn ich nicht mehr leben werde, ihr aber vom heiligen Geist durchdrungen sein werdet, von jener Wahrheit, welche ich euch gelehrt habe und welche von Gott ausgeht, dann werdet ihr euch von der Wahrheit meiner Lehre überzeugen," diese Worte werden als neuer Beweis dafür angesehen, daß hier, gleich wie in den vorhergehenden Bibelstellen alle Personen der heiligen Dreifaltigkeit deutlich unterschieden werden: der Vater, der Sohn und der heilige Geist und daß zugleich die Einheit des heiligen Geistes mit dem Vater bewiesen wird: „Der Geist der Wahrheit, welcher von dem Vater ausgeht."

Vierter Beweis: Die Worte Joh. 16, 14: „Darum habe ich geredet, denn der Geist der Wahrheit wird es von dem Meinigen nehmen und euch verkündigen", Worte, welche deutlich von dem Geist der von Christo verkündigten Lehre reden; diese Worte dienen als Beweis dafür, daß hier die Einheit mit dem Sohne ausgedrückt sei.

Fünfter Beweis: Die Worte Joh. 16, 27. 28: „Von Gott ausgegangen, vom Vater ausgegangen," welche nichts anderes bedeuten können, als die kindlichen Beziehungen jedes Menschen zu Gott, dasselbe, was Christus verkündigte, werden als Beweis dafür angenommen, daß „hier mit neuer Kraft der Gedanke der Einheit des Sohnes mit dem Vater ausgedrückt wird."

In der zweiten Reihe der Beweise aus dem neuen Testament

erscheinen als erster: Die Schlußworte des Ev. Matth. 18, 19 [*Matthäus 28, 19*]: „Gehet denn hin und lehret alle Völker, taufet sie im Namen des Vaters, des Sohnes und des heiligen Geistes," welche Jesus Christus zu den nach der Auferstehung erschienenen Jüngern gesagt hat.

Ohne von der Bedeutung und von dem besonderen Charakter des ganzen Teils des Evangeliums nach der Auferstehung zu sprechen, wovon später die Rede sein wird, dienen diese Worte nur als Beweis dafür, wie sie auch die Kirche versteht, daß es beim Eintritt in das Christentum unumgänglich sei, den Vater, den Sohn und den heiligen Geist als Grundlage der Lehre anzuerkennen. Daraus folgt aber keineswegs, daß Gott aus drei Personen besteht, und darum kann das Verlangen der Anwendung der Worte Vater, Sohn und heiliger Geist durchaus nichts gemein haben mit den Beweisen dafür, daß Gott aus drei Personen bestehe.

Die Theologie selbst erkennt an, daß die gewöhnliche Taufformel keineswegs als Beweis der Dreifaltigkeit Gottes angesehen werden kann, und darum wird auf Seite 177, 178 erklärt, warum man unter diesen Worten Gott in drei Personen begreifen soll. Diese Erklärungen lauten wie folgt:

„Der Erlöser hat schon früher mehr als einmal den Aposteln gesagt, daß er unter dem Namen des Vaters besonders Gott den Vater verstehe, der ihn in die Welt gesandt hat (Joh. 6, 38–40; 7, 16. 18. 28; 11, 42 *etc.*). Und es ist ein anderer, von dem ich zeuge (Joh. 5, 31). Unter dem Namen des Sohnes ist er selbst zu verstehen, welchen wirklich auch die Apostel bereits als Sohn Gottes, der von Gott ausgegangen, verkündigten (Joh. 16, 30; Matth. 16, 16). Endlich unter dem Namen des Geistes ist der andere Tröster zu verstehen, welchen er versprach, ihnen an seiner Stelle vom Vater herabzusenden (Joh. 14, 16; 15, 26)." (Seite 177).

Daß Christus unter dem Vater Gott verstanden hat, dafür ist kein Beweis nötig, denn das wird von allen anerkannt, und daß er unter dem Sohn sich selbst und unter dem heiligen Geist eine neue Person der Dreieinigkeit verstand, dafür giebt es und kann es keine Beweise geben. Zum Beweis dessen, daß er die zweite

Person sei, wird Matth. 16, 16 angeführt, wo Petrus zu Christus dasselbe sagt, was Christus überall den Menschen von sich gesagt hat, das heißt, daß er der Sohn Gottes sei, sowie auch Joh. 16, 30, wo ihm die Jünger dasselbe sagten, was er alle Menschen gelehrt hat. Zum Beweis aber der Besonderheit der dritten Person werden wieder die Verse Joh. 14, 16 und 15, 26 angeführt, welche etwas ganz anderes bedeuten.

Unter dem Namen des Trösters versteht Christus den Geist der Wahrheit, aber er kann keine dritte Person darunter verstehen. Der deutlichste Beweis dafür, daß in den Evangelien kein Beweis zu finden ist, ist der, daß außer diesen Stellen, welche nichts beweisen, nichts anderes aufgefunden werden kann. Aber die Theologie läßt sich dadurch nicht beirren, sie sieht ihre These für bewiesen an und sagt:

„Folglich, da der Erlöser nicht nötig gefunden hat, weitere Erklärungen der angeführten Worte, Matth. 28, 19 beizufügen, so hat er auch im vorliegenden Falle unter dem Namen des Vaters, des Sohnes und des heiligen Geistes nichts anderes verstanden, als drei göttliche Personen, was auch die Apostel nur so verstehen konnten."

In der dritten Reihe folgt ein letzter und wichtigster Beweis aus dem neuen Testament, das sind die Worte 1. Joh. 5, 7: „denn drei sind, welche bezeugen im Himmel, der Vater, das Wort und der heilige Geist, und diese drei sind Eins."

In der Theologie wird gesagt:

„An dieser Stelle wird noch deutlicher, als an den vorhergehenden ausgedrückt sowohl die Dreifaltigkeit der Personen in Gott, als die Einheit des Wesens, – die Dreifaltigkeit der Personen: denn der Vater, das Wort und der heilige Geist werden drei Zeugen genannt, folglich sind sie verschieden unter einander; folglich sind das Wort und der Geist, welche als Zeugen neben dem Vater aufgestellt werden, nicht nur zwei Eigenschaften oder Kräfte oder Wirkungen desselben, sondern ebensolche Personen wie der Vater. – Und die Einheit des Wesens: denn wenn das Wort oder der heilige Geist nicht eine und dieselbe göttliche Natur und Wesen hätte, wie der Vater, sondern eine niedrigere, erschaffene Natur: so wäre zwischen ihnen und dem Vater ein unendlicher Abstand, und es wäre ganz unmöglich, zu sagen: Und diese drei sind Eins."

Aber obgleich diese Stelle, so schwach sie auch ist, dennoch einigermaßen, wenn nicht als Beweis, doch als Anlaß für die Behauptung dienen könnte, daß Gott eins und drei sei, so stimmen doch leider hier nicht alle Theologen überein. Weiter heißt es:

"Mit Unrecht will man die Kraft dieser Stellen abschwächen, indem man behauptet, die drei himmlischen Zeugen, der Vater, das Wort und der heilige Geist stellen hier etwas Einiges vor, nicht in Beziehung auf ihr Wesen, sondern nur in Bezug auf die Einstimmigkeit ihres Zeugnisses, ganz so, wie auch die drei irdischen Zeugen, welche im folgenden Vers erwähnt sind: Drei sind es, welche Zeugnis ablegen aus der Erde, der Geist und das Wasser und das Blut, und diese drei sind in Einem (1. Joh. 5, 8), eine Einheit bilden ohne Zweifel nicht nach ihrem Wesen, sondern nur in Bezug auf ihr Zeugnis. Man muß bemerken, daß a) der Apostel selbst klar unterschied die Einheit der himmlischen Zeugen und die Einheit der irdischen Zeugen: Von den letzteren, welche wirklich unter sich verschieden oder ihrem Wesen nach getrennt sind, sagt er nur: Und diese drei sind in Einem (καὶ ὁ τρεῖς τὸ ἕν εἰσιν [sic]) das heißt in Einem in Bezug auf das Zeugnis; von dem ersteren aber sagt er: Und diese drei sind Eins (καὶ οὗτοι οἱ τρεῖς ἕν εἰσιν [sic]) aber nicht in Einem; folglich bedeutet ,sie sind Eins' bedeutend mehr als bei den irdischen Zeugen, Eins nicht nur in Bezug auf das Zeugnis, sondern auch auf ihr Wesen. Dieses ist umso glaubwürdiger, als b) der Apostel selbst im folgenden Verse das Zeugnis der himmlischen Zeugen ohne jeden Unterschied göttliches Zeugnis nennt: ,dessen ungeachtet das menschliche Zeugnis angenommen wird, ist das göttliche größer' (1. Joh. 5,9); folglich setzt er voraus, daß die drei himmlischen Zeugen Eins sind, nämlich in ihrer Göttlichkeit oder, daß es drei göttliche Personen sind, – und umso glaubwürdiger, als c) derselbe heilige Apostel schon früher in seinem Evangelium jeden der drei himmlischen Zeugen, Vater, Sohn und heiliger Geist, erwähnt, und zwar als drei göttliche Personen, welche unter sich von gleichem Wesen sind, indem er die Worte des Erlösers auslegt: ‚Wenn ich von mir selbst zeuge, so ist mein Zeugnis wahr, denn wir wissen, woher ich kam und wohin ich gehe. Ich bin Zeuge von mir selbst, und von mir zeuget, der mein Vater ist, der mich gesandt hat' (Joh. 8, 14. 18; .Joh. 5, 32. 37). ‚Und wann der Tröster kommen wird, welchen ich euch vom Vater senden werde, den Geist der Wahrheit, der vom Vater ausgeht, so wird dieser Zeugnis ablegen von mir' (Joh. 15, 26). ‚Er wird mich verherrlichen, denn von dem meinigen wird Er es nehmen und euch verkündigen' (Joh. 16, 14. 15)." (Seite 179, 180).

Es ist noch unglücklicher, daß diese einzige Stelle, welche, wenn auch schwach, doch einigermaßen die Worte von drei Göttern und einem bestätigt, nach dem Zeugnis der Theologie sich als streitig, nach dem übereinstimmenden Zeugnis der ganzen gelehrten Kritik aber als untergeschoben erweist.

„Mit Unrecht bemüht man sich auch, die Echtheit der von uns angeführten Stellen in Zweifel zu ziehen, indem man darauf hinweist, daß sie sich in einigen griechischen Abschriften des neuen Testaments und in einigen, besonders in orientalischen, Übersetzungen nicht findet, sowie auch daraus, daß einige Kirchenväter sie nicht anwendeten, zum Beispiel der heilige Grigor der Theologe, Ambrosius, Hilarius, noch das Konzil von Nicäa und das von Sardes, sowie andere Konzile, welche gegen Arrian [sic] waren, obgleich dieser Vers als wichtige Waffe gegen die Häretiker dienen konnte und obgleich einige Kirchenväter zu diesem Zwecke sechs und acht Verse desselben Kapitels anführten, welche bedeutend weniger stark und entschieden sind. Alle diese Beweise für die angenommene Unrechtheit des erwähnten Verses sind zu diesem Zwecke ganz ungenügend und durch entschiedene Beweise hinfällig geworden: a) Wenn auch in einigen griechischen Abschriften des neuen Testaments, welche bis auf unsere Zeit sich erhalten haben, dieser Vers fehlt, so ist er dafür in vielen anderen vorhanden. Nun fragt es sich aber, warum wir den ersteren den Vorzug vor den letzteren geben und daraus schließen sollen, daß der Vers den letzteren hinzugefügt und nicht, daß er in den ersteren ausgelassen worden sei. Im Gegenteil, die Wahrheit verlangt, daß gerade dem letzteren der Vorzug gegeben werden soll." (Seite 180, 181).

Das sind nun alle Beweise aus der heiligen Schrift alten und neuen Testaments. Die einzige Stelle aus der ganzen heiligen Schrift, die etwas wie eine Bestätigung dafür enthält, daß Gott eins und drei sei, diese Stelle ist streitig und ihre Echtheit wird durch die Polemik des Verfassers der Theologie behauptet.

Aber es gibt noch Beweise aus der heiligen Überlieferung:

„§ 28. Bestätigungen derselben Wahrheit aus der heiligen Überlieferung. Wie klar und zahlreich auch die Stellen der heiligen Schrift, besonders des neuen Testaments, sind, welche die Lehre von der Dreifaltigkeit der Personen in dem einigen Gott enthalten, so müssen wir jetzt doch die Aufmerksamkeit auf die heilige Überlieferung lenken, welche in der Kirche seit ihrem Anbeginn aufbewahrt wurde; dies ist deshalb notwendig, weil alle diese Stellen der Schrift angestritten wurden und werden, und dieser Streit nicht anders endgiltig entschieden werden kann, wenigstens für den Gläubigen, als nur durch die Stimme der apostolischen Überlieferung von der alten Kirche. Es ist auch deshalb notwendig, um die Kirche selbst gegen die ungerechten Vorwürfe der Freidenker zu verteidigen, als ob sie diese Lehre von den drei Personen in Gott erst vom 4. Jahrhundert oder vom ökumenischen Konzil an zu lehren angefangen habe, und daß diese Lehre früher entweder der Kirche vollkommen unbekannt gewesen oder ganz anders gelehrt worden sei. Es genügt, den Faden der Überlieferung bis zum 4. Jahrhundert oder bis zum ersten ökumenischen Konzil zurück zu verfolgen, um zu zeigen, ob und wie die alte christliche Kirche in den drei ersten Jahrhunderten über die allerheiligste Dreieinigkeit lehrte."

Also nicht genug daran, daß wir aus der Theologie erfahren, daß es in der heiligen Schrift keinerlei Beweise für die Dreifaltigkeit giebt, außer der Polemik des Verfassers der Theologie, haben wir auch erfahren, daß man nicht behaupten kann, daß die Kirche immer sich an diese Überlieferung gehalten habe und daß als einzige Grundlage dieser Behauptung uns nur die polemische Kunst des Verfassers der Theologie bleibt.

Ich habe alle Beweise des § 28 auf 15 Seiten durchgelesen, welche beweisen sollen, daß die Kirche immer sich zur Dreifaltigkeit bekannt habe. Aber diese Beweise überzeugten mich nicht, und nicht deshalb, weil ich schärfere und überzeugendere Beweise vom Gegenteil gelesen habe, sondern deshalb, weil mein Gefühl sich auflehnt und ich nicht daran glauben kann, daß Gott, indem Er sich mir in solchen sinnlosen, ungeheuerlichen Ausdrücken: „Ich bin eins und drei, ich bin Vater und Sohn, ich bin der Geist" geoffenbart habe, mir weder in seiner heiligen Schrift, noch in seiner Überlieferung, noch in meiner Seele die Mittel gegeben habe, zu begreifen, was das bedeutet und mich dazu verurteilt habe, für die Lösung der Frage von ihm, von Gott, von meiner Erlösung kein anderes Mittel zu finden, als den Argumenten der rechtgläubigen Theologie gegen die Rationalisten zu glauben und ohne Verständnis die Worte zu wiederholen, welche mir die rechtgläubige Theologie andiktiert. Ich war schon im Begriff, den letzten Schluß in Betreff des ganzen Dogmas zu ziehen, als ich nach den Paragraphen von der Überlieferung noch den § 29 und als Krone des Ganzen fand: Das Verhältnis des Dogmas von der Dreifaltigkeit der Personen in dem einigen Gott zur gesunden Vernunft. –

„Erlauben wir uns auch unsererseits einige Worte von seinem Verhältnis zur gesunden Vernunft zu sagen, um einerseits die irrige Meinung über diesen Gegenstand zurückzuweisen und andererseits die wahre Ansicht zu beweisen und klarzustellen. – 1. Der irrigen Meinungen über diesen Gegenstand giebt es von alter Zeit her zwei. – Die einen behaupteten und behaupten, die Lehre von dem dreieinigen Gott widerspreche der gesunden Vernunft, weil sie sich selbst widerspreche. – Aber dies wird ganz mit Unrecht behauptet: a) Das Christentum lehrt, daß Gott einig und dreifaltig sei, nicht in einer und derselben Beziehung, sondern in verschiedenen, – daß Er einig sei nach seinem Wesen und dreifaltig in den Personen, und es giebt uns einen anderen Begriff vom Wesen Gottes und einen anderen von den göttlichen Personen, so daß diese Begriffe einander durchaus nicht ausschließen. Wo also ist hier ein Widerspruch?"

Das Christentum giebt uns einen anderen Begriff von dem Wesen, einen anderen von den göttlichen Personen. Aber das ist es ja eben, was ich suche, jenen „anderen" Begriff von den Personen und dem Wesen, und den habe ich nirgends gefunden. Und nicht nur habe ich ihn nicht gefunden, er kann auch nicht existieren, da die Worte οὐσία und ὑπόστασις bald Verschiedenes, bald dasselbe bedeuten und willkürlich angewendet werden.

„Wenn das Christentum lehren würde, daß Gott sowohl einig in seinem Wesen, als dreifaltig in seinem Wesen sei, oder, – daß in ihm drei Personen und eine Person wohne, oder, – daß Person und Wesen in Gott identisch sei, dann wäre allerdings ein Widerspruch vorhanden. Aber wir wiederholen, dass Christentum lehrt nicht so und wer nicht absichtlich die christlichen Begriffe von dem Wesen und den Personen in Gott verwirrt, kann niemals darauf verfallen, einen inneren Widerspruch in der Lehre von der heiligen Dreifaltigkeit zu suchen" (Seite 204).

Nicht absichtlich verwirren. Nun, ich habe alle Geisteskräfte angestrengt, um in der Lehre irgend einen Unterschied dieser Begriffe vom Wesen und den Personen zu finden, aber vergebens. Und der Verfasser weiß, daß ein solcher Unterschied nicht zu finden ist.

„b) Um irgend einen Gedanken der gesunden Vernunft und sich selbst wiedersprechend zu nennen, muß man zuerst diesen Gedanken vollständig verstehen lernen, man muß die Bedeutung seines Subjekts und Prädikats begreifen und ihre Unvereinbarkeit einsehen. Aber in Bezug auf die Dreifaltigkeit kann sich dessen niemand rühmen; wir wissen nur, welcher Art die Natur oder das Wesen ist und was eine Person unter gleichen Geschöpfen bedeutet. Aber wir können weder das Wesen, noch die Personen in Gott vollständig begreifen, welcher über allen seinen Geschöpfen unendlich erhaben ist; folglich sind wir auch nicht imstande, darüber zu urteilen, ob die Begriffe von dem nach seinem Wesen einigen Gott und dem dreifaltigen Gott vereinbar oder unvereinbar sind, und wir haben nicht das Recht, zu behaupten, der Gedanke, daß Gott einig in seinem Wesen und dreifaltig in den Personen sei, enthalte einen inneren Widerspruch. Ist es vernünftig, darüber zu urteilen, was man nicht begreift?" (Seite 204).

In der Abteilung a) wurde gesagt ein anderer Begriff vom Wesen, ein anderer von den Personen und so lehre das Christentum. Aber diese Lehre ist nirgends zu finden. Doch angenommen, daß wir daran glauben, ohne das Vorangegangene gelesen, ohne das ganze Buch durchstudiert, ohne uns überzeugt zu haben, daß ein solcher Unterschied nicht besteht. Aber nun ist in dieser Abteilung b) gesagt, daß wir nicht das Recht haben, den Gedanken als dem gesunden Verstand widersprechend zu bezeichnen, ohne daß wir die Bedeutungen seines Subjekts und Prädikats begriffen haben. – Das Subjekt ist 1, das Prädikat ist 3, – das kann man begreifen. Wenn aber das Subjekt 1 Gott ist und das Prädikat 3 Götter, so ist nach den Gesetzen der Logik ein Widerspruch vorhanden. Wenn nach der Einleitung zum Gottesbegriff die Einheit gleich drei werden kann, so wollen wir, anstatt unvernünftig zu urteilen über das, was wir nicht verstehen, lieber unvernünftig sagen, was wir nicht verstehen. Aber damit eben fängt es an und diese nach dem Zugeständnis der Theologie unvernünftigen Worte sagt der höchste Verstand und die höchste Güte als Antwort auf die Bitten ihrer Kinder, welche nach Wahrheit suchen.

„c) Im Gegenteil, der gesunde Verstand kann nicht umhin, diesen Gedanken als vollkommen wahr und jedem Widerspruche fernstehend anzuerkennen. Er begreift nicht ihre innere Bedeutung, aber auf Grund äußerlicher, glaubhafter Zeugnisse weiß er, daß dieser Gedanke von Gott selbst in der christlichen Offenbarung ausgesprochen worden ist: Aber Gott ist der Gott der Wahrheit" (Seite 205).

Das, was hier gesagt wird, kann nicht begriffen werden, aber es ist so „auf Grund äußerlicher, glaubhafter Zeugnisse," so daß man, ohne zu begreifen, die Worte wiederholen kann, welche die Theologie ausspricht. In diesem Fall aber, wie wir sehen, fehlen nicht nur diese äußeren, glaubhaften, sondern überhaupt alle Zeugnisse. Nirgends in der heiligen Schrift ist gesagt, daß der göttliche Geist die dritte Person sei. –

Das, was Moses schrieb, daß Gott von sich gesagt habe: Lasset uns erschaffen, kann kein glaubhaftes Zeugnis genannt werden; auch das, daß in der Unterweisung Christi bei Johannes einmal das Wort „heiliger Geist" gesprochen wurde, während von der Wahrheit die Rede war, ist kein glaubwürdiges Zeugnis; daß bei der christlichen Taufe die Worte gesprochen werden: Im Namen des Vaters, des Sohnes und des heiligen Geistes, ist auch kein Zeugnis; der falsche Vers in der Epistel Johannes ist nicht nur kein Zeugnis zu Gunsten der Dreieinigkeit, sondern ein klares Zeugnis dafür, daß es keine Beweise giebt, noch gab und daß diejenigen, die das beweisen wollten, dies selbst wußten.

Von äußerlichen Zeugnissen bleibt nur die Polemik des Verfassers mit denjenigen, welche jenen Vers Johannis verwerfen und mit den Rationalisten darüber, daß die Kirche bis zum 4. Jahrhundert das Dogma der Dreifaltigkeit nicht angenommen habe. – Doch angenommen, ich sei so wenig verständig und so wenig gelehrt, daß ich der Polemik des Verfassers glaube und ihm darin beistimme, daß das Dogma von der heiligen Dreifaltigkeit von der einigen, heiligen, allgemeinen und apostolischen unfehlbaren Kirche anerkannt werde und daß ich daran glauben wolle, so kann ich es doch nicht glauben, weil ich darunter nichts verstehen kann, was mir von dem dreieinigen Gott gesagt wird. Ich kann so wenig, wie irgend ein Anderer, dieses Dogma nur deshalb anerkennen, weil die Worte, wie sie Anfangs lauteten, auch so geblieben sind, nach langem Reden und vorgeblichen Erläuterungen und Beweisen, – Worte, welche für einen Menschen mit unversehrtem Verstande durchaus keinen Sinn haben.

Auf Grund der kirchlichen, heiligen Überlieferung kann man alles behaupten, was man will, und wenn die Überlieferung unerschütterlich ist, so kann man nicht umhin, das als wahr anzunehmen, was überliefert wird. Aber es muß wenigstens etwas behauptet werden. Hier aber wird nichts behauptet, das sind nur Worte ohne inneren Zusammenhang.

Angenommen, es werde behauptet, daß Gott im Olymp lebe, daß er ein Gott von Gold sei, daß es keinen Gott, daß es 14 Götter gebe, daß Gott Kinder oder Söhne habe, – alles das wären seltsame, tolle Behauptungen, aber mit jeder derselben ist doch ein Begriff zu verbinden. Damit aber, daß Gott eins und drei sei, kann durchaus kein Begriff verbunden werden. Und welche Autorität das auch behaupten mag, wenn auch nicht nur alle lebendigen und toten Patriarchen von Alexandrien und Antiochien dies behaupten würden, sondern auch vom Himmel eine unaufhörliche Stimme mir zurufen würde: „Ich bin eins und drei," so würde ich in derselben Lage, nicht des Unglaubens, (denn von Glauben kann hier keine Rede sein), sondern der Verwirrung und Verwunderung bleiben, was diese Worte bedeuten können und in welcher Sprache, nach welchen Gesetzen sie irgend einen Sinn erhalten können. Mir aber, als einem Menschen, der im Geist des christlichen Glaubens erzogen ist und nach allen Verirrungen seines Lebens ein dunkles Bewußtsein dessen bewahrt hat, daß in demselben Wahrheit liegt; – mir, der ich durch die Irrtümer des Lebens und durch die Abschweifungen der Vernunft bis zur Verneinung des Lebens und zur schrecklichsten Verzweiflung gelangt bin, – mir, der ich Rettung gefunden habe in der Vereinigung mit jenem Geiste des Glaubens, welchen ich als die einzige, die Menschheit bewegende göttliche Kraft erkannt habe, nachdem ich den höchsten mir erreichbaren Ausdruck dieses Glaubens gesunden hatte, – mir, der ich vor allem an Gott glaube, an meinen Vater, nach dessen Willen ich lebe und leide und nach dessen Offenbarung ich mühsam suche, – mir ist es vollkommen unmöglich, zuzugestehen, daß diese sinnlosen, lästerlichen Worte die einzige Antwort seien, welche ich von meinem Vater auf meine flehentliche Frage, wie ich ihn begreifen und lieben solle, erhalten könne.

Es ist unmöglich, daran zu glauben, daß Gott, mein gütiger Vater (nach der Lehre der Kirche), welcher weiß, daß meine Rettung oder mein Untergang davon abhängt, daß ich ihn begreife, die wesentliche Anleitung zur Erkenntnis seiner Gottheit so ausgedrückt haben sollte, daß mein Geist, den Er mir gegeben, diese

Ausdrücke nicht begreifen kann und daß Er (nach der Lehre der Kirche) diese ganze der Menschheit so höchst notwendige Wahrheit unter dunklen Andeutungen einer Mehrzahl, unter der jedenfalls doppelsinnigen, unklaren Erklärung der Worte „Geist und Sohn" im Abschiedsgespräch Jesu mit Johannes und in dem untergeschobenen Vers in der Epistel verborgen haben sollte und daß meine Erkenntnis Gottes, sowie meine Erlösung und die von Milliarden Menschen von der größeren oder geringeren Geschicklichkeit im Wortstreit der Renan und Makari abhängen sollte. Bei welchem ich bessere Argumente finde, dem glaube ich.

Nein! Wenn es so wäre, so hätte mir Gott einen solchen Verstand gegeben, bei welchem drei gleich eins zu verstehen wäre, bei welchem drei gleich eins ebenso begreiflich wäre, wie es jetzt unbegreiflich ist und ein Herz, welchem es Freude bereiten würde, drei Götter anzuerkennen. Oder wenigstens hätte Er mir das bestimmt und einfach mitgeteilt, nicht in streitigen und doppelsinnigen Worten. Und Gott kann mir nicht befohlen haben, das zu glauben. Ich glaube das ja eben deshalb nicht, weil ich Gott liebe, verehre und fürchte. Ich fürchte, an die Lüge zu glauben, welche uns umgiebt und Gott zu verlieren. Nicht nur ist dies unmöglich, sondern es ist auch klar, daß es durchaus nicht so ist, daß ich mich irrte, als ich glaubte, bei der Kirche Antwort und Lösung meiner Zweifel zu finden. Ich glaubte, zu Gott zu gehen und verirrte mich in einem stinkenden Sumpf, der nur jene Gefühle in mir hervorrief, welche ich mehr als alles fürchte: Widerwillen, Zorn und Entrüstung.

Gott, Du unbegreiflicher, aber wahrhaft bestehender Gott, nach dessen Willen ich lebe! Du selbst hast dieses Streben in mich gelegt, Dich und mich selbst zu erkennen. Ich irrte, ich habe nicht dort die Wahrheit gesucht, wo ich sie hätte suchen sollen, ich wußte, daß ich mich verirrte. Ich gab meinen schlechten Leidenschaften nach und wußte, daß sie schlecht waren. Aber niemals habe ich Dich vergessen. Ich fühlte Dich immer, auch in den Augenblicken meiner Verirrungen. Fast wäre ich untergegangen, da ich Dich verloren hatte, aber Du reichtest mir die Hand, ich ergriff sie und das Leben erhellte sich für mich. Du hast mich gerettet, und ich suche jetzt nur eins: Dir näher zu kommen, Dich zu begreifen, soweit dies für mich möglich ist. Hilf mir, lehre mich. Ich weiß, daß ich gut bin, daß ich alle liebe oder lieben will, daß ich die Wahrheit lieben will. Du bist der Gott der Liebe und der Wahrheit, ziehe mich zu Dir, offenbare mir alles über Dich und mich, was ich begreifen kann.

Und der gütige Gott, der wahre Gott antwortet mir durch den Mund der Kirche: „Die Gottheit ist einig und dreifaltig. O herrliche Vorstellung!"

Nun, geht auch ihr zu eurem Vater, dem Teufel, ihr, die ihr die Schlüssel des Himmelreichs genommen habt, und obgleich ihr selbst nicht eintretet, auch anderen es verschließt. Nicht von Gott sprecht ihr, sondern von irgend etwas Anderem.

———

Der Moskauer Metropolit Makarij I. (Michail Petrowitsch Bulgakov, 1816-1882), Verfasser der von L. N. Tolstoi untersuchten „*Orthodoxen dogmatischen Theologie*"

(https://orthpedia.de/index.php/Makarij_Bulgakow)

VI.

Auf diese Art ist die Lehre von der Dreieinigkeit in dem christlichen Stammdogma auf fünfzig Seiten ausgelegt. Auf dieses Dogma gründen sich und mit seiner Verneinung leugnet man auch die Dogmen von der Erlösung, von der Heiligung und alle Dogmen, ohne Ausnahme, welche sich auf unsere Erlösung beziehen.

Und ich leugne dieses Dogma. Ich kann nicht anders, weil ich durch die Anerkennung dieses Dogmas auch das Bewußtsein meiner vernünftigen Seele und die Erkenntnis Gottes verneinen würde. Aber nachdem ich dieses Dogma verneint habe, welches dem menschlichen Verstande zuwiderläuft und weder in der heiligen Schrift, noch in der Überlieferung begründet ist, bleibt mir doch unerklärlich, was die Kirche veranlaßte, dieses unklare Dogma zu verkündigen und so mühsam nach Beweisen dafür zu suchen. Und das wundert mich um so mehr, als dieses schreckliche, die Religion verspottende Dogma, so wie es hier ausgelegt ist, augenscheinlich für niemand und nichts eine Notwendigkeit ist und es unmöglich ist, irgend einen sittlichen Grundsatz daraus herzuleiten, wie dies auch ersichtlich ist aus der sittlichen Anwendung des Dogmas, einer Sammlung von sinnlosen Worten ohne Zusammenhang unter sich. Folgendes ist die Anwendung des Dogmas:

„1. Alle Personen der allerheiligsten Dreieinigkeit haben außer den allgemeinen Eigenschaften, die ihnen nach ihrer Natur angehören, noch besondere Eigenschaften, durch welche sie sich von einander unterscheiden, so daß der Vater eben der Vater ist und die erste Stelle unter den göttlichen Personen einnimmt und daß der Sohn der Sohn ist und die zweite Stelle einnimmt, daß der heilige Geist der heilige Geist ist und die dritte Stelle einnimmt, ob·gleich sie in ihrer Göttlichkeit einander ganz gleich stehen. Und Jeden von uns hat der Schöpfer außer den dem ganzen Menschengeschlecht gemeinsamen Eigenschaften, noch mit besonderen Eigenschaften begabt, welche uns von einander unterscheiden. Er hat uns besondere Fähigkeiten, besondere Talente verliehen, welche unseren Beruf und unsere Stellung im Kreise unserer Nächsten bestimmen. Diese Eigenschaften und Talente in uns zu erkennen und sie zu eigenem Wohl und dem der Nächsten und zum Ruhm Gottes zu verwenden, um auf diese Weise unseren Beruf zu rechtfertigen, – das ist unerläßliche Pflicht jedes Menschen. – 2. Indem sie sich nach ihren persönlichen Eigenschaften von einander unterscheiden, befinden sich alle Personen der heiligen Dreieinigkeit danach in beständiger Gemeinschaft unter sich. Der Vater ist gegenwärtig in dem Sohn und dem heiligen Geist, der Sohn im Vater und dem heiligen Geist, der heilige Geist im Vater und dem Sohne. (Joh. 14, 10.) Ebenso sollen auch wir bei allen unseren Verschiedenheiten in den persönlichen Eigenschaften so viel als möglich eine gegenseitige Gemeinschaft und sittliche Einheit unter uns beobachten, indem wir uns durch die Einheit der Natur und durch das Band der brüderlichen Liebe verbinden. – 3. Im besonderen sollen die Väter und die Söhne unter uns sich daran zu erinnern lernen, welchen großen Namen sie tragen und sich bemühen, den Namen des Vaters und des Sohnes, den sie tragen, zu heiligen durch genaue Erfüllung der diesen Namen obliegenden Verpflichtungen … 4. Sie sollen sich daran erinnern endlich, zu welchen verderblichen Folgen die abendländischen Christen geführt wurden durch eigenmächtiges Nachgrübeln nach den persönlichen Eigenschaften Gottes, des heiligen Geistes. Und wir sollen lernen, uns so streng als möglich an die Glaubensdogmen der Lehre des Wortes Gottes und der rechtgläubigen Kirche zu halten."

Somit bleibt es unbegreiflich, für wen dieses Dogma aufgestellt und behauptet wird. Aber nicht genug daran, daß es unklar ist, sich weder auf die heilige Schrift noch auf die Überlieferung gründet und nichts daraus hervorgeht, – aus der Wirklichkeit ergiebt sich nach meinen unmittelbaren Beobachtungen der Gläubigen, nach meinen persönlichen Erinnerungen aus der Zeit, als ich selbst Gläubiger war, daß ich selbst niemals an die Dreifaltigkeit glaubte und niemals einen einzigen Menschen gefunden habe, der an das Dogma der Dreifaltigkeit geglaubt hätte. Von hundert Frauen und Männern aus dem Volke verstehen nicht mehr als drei die Personen der Dreieinigkeit herzuzählen und nicht mehr als dreißig können sagen, was die Dreieinigkeit sei, verstehen aber nicht die Personen aufzuzählen und schließen Nikolai den Wunderthäter und die Mutter Gottes mit ein. Der ganze Rest weiß nichts von der Dreieinigkeit.

Im Volke fand ich keinen Begriff von der Dreieinigkeit; Christus wird der Gottmensch genannt, wie etwa ein Ältester der Heiligen. Der heilige Geist ist vollkommen unbekannt, Gott aber bleibt der unbegreifliche, allmächtige Gott, der Ursprung aller Dinge. Und zum heiligen Geiste wird niemals gebetet, niemand ruft ihn jemand an.

Auch in gebildeteren Kreisen fand ich keinen Glauben an den heiligen Geist. Ich fand viele, welche besonders hitzig im Glauben an Christus waren, aber niemals hörte ich, daß der heilige Geist anders erwähnt wurde, als wie ein theologischer Begriff. Auch bei mir war dasselbe der Fall: In allen jenen Jahren, wo ich ein Gläubiger der rechtgläubigen Kirche war, kam mir niemals ein Gedanke an den heiligen Geist auch nur in den Sinn. Den Glauben an die Dreifaltigkeit und die Definition derselben fand ich nur in den Schulen, woraus zu schließen ist, daß das Dogma der Dreifaltigkeit weder vernunftgemäß, noch auf irgend etwas gegründet, noch zu irgend etwas nothwendig ist, und daß niemand daran glaubt, sondern die Kirche allein sich dazu bekennt.

Um zu begreifen, warum die Kirche das thut, muß man die weiteren Darlegungen der Kirche untersuchen. Und ich schreite nun dazu. Es wäre eine überflüssige Mühe, in der weiteren Untersuchung alle Irrtümer, Widersprüche und sinnlosen Irrlehren ans Licht zu ziehen, da die Untersuchung der beiden ersten Kapitel über das wichtigste Dogma den Leser über die Gedanken und Ausdrücke des Verfassers belehrt hat. Ich werde jetzt in kurzem alle Dogmen darlegen im allgemeinen Zusammenhang unter sich, indem ich auf die Seiten und auf die wichtigsten Gründe hinweise, welche zur Bestätigung der Dogmen angeführt werden. Ich thue das deshalb, um aus dem allgemeinen Zusammenhang der ganzen Lehre jenen Sinn klar zu stellen, welcher aus einzelnen Stellen nicht hätte klargestellt werden können.

Ich wiederhole das, was von Anfang an erörtert worden ist, um dann folgerichtig weiter zu gehen.

Es giebt einen Gott – Er ist einig, § 13. Er ist ein Geist, § 17. Er hat eine unzählige Anzahl von Eigenschaften. Seine Eigenschaften sind uns geoffenbart, sie werden aufgezählt im § 19. Seine Eigenschaften im allgemeinen sind: Unendlichkeit, Selbständigkeit, Unabhängigkeit, Unveränderlichkeit, Allgegenwart, Ewigkeit, Allmacht. – Eigenschaften seines Geistes § 20 sind: Allwissenheit und Allweisheit. Eigenschaften seines Willens § 21 sind: Güte, Freiheit, Heiligkeit, Treue, Gerechtigkeit. Gott hat außerdem Personen. Er ist eins und drei Personen. Die Personen sind selbständig und unzertrennlich. (Beweis aus der heiligen Schrift §§ 26, 27, 28). Alle drei Personen sind gleich unter sich, obgleich Einige die eine für wichtiger hielten, als die andere. Aber das ist irrig, sie sind alle gleich: der Vater ist Gott, der Sohn ist Gott und eines Wesens mit dem Vater. Es werden die Streitigkeiten erwähnt, welche das Gegenteil bewiesen und Beweise aus der heiligen Schrift, welche das Gegenteil beweisen, und es folgen Erläuterungen darüber, daß ein Gott nicht dem anderen untergeordnet sei, sondern beide gleiche Gewalt haben. Dasselbe wird dann auch von der Gottheit des heiligen Geistes angeführt. Vater, Sohn und heiliger Geist haben persönliche Eigenschaften. – § 32. Es werden viele Meinungsverschiedenheiten angeführt über die persönlichen Eigenschaften und endlich wird dargelegt, daß das persönliche Wesen des Vaters darin besteht, daß Er nicht geboren ist, aber den Sohn gezeuget und den heiligen Geist hervorgebracht habe. (Seite 263.)

a) „Auf vollkommen geistige Weise und folglich ohne jedes Leiden, ohne jedes Gefühl der Trennung: weil das göttliche Wesen immateriell und einfach ist; b) Er zeuget und bringt hervor von Ewigkeit und ewig: denn es gab keine Zeit, wo der Vater noch nicht Vater des Sohnes war und Erzeuger des heiligen Geistes, ebenso, wie es keine Zeit gab, wo Er nicht Gott gewesen wäre, und was niemals einen Anfang hatte, von dem kann man auch nicht sagen, daß es geendigt habe; c) Er zeuget und bringt hervor, so wie nur Er allein und die von ihm Abstammenden wissen und was von den Erschaffenen niemand begreifen kann; d) endlich die Anfangslosigkeit und Schuldlosigkeit gehören ausschließlich Gott, dem Vater an nur im Verhältnis zu den anderen Personen der heiligen Dreieinigkeit. Aber gemäß ihrer Göttlichkeit sind auch der Sohn und der heilige Geist anfangslos und schuldlos oder besser gesagt anfangslos und schuldlos ist die ganze heilige Dreifaltigkeit." (Seite 263, 264.)

§ 41. „Das persönliche Wesen Gottes des heiligen Geistes" (Seite 267.)

Dann folgt eine Polemik auf 50 Seiten darüber, von wem der heilige Geist ausgehe: vom Vater oder dem Sohn oder nur vom Vater allein. Der Streit wird entschieden durch eine Auswahl äußerlichen: Beweise. Diese Beweise sind folgende:

„Wer wagt es zu behaupten, die Hand aufs Herz gelegt, daß wir von der Wahrheit abgewichen sind, indem wir an den Ausgang des heiligen Geistes vom Vater glauben? Wer wagt es, auf sein Gewissen, uns des Irrtums oder der Häresie anzuklagen, wenn uns anklagen zugleich heißt, die heiligen Väter und Lehrer der Kirche des Irrtums und der Häresie anzuklagen und wenn es heißt, dessen auch die ökumenischen Kirchenversammlungen anzuklagen und nicht nur die örtlichen, sondern überhaupt die ganze alte Kirche; wenn es heißt, des Irrtums und der Häresie sogar das Wort Gottes anklagen? Wer vermißt sich einer solchen Gotteslästerung?"

Dann folgt die moralische Auslegung des Dogmas von der Dreifaltigkeit, wie sie früher erörtert wurde. – Dabei denkt man unwillkürlich, daß die einfachste, klarste Schlußfolgerung aus allen hervorgegangenen Streitigkeiten nur die eine sei, man solle keine Dummheiten reden, man solle vor allem nicht lehren, was niemand begreifen kann und, was noch wichtiger ist, man solle nicht darauf hin die hauptsächlichsten Grundlagen des Glaubens, die Liebe und die Nachsicht für den Nächsten, erschüttern.

Dann folgt „Abteilung II von Gott in seinen allgemeinen Beziehungen zur Welt und zum Menschen. 1. Kapitel von Gott als dem Schöpfer." Gott hat die Welt erschaffen.

Die Kirche lehrt darüber folgendermaßen: „Ohne jeden Zweifel ist Gott der Schöpfer aller sichtbaren und unsichtbaren Geschöpfe. Vor allem hat Er durch seinen Gedanken alle Himmelskräfte hervorgebracht als vortreffliche Lobsinger seines Ruhmes, und Er schuf die geistige Welt, welche nach der ihr verliehenen Gnade Gott erkennt und immer in allem seinem Willen ergeben ist. Dann hat Gott aus nichts diese sichtbare materielle Welt erschaffen. In der Folge erschuf Gott den Menschen, welcher aus einer immateriellen, vernünftigen Seele und einem materiellen Körper besteht. Damit schon aus dem solchermaßen geschaffenen Menschen ersichtlich sei, daß Er der Schöpfer ist beider Welten, der materiellen und der immateriellen." (Seite 351.)

Darauf folgt wie immer Polemik:

„Die Einen erkannten, daß die Welt ewig sei, Andere gaben ihr Hervorgehen aus Gott zu, die Dritten lehrten, die Welt habe sich selbst gebildet aus Zufall, aus einem ewigen Chaos oder aus Atomen, die Vierten behaupteten, Gott habe sie geschaffen aus dem ewigen Stoff. Und niemand konnte sich erheben zu dem Begriff der Entstehung der Welt aus nichts durch den allmächtigen Willen Gottes." (Seite 352.)

Alle diese Meinungen werden durch § 55 widerlegt:

„Gott hat die Welt aus nichts erschaffen." § 56: Gott schuf die Welt nicht von Ewigkeit her, sondern in der Zeit oder zusammen mit der Zeit. (Seite 360.)

Indem ich das Buch weiter lese, wächst meine Verwunderung mehr und mehr. Es ist, als ob es Zweck und Aufgabe des Buches sei, dem vernünftigen Verständnis keinen Raum zu lassen, nicht dem Verständnis der göttlichen Geheimnisse, sondern einfach dem Verständnis dessen, was gesagt wird. – Ich stelle mir einen Menschen vor, welcher bekennt, daß Gott die Welt erschaffen hat und damit zufrieden ist. Er will nicht erforschen, wie man lehrt, nein, aber man verlangt von ihm er solle bekennen, daß die Welt nicht aus irgend etwas erschaffen sei, sondern aus nichts, nicht von Ewigkeit her, sondern in der Zeit. – „Das Vorherwissen oder die Vorausbestimmung waren in Gott vor der Schöpfung." Es wird gesagt: „Einstmals hat die Welt nicht bestanden." Das heißt, es wird gesagt, nachdem das Vorherwissen Gottes zugegeben ist, daß damals, als es noch keine Zeit gab, Gott die künftige Zeit kannte. Und wenn gesagt wird: „Einstmals hat die Welt nicht bestanden und die Zeit hat nicht bestanden," so wird damit gesagt, es gab eine Zeit (denn „einstmals" bedeutet es gab eine Zeit) als es noch keine Zeit gab. Und wenn gesagt wird: „Gott hat die Zeit erschaffen," so wird gesagt (da das Zeitwort in der vergangenen Zeit angewendet wird), daß es eine Zeit gab, wo Gott die Zeit erschaffen hat.

§ 57. Die Welt ist durch alle drei Personen erschaffen worden. Dies wird durch die heilige Schrift folgendermaßen bewiesen:

„Der Vater schuf die Welt durch den Sohn im heiligen Geist," oder: „Alles kommt vom Vater durch den Sohn im heiligen Geist. Übrigens nicht in dem Sinne, als ob der Sohn und der heilige Geist bei der Schöpfung so zu sagen die Dienste von Werkzeugen oder von Sklaven verrichtet hätten, sondern in dem Sinne, daß sie schöpferisch den väterlichen Willen erfüllten." (Seite 365.)

§ 28. Die Art der Schöpfung. – Die Welt wurde erschaffen 1. durch den Verstand, 2. durch den Willen, 3. durch das Wort:

„Gott erschuf die Welt nach seinen ewigen Ideen von ihr, vollkommen frei nur durch den Wink seines Willens. In seinen Ideen war von Ewigkeit an der Plan der Weltschöpfung vorgezeichnet, der freie Wille bestimmte die Verwirklichung dieses Planes, der Wink seines Willens hat ihn wirklich ausgeführt."

Besonders gut paßt hier das Wort: „Ideen".

§ 59. Veranlassung zur Schöpfung und ihr Zweck. Gott schuf die Welt aus folgenden Gründen: „Man muß glauben, daß Gott, da Er gütig und allgütig ist, obgleich Er in sich selbst allvollkommen und glorreich ist, die Welt aus nichts erschuf zu dem Zwecke, damit auch andere Wesen ihn loben und an seiner Glückseligkeit teilnehmen." (Seite 370.)

Das Ziel Gottes ist das Heil. Es folgen Beweise aus der heiligen Schrift und dann

§ 60. Die Vollkommenheit der Schöpfung und der Ursprung des Bösen in der Welt. – Es wird gefragt: woher kommt das Böse?

Und darauf wird geantwortet, daß das Böse nicht existiere. Der Beweis dafür ist folgender:

„Gott ist das höchste allweise und allmächtige Wesen; folglich konnte Er auch nicht die Welt unvollkommen erschaffen, Er konnte nicht eine einzige Sache darin erschaffen, welche für ihren Zweck ungenügend wäre und nicht zur Vollkommenheit des Ganzen diente. Gott ist das allerheiligste und allgütigste Wesen; folglich konnte Er nicht der Urheber des Bösen sein, weder des sittlichen, noch des physischen Übels. Und wenn Er die Welt unvollkommen geschaffen hätte, so könnte es nur deshalb gewesen sein, weil Er nicht die Kraft hatte, sie vollkommener zu erschaffen, oder deshalb, weil Er nicht wollte. Aber diese beiden Annahmen sind gleich unvereinbar mit dem wahren Begriff vom Wesen des Allerhöchsten." Schluß des §. (Seite 376.)

Es giebt kein Böses, weil Gott – gütig ist. Aber warum leiden wir dann unter dem Übel? Und wozu denn die Frage nach dem Ursprung des Bösen, wenn es kein Böses giebt?

§ 61. Die sittliche Anwendung des Dogmas besteht darin, daß man Gott loben müsse und so weiter.

§ 62. Von der geistlichen Welt. – Die Engel sind körperlose, mit Vernunft, Willen und Macht begabte Geister. Sie sind vor der sichtbaren Welt und den Menschen erschaffen worden … Sie sind eingeteilt in 9 Grade…; und selbst die bösen Engel sind von Gott als gute erschaffen worden, aber sie wurden böse aus eigenem Willen. (Seite 377.)

Und sogleich wieder, wie immer, folgt Streit mit denjenigen, welche von den Engeln und Dämonen nicht so aussagten. Dann folgen Beweise aus der heiligen Schrift, dafür, daß es Engel und verschiedene Rangstufen gebe.

§ 65. „Noch ihrer Natur sind die Engel körperlose Geister, höchst vollkommene, aber begrenzte menschliche Seelen." Sie sind erschaffen nach dem Ebenbild Gottes, haben Vernunft und Willen. Beweise aus der heiligen Schrift.

§ 66. Die Zahl der Rangstufen der Engel. Die himmlische Hierarchie. Die Zahl der Engel der Finsternis ist dunkel, das heißt, es sind ihrer sehr viele. Und es giebt verschiedene Klassen der himmlischen Heerscharen. (Seite 396.)

Dann folgt ein Streit mit Origen über die Rangstufen der Engel und es wird bewiesen, daß es 9 Klassen giebt (Seite 397):

„Die Engel sind eingeteilt in neun Heerscharen und diese 9 in drei Rangstufen. Im 1. Rang befinden sich die, welche Gott am nächsten stehen, wie die Thronengel, die Cherubim und Seraphim; im 2. Rang die Engel der Gewalt, der Herrlichkeit und der Kraft; im 3. Rang die Engel, die Erzengel und die Anfänger. Diese Einteilung ist begründet: a) zum Teil durch die heilige Schrift, wenigstens insofern, als in den heiligen Büchern die Namen aller hier aufgezählten Rangstufen von Engeln gefunden werden ... b) Hauptsächlich aber gründet sie sich auf die heilige Überlieferung." (Seite 398, 399.)

„Von den besonderen Ansichten ist am bemerkenswertesten, daß die Einteilung der Engel in neun Rangstufen nur ihre Namen und Rangstufen umfaßt, welche uns in dem göttlichen Wort geoffenbart sind, aber nicht die vielen anderen Namen und himmlischen Heerscharen umfaßt, welche uns nicht in diesem Leben geoffenbart sind, sondern uns erst im zukünftigen bekannt werden."

§ 67. Verschiedene Benennungen dieser Geister und Glaubwürdigkeit ihres Daseins. – Außer den Engeln giebt es noch einen Teufel und seine Engel.

„Daß dieser Teufel und seine Engel in der heiligen Schrift als persönliche und wirkliche Wesen verstanden sind und nicht als eingebildete Wesen, ist ersichtlich 1. aus den alttestamentlichen Büchern ... 2. noch mehr aus den neutestamentlichen." – Darauf folgen Beweise hierfür.

§ 68. Die bösen Geister wurden von Gott als gute geschaffen, verwandelten sich aber selbst in böse. – Wie das Gute sich in Böses verwandeln konnte, das bleibt unerklärt, aber in der heiligen Schrift sind viele Beweise dafür. – Sie verwandelten sich in böse Dämonen, einige Kirchenväter sagen, nicht lange vor Erschaffung der Welt, andere meinen, die Dämonen seien ziemlich lange im Zustande der Tugend geblieben (Seite 406.). – Sie verwandelten sich in böse Geister, nicht alle auf einmal: „Zuerst fiel einer, der oberste, und dann zog er auch die übrigen nach sich. Dieser oberste war bis zu seinem Fall nach der Meinung Einiger der erste und vollkommenste aller erschaffenen Geister, welche sich vor allen himmlischen Heerscharen auszeichnen. Nach der Meinung Anderer aber gehörte er zu den obersten, deren Anführung die niedrigen Engelscharen unterworfen waren und eben zu denjenigen, unter welche der Herr die Regierung von Teilen der Welt verteilte. Die übrigen aber, welche der gefallene Morgenstern nach sich zog, das waren ihm untergeordnete Engel, die sich unter seiner Gewalt befanden, und darum eben durch sein Beispiel, seine Überredungskunst oder durch Betrug sich verführen lassen konnten." (Seite 406 und 407.)

Durch welche Sünde fielen die Dämonen? Die Einen sagen, durch Vermischung mit Töchtern der Menschen, Andere, durch Neid, die Dritten, durch Stolz.

„Worin nun eigentlich der Stolz des gefallenen Geistes bestanden habe, welcher seine erste Sünde war, darüber gab es verschiedene Meinungen. Die Einen vermuteten, auf Grund der Worte Joh. 14, 13. 14., daß der Teufel sich angemaßt habe, Gott gleich zu sein nach seiner Natur und mit ihm auf demselben Thron zu sitzen, oder sich sogar vermessen habe, höher als Gott zu sein und darum sein Widersacher wurde. Andere aber meinten, der Gefallene wollte sich nicht vor dem Sohne Gottes beugen, den er um seine Vorzüge beneidete oder, daß er, als er sah, daß der Sohn Gottes niemals litt, an seiner Göttlichkeit zweifelte und ihn nicht als Gott anerkennen wollte."

Wie tief die Dämonen fielen und ob ihnen Gott Zeit zur Reue gegeben habe, diese Fragen werden auf Seite 410 dahin beantwortet, daß die Dämonen vor der Erschaffung der Welt noch bereuen konnten, nachher aber es zu spät war.

§ 69. Die Natur der bösen Geister, ihre Zahl und Rangstufen. Die Natur der Dämonen ist die selbe, wie die der Engel. Die Zahl der Dämonen ist sehr groß und man vermutet, daß bei ihnen auch Rangstufen gelten. – Davon handelt § 70. Die sittliche Anwendung des Dogmas: – dieselbe ist hier eine noch unerwartetere, als in früheren Fällen, aber zum ersten Male hat diese Anwendung ein klares Ziel:

„3. Die Engel Gottes sind unter sich nach ihrer Natur alle gleich, unterscheiden sich aber nach Kräften und Fähigkeiten und darin giebt es unter ihnen höhere und niedrige; es giebt untergeordnete und leitende; es giebt eine unwandelbare, von Gott selbst festgesetzte Hierarchie. Ganz ebenso soll es auch unter uns sein: Trotz der Gleichheit unserer Natur unterscheiden auch wir uns von einander nach dem Willen des Schöpfers durch verschiedene Fähigkeiten und Vorzüge: auch bei uns muß es natürlicherweise Höhere und Niedere, Untergeordnete und Befehlende geben, auch bei uns hat Gott selbst eine Ordnung und eine Hierarchie eingeführt und führt seine Gesalbten auf die Throne (Sprüche 8, 15.) und setzt alle niedrigen Obrigkeiten ein (Röm. 13, 1.) und weist jedem Menschen seine Dienste und seine Stelle an." (Seite 415.)

Zum ersten Male wird eine bestimmte Lebensregel dem Dogma angehängt.

§ 71. Bald nach der Erschaffung der Engel und Teufel hat Gott die materielle Welt erschaffen auf folgende Weise:

„Im Anfang schuf Gott Himmel und Erde aus Nichts, die Erde war öd' und leer. Dann erschuf Gott nach und nach: Am 1. Tage der Welt das Licht; am 2. das Feste oder den sichtbaren Himmel; am 3. die Behältnisse der Gewässer auf der Erde, das Festland und die Pflanzen; am 4. Tage die Fische und Vögel; am 5. die vierfüßigen Thiere, welche auf dem Festlande leben." (Seite 416.)

§ 72. Die mosaische Sage von der Erschaffung der materiellen Welt ist historisch. – Dann wird bewiesen, was die Geschichte hervorgebracht hat, als es noch keine Zeit gab.

§ 73. Der Sinn der mosaischen Sage von der sechstägigen Schöpfung. – Es wird bewiesen, daß alle Worte Mosis nach ihrem buchstäblichen Sinne zu verstehen seien.

§ 74. Abfertigung der Einwendungen, welche gegen die mosaische Sage gemacht werden. – Zur Abwehr der Irrlehre der

Rationalisten, daß es nicht Tag noch Nacht geben konnte, als es noch keine Sonne gab, wird Folgendes gesagt:

„Heutzutage kann es wirklich ohne Sonne keinen Tag geben. Damals aber war es möglich, dazu waren nur zwei Bedingungen erforderlich: a) daß die Erde sich um ihre eigene Achse drehte und b), daß die lichttragende Materie, welche schon damals existierte, in vibrierende Bewegung versetzt wurde. Aber man kann nicht leugnen, weder daß die Erde schon am 1. Tage der Schöpfung sich um ihre Achse zu drehen begann, noch daß der Schöpfer in den drei ersten Tagen durch seine unmittelbare Kraft die lichttragende Materie in vibrierende Bewegung versehen konnte, ebenso wie jetzt vom 4. Tage an die himmlischen Gestirne sie in Bewegung setzen, nachdem sie von Gott die Fähigkeit dazu erhalten haben." (Seite 423.)

Wenn man sich dies Wort für Wort wiederholt, so muß man eher zugeben, daß Gott durch seine unmittelbare Kraft die lichttragende Materie in dem Sinn in Bewegung setzt, als ob seine Aufgabe nicht darin bestanden hätte, die Welt zu erschaffen, sondern darin, den Verlauf der Schöpfung mit der Bibel in Einklang zu bringen, – als irgend eine Abweichung von den Worten Mosis zuzugestehen, welche seine Sage mit unseren Vorstellungen und Kenntnissen von Zoologie, Physik und Astronomie in Einklang bringen könnte. – Die ganze Geschichte der sechstägigen Schöpfung muß man wörtlich nehmen, so befiehlt die Kirche. Das ist ein Dogma.

§ 75. Die sittliche Anwendung des Dogmas. – Diese besteht darin, daß man Sonntags in die Kirche gehen und den siebenten Tag heiligen müsse.

§ 76. „Zum Schlusse der Schöpfung hat Gott, der Herr, den Menschen erschaffen, welcher sowohl der geistigen Welt angehört, seiner Seele wegen, als der materiellen Welt, seines Körpers wegen, und deshalb gleichsam ein Auszug beider Welten ist. Und mit Recht nannte man ihn von alter Zeit her: kleine Welt." (Seite 427.)

„Gott in der heiligen Dreieinigkeit sprach. Lasset uns den Menschen schaffen nach unserer Art und Ebenbild (1. Mos. 1,

26). Und Gott schuf den Körper des ersten Menschen, Adam, aus Erde und blies in sein Gesicht den Atem des Lebens. Er führte Adam, in das Paradies, gab ihm Nahrung und außer den übrigen paradiesischen Früchten auch die Früchte vom Baume des Lebens. Endlich nahm Er von Adam, während er schlief, eine Rippe und schuf daraus das erste Weib, Eva ..." (Seite 427).

§ 77. Das Wesen und der Sinn der mosaischen Sage von der Erschaffung der ersten Menschen, Adam und Eva. – Diese Erzählung Mosis muß man in historischem Sinne auffassen und nicht als Erdichtung oder Mythe, weil Moses selbst und die Kirchenväter sie im historischen Sinne auffaßten. – Andererseits wird gesagt (Seite 4-29): „Man muß sie im Sinne der Geschichte auffassen, aber nicht im buchstäblichen Sinne."

Die Frage, was es bedeute, im historischen Sinne und nicht im buchstäblichen Sinne aufzufassen, bleibt unbeantwortet.

§ 78. Die Erschaffung Adams und Evas und des ganzen Menschengeschlechtes. – Wie gewöhnlich werden Streitfragen über diesen Gegenstand erörtert und zwar folgendermaßen:

„Diese Wahrheit hat zwei Arten von Feinden: 1. Diejenigen, welche behaupten, auch vor Adam habe es auf der Erde Menschen gegeben (Präadamiten) und folglich sei Adam nicht der Urvater des Menschengeschlechts; 2. Diejenigen, welche zugeben, gleichzeitig mit Adam habe es noch mehrere Urväter des menschlichen Geschlechts gegeben (Nachadamiten) und folglich stammen die Menschen nicht von einer Wurzel ab."

Wie auch an vielen andern Stellen des Buches ist ersichtlich, daß es sich hier nicht darum handelt, etwas zurückzuweisen, da durchaus keine Verneinung ausgesprochen ist, sondern nur darum, ein Dogma auszusprechen. Das Dogma aber ist nur ein Produkt des Streits. Deshalb muß man darstellen, was bestritten wurde, nur um zu sagen, worin die Lehre der Kirche bestehe. Hier natürlich werden die Behauptungen der Ersteren siegreich zurückgewiesen auf Grund der heiligen Schrift und die Behauptungen der Anderen durch die Physiologie, die Sprachkunde, die Erdbeschreibung, – also auf Grund derselben Wissenschaften, welche als Mittel zum Zweck verdreht worden waren. – Diese

Beweise für die Einheit des Menschengeschlechts sind nur deshalb bemerkenswert, weil hier gleichsam vor unseren Augen die Bildung dessen vor sich geht, was Dogma genannt wird und was in Wirklichkeit nichts anderes ist, als der Ausdruck einer Privatmeinung in irgendeinem Streit. Die Einen beweisen, daß die Menschen nicht nur einen Stammvater haben konnten, die Anderen beweisen das Gegenteil, und beide können nichts Überzeugendes für ihre Meinungen anführen. Dieser Streit ist auch nicht interessant und hat nichts gemein mit den Fragen des Glaubens, mit der Frage: „Welchen Sinn hat mein Leben?" – Aber der eine der Streitenden streitet nicht, um zur Lösung einer gelehrten Frage zu gelangen, sondern deshalb, weil er eine gewisse Lösung nötig hat. Diese dient zur Bestätigung ihrer Überlieferung.

Die Theologie führt Beweise dafür an, daß Gott die Tage dadurch zählen konnte, als es noch keine Sonne gab, daß Er die Materie in Bewegung setzte. Zum Beweise dafür, daß alle Menschen von einem Menschen abstammen, lesen wir auf Seite 437:

„Gegenwärtig sind die besten Linguisten nach langer Mühe zu der Überzeugung gelangt, daß alle Sprachen und alle menschlichen Idiome zu drei Hauptklassen gehören: der indo-europäischen, der semitischen und der malaiischen und sich in einer Wurzel vereinigen, welche die einen in der hebräischen Sprache finden, die andern aber nicht näher bezeichnen." (Seite 437)

Die Theologie sagt in diesem Fall, was sie versteht und weiß, und diese unwissenden Worte verhallen spurlos in der Welt der Wissenschaft. Aber stellen wir uns vor, daß der Verfasser der Theologie, was sehr wahrscheinlich ist, nach 300 Jahren als Kirchenvater angesehen wird, – dann werden seine Worte zur Bestätigung des Dogmas dienen, und nach weiteren 500 Jahren kann Gott selbst, wie er die Materie in Bewegung setzte, zum Dogma werden. Nur eine solche Vorstellung giebt eine Erklärung für jene seltsamen aberwitzigen Aussprüche, welche jetzt als Dogmen angenommen werden.

§ 79. Die Abstammung jedes Menschen und besonders die Abstammung der Seelen. – Alle Menschen stammen von Adam ab. Jedoch ist nichts destoweniger Gott der Schöpfer auch jedes einzelnen Menschen. Der Unterschied ist nur der, daß Er Adam und Eva unmittelbar, alle ihre Nachkommen aber mittelbar erschaffen hat – durch die Kraft seines Segens, welchen Er unseren Ureltern sogleich nach ihrer Erschaffung verliehen bat, indem Er sagte: „Wachset und vermehret euch und erfüllet die Welt" (Seite 439).

Es folgen Stellen aus der heiligen Schrift und dann eine genaue Bestimmung durch die Kirche, wann die Seele des Menschen entsteht:

„Die heilige Kirche lehrt im Glauben an die göttliche Schrift, daß die Seele zugleich mit dem Körper entsteht, aber nicht so, daß durch denselben Samen, aus welchem sich der Körper bildet, auch sie ihr Dasein erhält, sondern so, daß nach dem Willen des Schöpfers sie sogleich nach der Bildung des Körpers in demselben erscheint" (Seite 440).

Wann diese Bildung des Körpers vor sich geht, ist nicht gesagt. Als Aufklärung wird weiter gesagt:

„In derselben Zeit, wo der Körper sich bildet, wird er auch schon fähig zur Aufnahme der Seele."

Wenn das die Thatsache nicht aufklärt, so wird weiterhin gesagt, woher und woraus von Gott die Seele erschaffen wird, und dann folgt wieder Polemik. Die Einen sagten, die Seele entstehe von selbst aus der Seele der Eltern, die Anderen sagten, aus nichts, direkt aus dem Samen. Beide seien im Irrtum.

„Gott erschafft die menschliche Seele, wie auch den Körper durch die Kraft desselben Segens, – welchen Er unsern Ureltern von Anfang an verlieh. – Er erschafft nicht aus nichts, sondern aus der Seele der Eltern. Denn nach der Lehre der Kirche erhalten zwar die Menschenseelen ihr Dasein durch die Schöpfung, aber so, daß auf sie von den Eltern das Gift der urelterlichen Sünde übergeht, – das aber wäre nicht möglich, wenn Gott sie aus nichts erschaffen würde" (Seite 441, 442).

§ 80. Die Beschaffenheit des Menschen. – Der Mensch besteht aus zwei Theilen, Seele und Leib, aber nicht aus dreien. Wie immer folgt daraus wieder Polemik und zur Bekräftigung Citate aus der heiligen Schrift. Es handelt sich um Diejenigen, welche sagen, der Mensch bestehe aus drei Teilen, Leib, Seele und Geist, dies sei nicht richtig, er bestehe nur aus Leib und Seele.

§ 81. Die Eigenschaften der menschlichen Seele sind folgende: „1. sie ist ein selbständiges Wesen, abgesondert vom Körper, 2. sie ist immateriell, einfach (ein Geist), 3. sie ist frei, 4. sie ist unsterblich" (Seite 449 – 453).

Es folgen Beweise aus der heiligen Schrift. Aber was ist das? Diese meine Seele, welchen Zusammenhang hat sie mit dem Körper? Wo sind die Grenzen von Seele und Körper? Diese Fragen gehen direkt hervor aus der Definition der Eigenschaften der Seele. Auch auf diese Fragen werden keine Antworten gegeben. Dadurch ist diese Lehre so empörend, daß sie Fragen hervorruft, auf welche keine Antwort gegeben wird, noch gegeben werden kann. Wie die Definition der Eigenschaften Gottes in mir den Gottesbegriff erniedrigte und zerstörte, ganz ebenso erniedrigt und zerstört auch die Definition der Eigenschaften der Seele in mir den Begriff der Seele. Gott und die Seele erkenne ich ganz ebenso, wie ich die Unendlichkeit erkenne, nicht vermittelst der Definition, sondern auf einem ganz anderen Wege. Die Definition aber zerstört in mir diese Erkenntnis. Ebenso wie ich unzweifelhaft weiß, das es eine Unendlichkeit der Zahl giebt, weiß ich auch unzweifelhaft, daß es einen Gott giebt und daß meine Seele existiert. Aber dieses Wissen ist nur deshalb für mich unzweifelhaft, weil ich unvermeidlich darauf hingeführt werde. Zu dem unzweifelhaften Wissen, daß es eine Unendlichkeit der Zahl giebt, werde ich durch die Schlußfolgerung geführt; zu der unzweifelhaften Erkenntnis, daß es einen Gott giebt, werde ich durch die Frage geführt: „Woher bin ich?" Zu der Erkenntnis der Seele werde ich durch die Frage geführt: „Wie bin ich?" Und ich kenne unzweifelhaft die Unendlichkeit sowohl der Zahl, als Gottes und meiner Seele, wenn ich zur Erkenntnis derselben auf diesem Wege der einfachsten Frage geführt werde.

Zu 2 füge ich 1 hinzu und noch 1 u. s. w. Oder ich zerbreche einen Stab auf die Hälfte und dann wieder und wieder. Dadurch kann ich nicht umhin, die Unendlichkeit zu erkennen. Ich bin von meiner Mutter geboren, diese von der Großmutter, diese von der Urgroßmutter, von wem aber die letzte? Und so komme ich unvermeidlich auf Gott. – Meine Füße – sind nicht ich, meine Hände – nicht ich, mein Kopf – nicht ich, meine Sinne – nicht ich, selbst meine Gedanken – nicht ich. Was aber bin ich? Ich = ich, ich = meine Seele. Aber wenn man mir sagt, die unendliche Zahl sei die erste oder nicht die erste, gerade oder ungerade, so begreife ich nichts mehr und gebe sogar meinen Begriff der Unendlichkeit auf. Dasselbe empfinde ich auch, wenn man mir von Gott spricht, von seinem Wesen, seinen Eigenschaften, seiner Person, dann begreife ich Gott nicht mehr und glaube nicht mehr an Gott. – Dasselbe ist der Fall, wenn man von meiner Seele und ihren Eigenschaften spricht: Ich begreife nichts mehr und glaube nicht mehr an diese Seele. Und von welcher Seite auch ich auf Gott komme, es ist immer dasselbe: Der Ursprung meiner Gedanken, meiner Vernunft ist Gott, der Ursprung meiner Liebe ist Er, der Ursprung der Körperlichkeit ist wieder Er. – Wenn man mir aber sagt: „Gott hat Eigenschaften, Vernunft und Willen, Personen", oder „Gott ist gut und wahrhaftig", oder „Gott hat die Welt in sechs Tagen erschaffen", so glaube ich nicht mehr an Gott. So ist es auch mit dem Begriff von der Seele. Ich wende mich meinem Streben nach Wahrheit zu und ich weiß, daß dieses Streben nach Wahrheit die immaterielle Grundlage meiner selbst, meine Seele ist; ich wende mich an das Gefühl meiner Liebe zum Guten, und ich weiß, daß meine Seele es liebt. Sobald man aber mir erzählt, wie diese Seele durch Gott aus der Seele meiner Eltern in mich übergeführt worden sei, als ich im Mutterschoß war und mein Körper fähig war, sie zu empfangen, dann glaube ich nicht mehr an die Seele und frage, wie die Materialisten fragen: „Zeigt mir das, wovon ihr sprecht, wo ist es?"

———

VII.

§ 82. *Das Bild und die Ähnlichkeit Gottes in dem Menschen.* – Das Bild und die Ähnlichkeit Gottes, des reinsten Geistes. Nach der Lehre der Kirche wird gesagt, was war und früher ist gesagt worden, daß dieser reinste Geist Vernunft und Willen habe und darum bedeutet das Ebenbild und die Gottähnlichkeit Vernunft und Willen. Aber wie wir gesehen haben, wurden Vernunft und Willen Gott ganz willkürlich zugeschrieben. In dem ganzen Buch ist nicht das geringste davon gesagt, warum wir in Gott Vernunft und Willen voraussetzen könnten. Daraus folgt, daß in die Abteilung von Gott eine Einteilung des reinen Geistes in Vernunft und Willen nicht deshalb eingeführt worden ist, weil Anlaß dazu im Gottesbegriff selbst lag, sondern nur deshalb, weil der Mensch, indem er sich selbst als Vernunft und Willen auffaßte, dieselbe Einteilung willkürlich auch auf Gott anwandte.

Jetzt aber in der Abteilung von dem Menschen, wird bei der Erklärung der Worte: „Er ist erschaffen nach der Art und dem Ebenbild Gottes", gesagt[:] Da die Eigenschaften Gottes sich in Vernunft und Willen teilen, so bedeute das Wort „Art" die Vernunft und „Ebenbild" den Willen. Aber die Begriffe Vernunft und Willen sind ja auf Gott nur deshalb angewandt worden, weil wir diese Begriffe im Menschen finden. Man möge nicht glauben, daß ich irgendwo die Definition der Vernunft und des Willens Gottes ausgelassen habe, sie ist auch wirklich nicht da, sie ist als etwas Bekanntes in die Definition der Eigenschaften Gottes eingeführt worden und jetzt werden daraus wieder die Eigenschaften des Menschen hergeleitet. In diesem Paragraph wird folgendes dargelegt:

„Nach Art·Gottes zu sein, ist uns eigen nach unserer ursprünglichen Schöpfung, aber dem Ebenbilde Gottes ähnlich zu werden, das hängt von unserem Willen ab und dieses von unserem Willen Abhängige existiert in uns nur in der Möglichkeit, es wird von uns nicht von selbst erworben mittelst unserer Thätigkeit. Wenn Gott, als er die Absicht hatte, uns zu erschaffen, nicht zuvor gesagt hatte: „Lasset uns erschaffen" und „nach dem

Ebenbilde", und wenn Er uns nicht die Möglichkeit verliehen hätte, seinem Ebenbilde ähnlich zu werden: so hätten wir dies nicht aus eigener Kraft vermocht. Jetzt aber haben wir in der Schöpfung die Möglichkeit erhalten, Gott ähnlich zu werden. Aber indem Er uns diese Möglichkeit verlieh, hat es Gott uns selbst überlassen, die Hersteller unserer Gottähnlichkeit zu sein, um uns des angenehmen Lohnes für unsere Thätigkeit zu würdigen, damit wir nicht ähnlich seien den seelenlosen Darstellungen, welche die Maler anfertigen" (Seite 458).

§ 83. Die Bestimmung des Menschen ist folgende:

„1. Nach seinem Verhältniß zu Gott besteht die Bestimmung des Menschen darin, unwandelbar treu zu bleiben jenem hohen Bund mit Gott (Religion), zu welchem ihn der Allgütige schon bei der Schöpfung berufen hat, indem Er ihm sein Ebenbild aufprägte – und infolge dieser Berufung beständig seinem Urbild mit allen Kräften seiner vernünftig freien Seele nachzustreben, das heißt seinen Schöpfer zu erkennen und zu preisen, für ihn und in sittlicher Vereinigung mit ihm zu leben (Seite 459). –

„2. Nach dem Verhältnis des Menschen zu sich selbst liegt seine Bestimmung darin, als nach dem Bilde Gottes erschaffen und mit sittlichen Kräften ausgerüstet, sich beständig zu bemühen, diese Kräfte zu beleben und zu vervollkommnen durch ihre Anwendung zu guten Werken und auf diese Weise mehr und mehr dem göttlichen Vorbild ähnlich zu werden. Darum hat auch der Herr im alten Testament mehr als einmal verkündet: ‚Seid heilig, denn ich bin heilig, der Herr eurer Gott.' (3. Mos. 11, 14; 19, 2; 20, 7) und jetzt hören wir im neuen Testament von unserem Erlöser: ‚Darum werdet vollkommen, denn euer himmlischer Vater ist vollkommen' (Matth. 5, 48)."

„Übrigens ist dieses Ziel des Menschen wesentlich untrennbar von dem ersten, es ist in ihm enthalten und die unumgängliche Bedingung zu seiner Erreichung ..." (Seite 460, 461).

Also ist dies dasselbe.

„3. Die Bestimmung des Menschen endlich in seinem Verhältnis zu der ganzen ihn umgebenden Natur ist klar bestimmt in den Worten des dreieinigen Schöpfers selbst: ‚Lasset uns Menschen machen nach unserer Art und unserem Ebenbild, und er soll herrschen über die Fische des Meeres und die Vögel des Himmels und die wilden Tiere und die Haustiere und die ganze Erde und alles Gewürm, das auf der Erde kriecht'."

Dieses 3. ist augenscheinlich keine Bestimmung, sondern eine Vergünstigung, aber hier ist es in die Bestimmung eingeschlossen. Als Bestimmung erweist sich nur das Eine, dem Bunde mit Gott treu zu bleiben.

§ 84. Die Befähigung der erstgeschaffenen Menschen für seine Bestimmung oder die Vervollkommnung. – „Indem Gott der Herr den Menschen für ein so hohes Ziel bestimmt hat, hat Er ihn vollkommen fähig zur Erreichung desselben, das heißt vollkommen, erschaffen."

§ 85. Eine besondere göttliche Mitwirkung wurde dem erstgeschaffenem Menschen gewährt zur Erfüllung seiner Bestimmung.

Zur Erreichung dieses hohen Zieles, Erhaltung des Bundes mit Gott, hat Gott noch nötig gefunden, dem Menschen zu helfen. Seine erste Mitwirkung bestand in Folgendem:

„Gott selbst pflanzte zur Wohnstätte des Menschen das Paradies in Eden im Osten und setzte dort den Menschen ein, den Er geschaffen hatte" (1. Mos. 2, 8). „Das war," nach den Worten des heiligen Damaskin, „gleichsam ein kaiserliches Haus, welches der Mensch bewohnte und wo er ein glückliches, gesegnetes Leben führte ... Das war der Ort aller Freuden und Wonne, denn Eden bedeutet Wonne. Es herrschte darin vollkommene Reinheit. Er war umgeben von der feinsten und reinsten Luft, ewig mit Blumen und Pflanzen geschmückt, von Wohlgeruch und Licht erfüllt, und übertraf jede Vorstellung von sinnlicher Schönheit. Das war ein wirklich göttliches Gefilde, ein Wohnort, würdig des nach dem Bilde Gottes Erschaffenen." (Seite 467.)

Darauf wird bewiesen, daß man das Paradies geradezu als einen Garten verstehen müsse, wie er beschrieben ist, und daß man nur vermuten könne, Adam habe außer der körperlichen auch eine seelische Wonne empfunden.

Die 2. Mitwirkung zur Unterstützung Adams, bestand darin:

daß Gott zu ihm ins Paradies zu Gast ging (Seite 468). Die 3. Mitwirkung zur Unterstützung bestand darin: daß Gott Adam seinen Segen gab. Was Segen ist, bleibt hier unerklärt. Die 4. Mitwirkung zur Unterstützung bestand darin: daß Gott in das Paradies den Baum des Lebens pflanzte. Und hier wird ganz unerwartet erklärt, daß dieser selbe Lebensbaum auch der Segen gewesen sei. Daß Adam nicht starb, kam vom Lebensbaum her. Die 5. Mitwirkung zur Unterstützung bestand darin, daß:

„Gott zur Übung und Entwickelung der körperlichen Kräfte Adam gebot, das Paradies zu bearbeiten und zu bewahren (Mos. 2, 15). Zur Übung und Entwickelung der geistigen Kräfte und der Gabe des Wortes brachte Er selbst zu Adam alle Tiere, um zu sehen, wie er sie benenne (1. Mos. 2, 19). Zur Übung und Befestigung der sittlichen Kräfte im Guten gab Er Adam das bekannte Gebot, – nicht vom Baume der Erkenntnis zu essen." (Seite 472, 473.)

Wer etwa glauben sollte, daß hier etwas Wesentliches hinzugefügt oder ausgelassen oder etwas verändert worden sei, der möge das Buch selbst nachlesen. Ich bemühe mich, die wesentlichsten und begreiflichsten Stellen herauszuziehen. Die ,Theologie' stellt den Sündenfall Adams auf die erstaunlichste Weise vor und besteht daraus, daß man ihn nicht anders begreifen könne und dürfe. Nach der kirchlichen Lehre hat Gott den Menschen zu einer gewissen Bestimmung erschaffen, vollkommen befähigt zur Erfüllung dieser Bestimmung. Es wird auch gesagt, Er habe ihn vollkommen erschaffen und außerdem ihm fünf verschiedene Unterstützungen zur Erreichung seiner Ziele gewährt. Das Gebot von den Früchten nicht zu essen, sei auch eine solche Unterstützung gewesen.

§ 86. Das Gebot, welches Gott dem ersten Menschen gegeben, seine Notwendigkeit und Bedeutung. Von dem Gebot, nicht von dem Baum der Erkenntnis zu essen, wird gesagt: 1. Das Gebot sei sehr nötig gewesen, 2. in diesem Gebot sei das ganze Gesetz enthalten, 3. dieses Gebot sei leicht zu erfüllen und mit einer schrecklichen Drohung verbunden gewesen. Und ungeachtet alles dessen ist der Mensch gefallen und hat seine Bestimmung nicht erreicht! Es würde notwendig scheinen, diesen Widerspruch einigermaßen aufzuklären, und man erwartet unwillkürlich eine Erklärung dieses ganzen erstaunlichen Ereignisses, aber die „Theologie", im Gegenteil, verlegt jeder Erklärung den Weg und hält sich hartnäckig an das Ereignis in seiner ganzen Ursprünglichkeit. – Es wird bewiesen, daß man die Bedeutung des 2. Kapitels der Schöpfungsgeschichte, vom Paradies und den Bäumen darin, durchaus nicht in allegorischem Sinn auffassen könne und dürfe, sondern man müsse es so auffassen, wie es Feodorit aufgefaßt habe:

„Die göttliche Schrift sagte," behauptet der selige Feodorit, „daß sowohl der Baum des Lebens, als der Baum der Erkenntnis des Guten und Bösen aus der Erde gewachsen seien, folglich sind sie nach ihrer Natur den anderen Pflanzen ähnlich; wie der Baum des Kreuzes ein gewöhnlicher Baum ist, aber aus Anlaß der Erlösung, durch den Glauben an den Gekreuzigten, erlösender Baum genannt wird, – so sind auch diese Bäume gewöhnliche, aus der Erde gewachsene Pflanzen; aber nach der göttlichen Bestimmung ist der eine derselben Lebensbaum und der andere, – da er als Mittel zur Erkenntnis der Sünde diente, – Baum der Erkenntnis des Guten und Bösen genannt worden. Der letztere wurde Adam gegeben als Gelegenheit zur Selbstüberwindung, der Lebensbaum aber als eine Art von Belohnung für die Erfüllung des Gebots."

b) Dieser Baum wird Baum der Erkenntnis des Guten und Bösen nicht deshalb genannt, weil er etwa die Kraft hatte, unseren Ureltern die Erkenntnis vom Guten und Bösen, welche sie früher nicht hatten, mitzuteilen, sondern deshalb, weil durch das Essen von dem verbotenen Baum sie den Unterschied zwischen gut und böse kennen lernten, – „zwischen dem Guten," bemerkt der selige Augustin, „von welchem sie herabfielen und dem Bösen, in das sie hineinfielen," – ein Gedanke, der einstimmig von allen Kirchenlehrern verkündigt wird. – c) Dieser Baum war nach der Meinung einiger Kirchenlehrer durchaus nicht verderblich und giftig nach seiner Natur, im Gegenteil, er war gut, wie auch alle anderen Geschöpfe Gottes und er war nur von Gott als Werkzeug zur Prüfung des Menschen ausgewählt worden. Und vielleicht war nur deshalb das Verbot auf ihn gelegt worden, weil es noch zu frühzeitig für den neugeschaffenenen Menschen war, von seinen Früchten zu essen. „Der Baum der Erkenntnis", sagt der heilige Grigor, der Theologe, „war von Anfang an nicht in böser Absicht gepflanzt und nicht aus Mißgunst mit dem Verbot belegt worden (mögen nicht die Gottlosen hierbei den Mund aufthun und der Schlange nachahmen!), im Gegenteil, er war gut für diejenigen, die ihn zur rechten Zeit aufsuchten, (weil dieser Baum nach meiner Meinung ein Schaubild war, welchem nur Erfahrene ohne Gefahr nahen konnten), aber nicht gut für die noch Einfachen und für die in ihren Wünschen Unmäßigen, ebenso wie eine allzustarke Speise für die Schwachen, welche Milch nötig haben, nicht zuträglich ist." – „Der Baum ist gut," sagte von der Person Gottes aus zu Adam der selige Augustin, welcher den verbotenen Baum schon in sinnlicher Bedeutung auffaßte, „aber rühre ihn nicht an! Warum? Weil ich der Herr bin und du der Sklave! Das ist der einzige Grund. Wenn er dir zu gering erscheint, so bedeutet das, daß du nicht Sklave sein willst. Aber was wäre heilsamer für dich, als unter der Gewalt des Herrn zu sein, und wie kannst Du unter der Gewalt des Herrn sein, wenn du nicht nach seinen Geboten lebst?"

So faßt die Kirche auf und so befiehlt sie, aufzufassen. Daß der Baum den Namen erhielt: Baum der Erkenntnis des Guten und Bösen; daß die Schlange zum Weibe spricht: du wirst erfahren, was Gut und Böse ist; daß Gott selbst spricht (1. Mos. 3, 22), nachdem Adam von den Früchten des Baumes gegessen, sei er geworden wie einer von uns, der Gutes und Böses kennt, – das alles sollen wir vergessen, wir sollen von der tiefsinnigen Darstellung der Schöpfungsgeschichte im 1. Buch Mos. eine ganz unklare und unsinnige Vorstellung hegen. Und das alles nicht dazu, um etwas in dieser Darstellung zu erklären, sondern damit durchaus kein Sinn mehr darin bleibe, außer dem augenscheinlichen und groben Widerspruch, Gott habe alles gethan zur Erreichung eines bestimmten Zieles und es sei etwas ganz Anderes daraus hervorgegangen.

§ 87. Nach der Lehre der Kirche lebte der erste Mensch im Garten in Glückseligkeit. Dies wird so erzählt: Adam und Eva lebten im Garten in Glückseligkeit. „Und es ist kein Zweifel, daß diese Wonne der ersten Menschen sich mit der Zeit nicht nur nicht vermindert, sondern mehr und mehr sich vergrößert hätte, nach Maßgabe ihrer weiteren Vervollkommnung, wenn sie sich an jenes Gebot gehalten hätten, das ihnen der Herr am Anfang gab. Zum Unglück, nicht nur unserer Ureltern, sondern aller ihrer Nachkommen, verletzten sie dieses Gebot und zerstörten damit ihre Glückseligkeit."

§ 88. Die Art und Ursache des Falls unserer Ureltern. – Aber es kam die Schlange (die Schlange ist der Teufel, was aus der heiligen Schrift bewiesen wird) und Adam ließ sich verführen und verlor seine Glückseligkeit.

§ 89. Die Wichtigkeit der Sünde unserer Ureltern. Diese Sünde ist wichtig, a) weil sie Ungehorsam war, b) weil das Gebot leicht war und c) weil Gott sie mit Wohlthaten überhäuft und nur Gehorsam verlangt hatte, d) weil sie den Segen besaßen und nur zu wollen brauchten, e) weil in dieser einen Sünde viele andere Sünden enthalten waren und f) weil die Folgen dieser Sünde sehr groß waren für Adam und seine ganze Nachkommenschaft.

§ 90. Die Folgen des Sündenfalls unserer Voreltern waren für die Seele – 1. die Zerreißung der Verbindung mit Gott, der Verlust des Segens und der geistige Tod.

Alles das wird aus der heiligen Schrift bewiesen, aber es wird nicht gesagt, was die Zerreißung der Verbindung mit Gott sei und was der Segen sei und was geistiger Tod sei. Besonders wünschenswert wäre es, zu wissen, was der geistige Tod bedeutet, im Unterschiede vom leiblichen Tod, während doch oben gesagt ist, die Seele sei unsterblich.

Eine Folge des Sündenfalls war auch 2. Die Verdunkelung der Vernunft, 3. die Neigung eher zum Bösen als zum Guten. – Welcher Unterschied zwischen dem Adam vor und dem nach dem Fall stattfand in Beziehung auf die Neigung zum Bösen, das ist nicht gesagt. Vor dem Sündenfall war auch eine Vorliebe für das Böse vorhanden, wenn Adam, wie im § 89 erzählt wird, das Böse that, während alles ihn zum Guten zog. – Endlich ist eine Folge des Sündenfalls auch 4. die Verstümmelung des Bildes Gottes. Verstümmelung bedeutet: –

„Wenn ein Geldstück, das das Bild des Kaisers trägt, verdorben wird, so verliert auch das Gold seinen Wert und das Bild nützt zu nichts. Dasselbe empfand auch Adam."

Für den Körper waren die Folgen: 1. Krankheit, 2. körperlicher Tod. – Für die Lage Adams waren die Folgen: l. Vertreibung aus dem Paradies, 2. Verlust der Gewalt über die Tiere, 3. der Fluch der Erde, das heißt, daß es für den Menschen unvermeidlich wurde, zu arbeiten zu seiner Ernährung.

Wir alle sind an diese Geschichte gewöhnt, welche uns von Kindheit auf gelehrt wird, und wir sind auch alle gewöhnt, nicht darüber nachzudenken, oder eine unklare, poetische Vorstellung damit zu verbinden; und deshalb werden wir durch die ausführliche Wiederholung dieser Geschichte mit der Bekräftigung ihres groben Sinnes und der trügerischen Beweise für ihre Wahrhaftigkeit, wie sie in der „Theologie" dargelegt werden, – unwillkürlich in Verwirrung gesetzt, wie durch etwas Neues und unerwartet Grobsinniges.

Die Vorstellung Gottes und des Gartens und der Früchte ruft Zweifel an der Wahrhaftigkeit des Ganzen hervor. Aber für denjenigen, welcher die Wahrhaftigkeit zugiebt, erhebt sich unwillkürlich die einfache, kindliche Frage, warum der allwissende, allmächtige und allgütige Gott alles so gemacht habe, daß der von ihm erschaffene Mensch untergehen mußte samt seiner ganzen Nachkommenschaft. Und jeder, der über diesen Widerspruch nachdenkt, verlangt augenscheinlich danach, jene selbe Stelle der heiligen Schrift nachzulesen, auf welche dieser Widerspruch sich gründet, und derjenige, der dies thut, wird im höchsten Grade verwundert sein über jene verblüffende Ungeniertheit, mit der die kirchlichen Erklärer die Bibelstellen behandeln. Man braucht nur aufmerksam die ersten Kapitel der Schöpfungsgeschichte nachzulesen und dann die kirchlichen Darstellungen des Sündenfalls des Menschen, um sich zu überzeugen, daß die Bibel und die Theologie zwei ganz verschiedene Geschichten erzählen.

Nach der kirchlichen Erklärung ergiebt es sich, daß Adam erlaubt war, vom Baum des Lebens zu essen und daß das erste Paar unsterblich war. Aber in der Bibel ist nicht nur nicht das gesagt, sondern das gerade Gegenteil davon im Kap. 3. 22. Vers, wo gesagt ist: daß jetzt Adam nicht die Hand ausstrecke und nicht vom Baum des Lebens esse und dann ewig lebe. – Nach der kirchlichen Erklärung ist die Schlange der Teufel. In der ganzen Bibel ist davon nichts gesagt, und konnte nichts davon gesagt sein, da vom Teufel in der Schöpfungsgeschichte keinerlei Begriff gegeben, sondern gesagt wird, die Schlange sei das klügste der wilden Tiere gewesen. – Nach der kirchlichen Erklärung ergiebt es sich, daß das Essen vom Baum der Erkenntnis des Guten und Bösen ein Unglück für die Menschen gewesen sei; nach der Bibel aber ist zu schließen, daß das für die Menschen wohlthätig gewesen sei. Demnach ist die ganze Geschichte vom Sündenfall Adams eine Erdichtung der Theologen und in der Bibel ist nichts der Art gesagt. – Aus der Erzählung der Bibel geht keineswegs hervor, daß die Menschen vom Baum des Lebens aßen und unsterblich waren, sondern es ist das Gegenteil gesagt im Vers 22 und es ist nicht gesagt, daß der böse Teufel den Menschen verführt habe, im Gegenteil ist gesagt, daß das klügste der Tiere ihr dies gelehrt habe. Demnach sind diese zwei hauptsächlichsten Grundlagen der ganzen Erzählung vom Sündenfall, nämlich: „die Unsterblichkeit Adams im Paradies und der Teufel", in direktem Widerspruch mit dem Text und sind durch die Theologie erdichtet worden. – Als einziger zusammenhängender Sinn dieser ganzen Geschichte nach dem Buch der Schöpfungsgeschichte, welcher der kirchlichen Erzählung direkt widerspricht, ergiebt sich folgendes: Gott erschuf den Menschen, aber Er wollte ihn in einem solchen Zustande lassen, wie die Tiere, welche den Unterschied zwischen gut und böse nicht kennen, und deshalb verbot Er ihm, die Früchte vom Baum der Erkenntniß zu essen. Um den Menschen zu erschrecken, hat Gott ihn dabei getäuscht, indem Er sagte, er werde sterben, sobald er davon esse.

Der Mensch aber hat mit Hilfe der Weisheit (der Schlange) den Betrug Gottes enthüllt, lernte gut und böse kennen und starb nicht. Aber Gott erschrak davor und verbot ihm den Zugang zum Baum des Lebens. Nach derselben Befürchtung Gottes, daß der Mensch diese Früchte essen werde, kann und muß man dem Sinn der Geschichte zufolge vermuten, daß der Mensch den Zugang fand, wie er den Zugang zur Erkenntnis von gut und böse gefunden hatte.

Ob nun diese Geschichte gut oder schlecht sei, in der Bibel ist sie so beschrieben. Gott ist im Verhältnis zum Menschen in dieser Geschichte derselbe Gott, wie Zeus im Verhältnis zu Prometheus. Prometheus entwendet das Feuer, Adam aber die Erkenntnis von gut und böse. – Der Gott dieser ersten Kapitel ist nicht der christliche Gott, auch selbst nicht der Gott Mosis und der Propheten, ein Gott, der die Menschen liebt, – sondern dies ist ein auf seine Macht über die Menschen eifersüchtiger Gott, ein Gott, der die Menschen fürchtet. –

Und die Geschichte von diesem Gott hat die Theologie für nötig gefunden, mit dem Dogma von der Erlösung in Verbindung zu bringen, und darum ist der eifersüchtige und boshafte Gott verwickelt worden mit Gott, dem Vater, von welchem Christus lehrte. Schon diese Vorstellung giebt einen Begriff von der Gotteslästerung dieses Kapitels. – Wenn man nicht weiß, wozu das Alles nötig ist, so ist es unmöglich, zu begreifen, wozu die einfachste, naivste und scharfsinnigste Geschichte weitläufig erklärt und verdreht werden mußte und warum daraus eine Sammlung von Widersprüchen und Unsinnigkeiten gemacht werden mußte. Aber angenommen, diese Geschichte sei wahrhaftig so, wie sie die Theologie erzählt, was geht dann aus ihr hervor?

———

VIII.

§ 91. *Der Übergang der Sünde der Ureltern auf das ganze Menschen-geschlecht. Vorbemerkungen* [Seite 492]. – Aus dem Sündenfall Adams entsprang die Erbsünde. Der Erklärung der Erbsünde gehen zwei verschiedene Meinungen voraus. Die Einen, die Rationalisten, halten die Erbsünde für Unsinn und nehmen an, daß die Krankheiten und Leiden und der Tod Eigenschaften der menschlichen Natur seien und daß der Mensch unschuldig geboren werde.

Die Anderen, die Reformatoren, verfallen in das entgegengesetzte Extrem, indem sie die Wirkung der Erbsünde zu sehr übertreiben. Nach dieser Lehre hat die Sünde der Ureltern in dem Menschen die Freiheit, das Bild Gottes und alle Geisteskräfte vollkommen vernichtet, so daß selbst die Natur des Menschen zur Sünde wurde. Alles, was der Mensch wünscht und thut, ist Sünde, selbst seine Tugenden sind Sünde und er ist durchaus unfähig zu allem Guten.

Die rechtgläubige Kirche weist die erste der angeführten Irrlehren zurück durch ihre Lehre von der wirklichen Existenz der Erbsünde in uns mit allen ihren Folgen (das heißt der Erbsünde im weiteren Sinne), und die letztere Irrlehre weist sie zurück durch ihre Lehre von diesen Folgen.

Wie immer, wird durch irgend eine häretische Lehre erklärt, was anders von keinem vernünftigen Menschen begriffen werden kann. Daß alle Menschen nach ihrer Natur den Krankheiten und dem Tode unterworfen sind, und daß die Neugeborenen unschuldig seien, das wird als Irrlehre, sogar als äußerste Irrlehre dargestellt. Das andere Extrem ist – die Lehre der Reformatoren. Die Kirche hält die Mitte, und diese Mitte soll sein,·daß unter der Erbsünde zu verstehen sei: „Jene Übertretung der göttlichen Gebote, jene Abweichung der menschlichen Natur von dem Gesetz Gottes und folglich auch von seinen Zielen, welche durch unsere Urväter im Paradies begangen wurde und von ihnen auf uns alle überging." „Die Erbsünde," lesen wir in dem rechtgläubigen Bekenntnis der katholischen und apostolischen orientalischen Kirche, „ist die Übertretung des Gesetzes Gottes, welches im Paradies dem ersten Urvater, Adam, gestellt wurde. Diese erste urväterliche Sünde ging von Adam auf das ganze Menschengeschlecht über, sintemal wir alle uns damals in Adam befanden. Und auf solche Weise hat sich durch Adam allein die Sünde über uns alle ausgebreitet."

Der Unterschied ist nur der, daß in Adam diese Abweichung vom Gesetze Gottes, und folglich von seiner Vorherbestimmung, eine freie, willkürliche war, in uns aber ist sie eine unfreiwillige, erbliche. Mit der Natur, welche sich vom Gesetz Gottes abgewendet hat, werden wir geboren; bei Adam war das eine persönliche Sünde, eine Sünde im strengen Sinne des Wortes; – bei uns aber ist das keine persönliche Sünde, nicht eigentlich Sünde, sondern nur eine Sündhaftigkeit der Natur, die wir von den Voreltern ererbt haben; Adam hat gesündigt, das heißt er hat freiwillig das Gebot Gottes verletzt und sich dadurch zum Sünder gemacht, – wir aber haben nicht mit Adam persönlich gesündigt, sondern sind durch ihn Sünder geworden: Durch den Ungehorsam eines Menschen sind viele sündhaft geworden (Röm. 5, 19). Da wir von ihm die sündhafte Natur erhalten haben, erscheinen wir auch von Natur als Kinder des Zornes Gottes. (Ephes. 2, 3.)

„Unter den Folgen aber der Erbsünde versteht die Kirche jene Folgen, welche die Sünde der Voreltern unmittelbar in ihnen hervorbrachte und welche von ihnen auch auf uns übergehen, nämlich: Verdunkelung des Verstandes, Vernichtung des Willens und Hinneigung zum Bösen, körperliche Krankheiten, Tod u.s.w." (Seite 493, 494).

„An diese Eigenart der Erbsünde und ihrer Folgen muß man sich besonders in einigen Fällen stark erinnern, um die Lehre der rechtgläubigen Kirche richtig aufzufassen." (Seite 494.)

§ 92. Die Wirklichkeit der Erbsünde, ihre Allgemeinheit und die Art ihrer Verbreitung. – „Die Sünde der Ureltern, lehrt die rechtgläubige Kirche, mit ihren Folgen verbreitete sich von Adam und Eva auf alle ihre Nachkommen auf dem natürlichen Wege ihrer Geburt, und folglich ist ihre Existenz unzweifelhaft" (Seite 496).

Alles das wird bewiesen durch die heilige Schrift, z. B. sc: „Wer mag rein sein von Befleckung: niemand auch nur einen Tag seines Lebens auf der Erde" (Hiob 14, 4–5). Hier ist augenscheinlich die Rede von einer Befleckung, von welcher niemand frei ist, und dabei von seiner Geburt an. Was ist das für eine Befleckung? Da sie nach der Beschreibung Hiob's die Ursache der Leiden des menschlichen Lebens ist (Hiob 14, 1–2) und den Menschen dem göttlichen Gericht unterwirft (Hiob 14, 3), so muß man zugeben, daß hier eine sittliche Befleckung gemeint ist und nicht eine physische, welche eben die Folge der sittlichen ist und nicht für sich selbst den Menschen vor Gott schuldig machen kann. – Es ist gemeint die Sündhaftigkeit unserer Natur, welche von den Ureltern auf uns alle übergehe. – Auf die Stellen der zweiten Art beziehen sich 1. die Worte des Erlösers in seinem Gespräch mit Nikodem: Wahrlich, wahrlich, ich sage dir, wenn nicht jemand geboren wird durch Wasser und Geist, so kann er nicht eingehen in das göttliche Reich. Was vom Fleisch geboren wird, das ist Fleisch, und was vom Geist geboren wird, das ist Geist. (Joh. 3, 5. 6). (Seite 498.)

Das wird auch durch die Überlieferung bekräftigt, wie folgt: „Weil nach dieser Glaubensregel auch die Säuglinge, welche selbst noch keinerlei Sünde begehen können, wirklich im Sündenerlaß getauft werden, so wird durch die Wiedergeburt in ihnen das gereinigt, was sie von der alten Geburt übernommen haben." (Joh. 15, 3.)

Dann folgen die Aussprüche einzelner Kirchenväter, welche vor dem Auftreten der Häresie des Pelagius lebten, wie z. B. – a) Justin: „Christus wurde Mensch und kostete den Tod nicht deshalb, weil er dessen selbst bedurfte, sondern um des Menschengeschlechts willen, welches durch Adam dem Tode und der Versuchung durch die Schlange unterworfen wurde." b) Irenäus „Im ersten Adam haben wir Gott beleidigt durch die Übertretung seiner Gebote; im zweiten Adam haben wir uns mit ihm versöhnt, indem wir gehorsam selbst bis zum Tode wurden; wir waren nicht irgend eines andern Schuldner, sondern dessen, dessen Gebote wir von Anfang an übertreten haben." c) Tertullian:

„Der Mensch ist von Anfang an durch den Teufel verführt worden, die Gebote Gottes zu verletzen, und darum ist er dem Tode übergeben worden; darauf aber wurde das ganze Menschengeschlecht Teilhaber an seiner Verurteilung" u. s. w. (Seite 500).

„Wir führen ähnliche Aussprüche vieler anderer Kirchenlehrer nicht an, welche in derselben Periode lebten, die angeführten sind vollkommen genügend dafür, um die ganze Unvernunft der alten und neuen Pelagianer zu zeigen, welche behaupten, Augustin habe die Lehre von der Erbsünde erdacht, und um andererseits die ganze Wahrheit der Worte des heiligen Augustins zu einem der Pelagianer zu erkennen: ‚Nicht ich habe die Erbsünde erdacht, an welche der katholische Glaube von alter Zeit her glaubt, aber du, der du dieses Dogma verwirfst, bist ohne Zweifel ein neuer Häiretiker.' – III. Endlich können wir uns von der Wirksamkeit der Erbsünde, welche auf uns alle von den Ureltern übergeht, auch beim Lichte des alten Testaments überzeugen, auf Grund unzweifelhafter Erfahrung." (Seite 502.)

Man versichert uns darin, a) da in uns ein beständiger Kampf stattfinde zwischen dem Geist und dem Fleisch, dem Verstand und den Leidenschaften durch das Streben nach dem Guten und die Verführung zum Bösen; b) daß in diesem Kampf der Sieg fast immer auf letzterer Seite bleibt: das Fleisch überwältigt in uns den Geist, die Leidenschaften herrschen über den Verstand, die Verführung zum Bösen überwältigt das Streben zum Guten; wir liebten das Gute nach unserer Natur, wir wünschen es und erfreuen uns desselben, – aber das Gute zu thun, dafür finden wir keine Kraft; wir lieben das Böse nicht nach unserer Natur, dennoch aber lassen wir uns unaufhaltsam dadurch verführen; c) daß wir die Gewöhnung an alles Gute und Heilige nur mit großen Anstrengungen und sehr langsam erwerben, die Gewöhnung an das Böse dagegen ohne die geringste Anstrengung und außerordentlich rasch; – und umgekehrt d) ist es für uns sehr schwer, uns irgend eines Lasters zu entwöhnen, irgend eine Leidenschaft, oft die unbedeutendste, in uns zu besiegen; aber um die Tugend zu verlassen, welche wir durch viele Siege erlangt haben, dafür genügt oft eine geringfügige Versuchung. „Dieselbe Übermacht des Bösen über das Gute im Menschenge-schlecht, welche wir jetzt bemerken, haben auch andere zu allen Zeiten bemerkt."

Dann folgen Beweise aus dem alten Testament und den Epis-teln dafür, daß die Welt im Argen liegt; und weiter: „Woher diese Zersetzung in der menschlichen Natur? Woher dieser un-natürliche Kampf der Kräfte und Bestrebungen in ihr, diese un-natürliche Übermacht des Fleisches über den Geist, der Leiden-schaften über den Verstand? Woher diese unnatürliche Neigung zum Bösen, welche die natürliche Neigung zum Guten überwäl-tigt? Alle Erklärungen, welche die Menschen dafür erdacht ha-ben, sind ungegründet, oder sogar unvernünftig. Die einzige vollkommene befriedigende Erklärung ist diejenige, welche die Offenbarung durch ihre Lehre von der Erbsünde bietet."

Dann folgt eine Auswahl jener trügerischen Erklärungen, welche die Menschen erdacht haben. Bei der Frage von der Erb-sünde, von den Quellen des Bösen in der Welt und bei den Er-klärungen, welche die Kirche dafür giebt, muß man notwendig anhalten.

Unter den Dogmen der Kirche – wie es auch in jenen Teilen der Fall war, welche besprochen wurden und wie es auch in den folgenden der Fall ist – findet man Dogmen über die Grundfra-gen der Menschheit: Von Gott, von dem Anfang der Welt, von dem Ursprung des Menschen, neben gänzlich überflüssigen, be-deutungslosen Lehrsätzen, wie z. B. von dem Dogma von den Engeln und Teufeln u. s. w. Und darum ist es nötig, nach Aus-lassung des Überflüssigen bei dem Wichtigen zu verweilen.

Das Dogma von der Sünde der Ureltern, das heißt vom Ur-sprung des Bösen, berührt die Grundfrage, und darum ist es nö-tig, aufmerksam zu überlegen, was die Kirche davon sagt. Nach der Lehre der Kirche ist jener Kampf zwischen dem Bösen und dem Guten, welchen der Mensch innerlich führt und die Hinnei-gung zum Bösen, welche die Kirche als eine erwiesene Thatsache behauptet, durch den Sündenfall Adams zu erklären und, wie man hinzufügen muss, durch den Fall des Teufels, weil der

Teufel der Anstifter der Verbrechen war und, da er als gut erschaffen war, noch früher gefallen sein mußte. Um aber durch den Sündenfall Adams unsere Hinneigung zum Bösen zu erklären, ist es notwendig, den Fall Adams und des Teufels, der ihn verführt hatte, aufzuklären. Wenn in der Geschichte des Falls des Teufels und Adams irgend eine Aufklärung jenes Grundwiderspruches, der Erkenntniß des Guten und der Hinneigung zum Bösen, zu finden wäre, wie die Kirche sagt, so wäre die Erkenntniß, daß dieser Widerspruch in mir eine Erbschaft Adams sei, für mich eine Erklärung. Aber man sagt mir, daß Adam eine eben solche Freiheit gehabt habe, wie ich sie in mir fühle und trotzdem gefallen sei, und daß ich daher diese Freiheit habe. Was also wird mir durch die Geschichte Adams erklärt?

Wir alle fühlen in diesem Kampf selbst und wissen durch innere Erfahrung dasselbe, was, wie man uns erzählt, mit dem Teufel und dann mit Adam vorgegangen ist. Mit uns geht ganz genau dasselbe jeden Tag und jede Minute vor, was in der Seele des Teufels und Adams vorgegangen sein mußte. Wenn bei der Erzählung von der Freiheit des Teufels und Adams und davon, wie sie, die Geschöpfe des Gütigen, welche zum Heil erschaffen waren, gefallen sind, nur einigermaßen aufgeklärt worden wäre, wie sie böse wurden, während sie als gut erschaffen waren, so würde ich begreifen, daß meine Hinneigung zum Bösen die Folge ihres besonderen Verhältnisses zum Guten und Bösen sei; aber man erzählt mir, in ihnen sei dasselbe vorgegangen, was in mir vorgeht, nur mit dem Unterschiede, daß in ihnen das auf sinnlosere Weise vorging, als in mir: Bei mir wirkten eine Menge von Verführungen mit, welche bei ihnen fehlten, und ich hatte nicht jene besonderen göttlichen Unterstützungen, wie sie. Somit wird die Sache durch ihre Geschichte nicht nur nicht aufgeklärt, sondern noch verdunkelt. Will man diese Frage von der Freiheit untersuchen und erklären, wäre es dann nicht besser, sie in sich selbst zu untersuchen und zu erklären und nicht in irgend welchen phantastischen Wesen, dem Teufel und Adam, welche ich mir nicht einmal vorzustellen vermag? Nach scheinbarer Widerlegung derjenigen, welche etwa sagen, das Böse stamme von der

Beschränktheit, der Natur her, vom Fleisch, von schlechter Erziehung, sagt der Verfasser:

„Die befriedigen[d]ste Lösung aller dieser Fragen, die richtigste Erklärung des Bösen im Menschengeschlecht bietet die göttliche Offenbarung, wenn sie sagt, der erste Mensch sei wirklich gut und unschuldig erschaffen worden, aber er habe gegen Gott gesündigt und auf diese Weise seine ganze Natur verdorben, und demzufolge werden alle Menschen, die von ihm abstammen, auf die natürlichste Weise schon mit der urväterlichen Sünde, mit der verdorbenen Natur und mit der Hinneigung zum Bösen geboren.“

In dieser Meinungsäußerung liegen viele Irrtümer und viele Konsequenzen folgen daraus. Der erste Irrtum liegt darin, daß, wenn der erste Mensch, welcher sich in so ungewöhnlich günstigen Umständen für die Unschuld befand, seine Natur verdorben und nur deshalb verdorben hat, weil er frei war, es überflüssig ist, mir zu erklären, warum ich meine Natur verderbe. Eine solche Frage ist sogar unmöglich. Ob ich Nachkomme von ihm bin, oder nicht, – so bin ich doch ein eben solcher Mensch, mit derselben Freiheit und denselben, sogar noch größeren Versuchungen. Was bleibt da zu erklären? Zu sagen, meine Neigung zum Bösen gehe aus der Erbschaft Adams hervor, heißt nur, die Schuld von einem kranken Haupt auf ein gesundes abwälzen, und über das, was mir durch eine innerliche Erfahrung schon bekannt ist, nach einer mindestens seltsamen Überlieferung urteilen.

Ein anderer Irrtum ist der, daß behauptet wird, die Neigung zur Sünde rühre von Adam her. Das heißt, die Frage von dem Gebiet des Glaubens auf das Gebiet der Reflexion übertragen. Dadurch ergiebt sich ein seltsames *qui pro quo*. Die Kirche, welche uns die Wahrheiten des Glaubens offenbart, tritt von der Grundlage des Glaubens, eben jenem Bewußtsein eines geheimnißvollen, unbegreiflichen Kampfes zurück, der in der Seele jedes Menschen vorgeht. Und anstatt durch die Offenbarung der göttlichen Wahrheiten die Mittel zum Erfolg im Kampfe des Guten gegen das Böse in der Seele jedes Menschen zu geben, stellt sich die Kirche auf den Boden der Reflexion und der Geschichte. Sie verläßt den Boden des Glaubens und erzählt die Geschichte vom Paradies, von Adam und dem Apfel und bleibt fest und hartnäckig stehen bei der wörtlichen Überlieferung, welche nichts erklärt und denjenigen nichts bietet, welche die Erkenntniß des Glaubens suchen. Das einzige Ergebniß aus dieser Übertragung der Frage aus der Hauptgrundlage jedes Glaubens, – dem Streben zur Erkenntnis des Guten und Bösen, das in jedem Menschen liegt, – auf das phantastische Gebiet der Geschichte beraubt vor allem jeden Gläubigen jener einzigen Grundlage, auf welcher er fest stehen kann. – Fragen des Glaubens gab und wird es immer geben, darüber: „Was bedeutet mein Leben, mit jenem ewigen Kampf zwischen Gutem und Bösem, welchen jeder Mensch empfindet? Wie soll ich diesen Kampf führen, wie soll ich leben?" Die Lehre der Kirche aber, anstatt darauf zu antworten, wie ich leben soll, stellt die Frage, warum ich böse sei und antwortet auf diese Frage: Du bist böse, weil du durch die Sünde Adams so geworden bist, und weil du ganz in Sünden bist und in Sünden geboren bist und immer in der Sünde lebst und nicht ohne Sünde leben kannst.

§ 93. Die Folgen der Erbsünde. – Dieser Paragraph erläutert mit Beweisen aus der heiligen Schrift, daß in allen Menschen die Sünde der Ureltern wohne, daß alle voll von Unreinigkeit seien, in allen sei der Verstand verwirrt und der Wille mehr geneigt zum Bösen und das Ebenbild Gottes verdunkelt.

Würden die Arbeiter gut arbeiten, wenn sie wüßten, daß sie alle schlechte Arbeiter seien, wenn man ihnen immer vorpredigte, daß sie nichts Gutes mit ihrer Arbeit erzielen können, weil ihre Natur so sei und daß es, um die Arbeit zu verrichten, noch andere Mittel gebe, außer ihrer Arbeit? Das eben aber thut die Kirche. – „Ihr seid alle voll von Sünde, euer Streben zum Bösen ist nicht von eurem Willen abhängig, sondern erblich; durch eigene Kraft kann der Mensch sich nicht retten; es giebt nur ein Mittel: das Gebet, das Sakrament und die Gnade." –Ist es möglich, eine noch unsittlichere Lehre zu erfinden?

Darauf folgt die sittliche Anwendung des Dogmas. – Als sittliche Schlußfolgerung aus diesem Dogma ist nur eins möglich: Die Rettung anderswo zu suchen, als im Streben nach dem Guten. Der Verfasser aber, der, wie überall, sich nicht durch den logischen Gedankengang gebunden fühlt, zieht in dem Paragraphen der sittlichen Anwendung alles in Betracht, was ihm in den Kopf kommt und irgend einen wörtlichen, äußeren Zusammenhang mit dem Vorhergehenden hat.

§ 94. Die sittliche Anwendung des Dogmas. – Es giebt zehn Anwendungen dieses Dogmas: 1. Gott zu danken dafür, daß Er uns ins Verderben gestürzt hat; 2. der Frau zu danken, daß sie sich dem Manne unterworfen hat; 3. den Nächsten zu lieben, wegen der Verwandtschaft mit ihm durch Adam; 4. Gott zu lieben dafür, das er uns im Mutterschoß erschaffen hat; 5. Gott zu preisen dafür, daß wir Seele und Leib haben; 6. sich mehr mit der Seele zu beschäftigen; 7. das Ebenbild Gottes in uns zu bewahren; 8. Gott zu dienen –

„und halten wir immer vor Augen jenes hohe Ziel, nach welchem wir streben sollen, damit es uns wie ein Leitstern unseren ganzen Lebensweg erleuchte." (Seite 514.)

„9. Wir sollen nicht den Willen Gottes übertreten, denn „schrecklich ist es, in die Hände des lebendigen und gerechten Gottes zu fallen." (Seite 514.)

„10. Die Erbsünde mit allen ihren Folgen ist auf das ganze Menschengeschlecht übergegangen, so daß wir alle in Gottlosigkeit, unfähig in Seele und Leib und schuldig vor Gott geboren werden. Das soll uns als lebendige, nie verstummende Lehre zur Demut führen und zur Erkenntnis der eigenen Schwachheiten und Mängel und zugleich uns lehren["]:

Man glaubt, es werde folgen: danach zu streben, besser zu werden, doch nein – „und zugleich uns lehren, um gnädige Hülfe von dem Herrn Gott zu flehen und mit Dankbarkeit die Mittel zur Erlösung benützen, die uns im Christentum gegeben sind." (Seite 514.)

Die sittliche Anwendung des Dogmas vom freiwilligen Fall schließt das Kapitel von Gott an sich selbst, und das folgende Kapitel der „Theologie" spricht von Gott in seinen allgemeinen

Beziehungen zum Menschen und der Welt. Diese allgemeine Beziehung zur Welt wird Vorsehung Gottes genannt. –

Der Sinn dieses ganzen Kapitels ist unmöglich zu begreifen, wenn man nicht jene Streitigkeiten vor Augen hat, welche die sonderbare Lehre vom Sündenfall mit der folgenden Lehre von der Gnade und den Sakramenten hervorrufen muß. In diesem Kapitel bemüht sich die Theologie, den Widerspruch zu beseitigen, in welchen sie sich selbst versetzt hat durch die Geschichte von Adam und der Erlösung: Der gütige Gott hat den Menschen zum Heil erschaffen, die Menschen aber sind böse und unglücklich.

II. Von Gott als Fürsorger. – Von Adam ist gesagt, Gott habe ihm Unterstützung gewährt, indem Er ihn zum Heil führte, aber Adam, mit Freiheit begabt, wollte nicht das Heil, und deshalb wurde er unglücklich. Nach dem Sündenfall und nach der Versuchung hört Gott immer noch nicht auf, zum Heil aller Geschöpfe mitzuwirken, aber nach der ihnen verliehenen Freiheit wollen die Geschöpfe dieses Heil nicht und thun das Böse.

Warum hat Gott solche Menschen erschaffen, welche das Böse thun und deshalb unglücklich werden? Warum, wenn Gott doch mitwirkt zum Heil der Geschöpfe, handelt Er so schwach, daß die Menschen, ungeachtet seiner Mitwirkung, unglücklich werden? Warum ist diese Lage des Menschen, die ihn ins Unglück geführt hat, nach der Erlösung, welche den Menschen davon befreien sollte, dieselbe geblieben? Und warum thun die Menschen, ungeachtet der Unterstützung des Fürsorgers Gott, wieder das Böse und gehen dadurch zu Grunde? Auf alle diese einfachen Fragen finden sich keine Antworten. Die einzige Antwort ist das Wort „zulassen". Gott läßt das Böse zu. Warum aber läßt Er das Böse zu, wenn er gütig und allmächtig ist? Auch darauf antwortet die „Theologie" nicht, sondern sie bahnt in diesem Kapitel mühsam den Weg zur Lehre von der Gnade, vom Gebet und, seltsam zu sagen, vom Gehorsam gegen die weltliche Obrigkeit.

Das ist die Auslegung dieses Dogmas. [:]

IX

I. [Abteilung]. Von der göttlichen Vorsehung überhaupt.

§ 96. „Unter dem Namen göttliche Vorsehung verstand man von alter Zeit her jene Fürsorge, welche Gott allen Wesen der Welt gewährt oder, wie dieser Gedanke weitläufiger ausgedrückt ist, in dem ausführlichen christlichen Katechismus –: „Die göttliche Vorsehung ist das beständige Wirken der Allmacht, der Allweisheit und Güte Gottes, durch welche Gott das Dasein und die Kräfte der Geschöpfe erhält, sie auf Ziele des Heils richtet, jedem Guten hilft und das durch Abwendung vom Guten entstehende Böse durchkreuzt oder verbessert und zu guten Folgen wendet."

„Demnach sind in dem allgemeinen Begriff von der göttlichen Vorsehung drei Teile ihrer Thätigkeit zu unterscheiden: die Erhaltung der Geschöpfe, die ihnen gewährte Mitwirkung und Hilfe und die Besserung derselben. – ["]

„Die Erhaltung der Geschöpfe ist diejenige göttliche Thätigkeit, durch welche der Allmächtige sowohl die ganze Welt, als auch alle einzelnen Wesen, die sich darin befinden, mit ihren Kräften, Gesetzen und ihrer Wirksamkeit erhält. – ["]

„Die Mitwirkung, oder Unterstützung der Geschöpfe ist diejenige göttliche Thätigkeit, durch welche der Allgütige, indem Er es ihnen überläßt, sich ihrer eigenen Kräfte zu bedienen, ihnen auch seine Hilfe in ihrem Thun gewährt. Dies ist besonders fühlbar in Beziehung auf die vernünftig freien Geschöpfe, welche beständig der göttlichen Gnade bedürfen, zum Gedeihen im geistigen Leben. Übrigens tritt in Beziehung auf die sittlichen Wesen wirkliche göttliche Unterstützung nur dann ein, wenn sie das Gute frei wählen und thun; in allen jenen Fällen aber, wo sie nach ihrem Willen das Böse wählen und thun, tritt nur die göttliche Zulassung ein, durchaus aber nicht Mitwirkung: weil Gott das Böse nicht thun kann, die sittlichen Wesen aber der Freiheit, welche Er ihnen selber verliehen hat, nicht berauben will. – ["]

„Endlich die Leitung der Geschöpfe ist diejenige Thätigkeit Gottes, durch welche der unendlich Allweise sie in ihrem ganzen

Leben und Thun lenkt zu den von ihm vorher bestimmten Zielen, indem Er nach Möglichkeit auch die schlimmsten ihrer Handlungen wieder gut macht und zu guten Folgen wendet.["]

„Daraus ist zu ersehen, daß alle angeführten Thätigkeiten der Vorsehung Gottes unter sich verschieden sind. Die Erhaltung der Geschöpfe umfaßt auch ihr Dasein, ihre Kräfte und ihr Thun, die Unterstützung bezieht sich besonders auf die Kräfte, die Leitung auf die Kräfte und Handlungen der Geschöpfe. Gott erhält alle Wesen der Welt, wirkt nur zum Guten mit und läßt die bösen Handlungen nur zu; Er lenkt auch alle. Und nicht eine von diesen Wirksamkeiten ist in der anderen enthalten. Man kann irgend ein Wesen erhalten, ohne ihm Unterstützung zu gewähren und ohne es zu lenken; man kann einem Wesen Unterstützung gewähren, ohne es zu erhalten und ohne es zu lenken; man kann ein Wesen lenken, ohne es zu erhalten und ohne ihm Unterstützung zu gewähren. Andererseits aber muß man bemerken, daß alle drei Thätigkeiten der Vorsehung Gottes nur durch uns unterschieden und eingeteilt werden nach ihren verschiedenen Äußerungen auf die begrenzten und verschiedenartigen Wesen der Welt und infolge der Beschränkung unseres Verstandes, aber in sich selbst sind sie unteilbar und bilden eine unbegrenzte göttliche Wirksamkeit: weil Gott, da Er, „Alles zugleich und jedes im Besonderen auf einmal sieht," so auch alles vollbringt durch eine einfache unzusammengesetzte Handlung. Er erhält auch ohne Unterschied alle seine Geschöpfe, hilft ihnen und lenkt sie. – ["]

„Die göttliche Vorsehung wird gewöhnlich eingeteilt in zwei Arten: In die allgemeine und die besondere Vorsehung. Die allgemeine Vorsehung ist diejenige, welche die ganze Welt überhaupt umfaßt, auch die Familien und die Arten der Wesen. Die besondere Vorsehung ist diejenige, welche sich auf die besonderen Wesen der Welt erstreckt und auf jedes Individuum, so klein es auch scheinen mag. Und da die rechtgläubige Kirche glaubt, daß Gott vom Kleinen bis zum Großen alles weiß und für jedes Geschöpf im Besonderen sorgt, so erkennt sie augenscheinlich diese beiden Vorsehungen an. – ["]

„Aus den dargelegten Begriffen von der göttlichen Vorsehung ist vollkommen auszuschließen a) die Irrlehre der Gnostiker, der Manichäer und anderer Häretiker, welche, indem sie alles dem Schicksal unterwarfen oder behaupteten, daß die Welt von bösem Ursprung sei, oder, indem sie die göttliche Fürsorge für die Welt für überflüssig hielten, – die göttliche Vorsehung mit allen ihren Wirkungen gänzlich leugneten; b) die Irrlehre der Pelagianer, welche die göttliche Unterstützung der vernünftigen und unvernünftigen Geschöpfe leugnen, da sie diese mit ihrer Vollkommenheit und Freiheit unvereinbar hielten, sowie auch c) die entgegengesetzte Lehre verschiedener Sektirer, welche im Glauben an die unbedingte göttliche Vorherbestimmung (Prädestinationismus) die den vernünftigen Wesen gewährte Unterstützung so sehr übertreiben, daß sie ihre Freiheit beinahe vernichten und Gott als die wirkliche Ursache aller ihrer guten und bösen Handlungen ansehen; d) endlich die Irrlehre einiger alten und neuen Denker, welche nur die allgemeine Vorsehung anerkennen und die besondere verneinen, indem sie sie Gottes für unwürdig halten.“ (Seite 515, 516, 517.)

§ 97. Die Wirklichkeit der göttlichen Vorsehung.

§ 98. Die Wirklichkeit jeder der Wirksamkeiten der göttlichen Vorsehung. – Diese Wirklichkeit wird bewiesen durch Stellen aus dem Buch Hiob, aus dem Buch der Weisheit Salomonis, aus den Psalmen und anderen. Diese Stellen beweisen nichts anderes, als daß alle Menschen, welche an Gott glauben, auch an seine Macht glauben.

§ 99. Die Wirklichkeit beider Arten von göttlicher Vorsehung. – Außer der allgemeinen Vorsehung wird auch noch die besondere Vorsehung und Fürsorge für jedes Wesen im Besonderen beschrieben.

§ 100. Anteil aller Personen der heiligen Dreifaltigkeit an der Arbeit der Vorsehung. – Alle Personen der heiligen Dreifaltigkeit nehmen an der Vorsehung teil, das wird aus der heiligen Schrift bewiesen. Dann wird am Schluß noch erklärt:

„Zu erklären, warum an der Arbeit der Vorsehung alle drei göttlichen Personen teilnehmen, ist für den Gläubigen nicht schwer. Es geschieht deshalb, weil die Fürsorge für die Welt eine

Wirkung der Allwissenheit, der Allgegenwärtigkeit, der Allweisheit, der Allmacht und der göttlichen Güte ist, – solcher Eigenschaften, welche in gleicher Weise allen Personen der heiligen Dreifaltigkeit angehören." (Seite 532.)

Darauf folgt eine vermeintliche Lösung der Frage, welche bei der Behauptung des Daseins einer gütigen Vorsehung Gottes sich unwillkürlich erhebt: Woher kommt das sittliche und physische Übel?

§ 101. Das Verhältnis der göttlichen Vorsehung zur Freiheit sittlicher Wesen und zum Bösen, das in der Welt existiert.

„1. Die göttliche Vorsehung beeinträchtigt nicht die Freiheit der sittlichen Wesen, dessen versichert uns das Wort Gottes, sowie das eigene Bewußtsein und die Vernunft, welche zugleich auch das bestätigen, daß wir alle beständig unter der göttlichen Vorsehung stehen, (siehe § § 81, 93) und daß wir alle frei sind in unseren sittlichen Handlungen (§ § 97, 99). Auf welche Weise aber es geschieht, daß die göttliche Vorsehung, bei ihrem Walten in der sittlichen Welt, die Freiheit geistiger Wesen nicht beeinträchtigt, das können wir zwar nicht vollkommen erklären, aber einigermaßen unserem Verständnis näher bringen."

Sehen wir also, auf welche Weise es geschieht, daß Gott bei allen seinen Handlungen die Freiheit nicht beeinträchtigt. –

„a) Gott ist ein unwandelbares, allwissendes, allweises Wesen. Als unwandelbar kann Er, nachdem Er die vernünftigen Geschöpfe mit seiner Freiheit begabt hat, jetzt nicht seine Bestimmung wieder ändern und die Freiheit beeinträchtigen oder ganz vernichten. Als allwissend weiß Er alle Wünsche, Absichten und Handlungen der freien Wesen voraus und als unendlich allweise findet Er immer Mittel diese Handlungen so zu lenken, ... ["]

Wir erwarten: „daß die Handlung seiner Vorsehung nicht gestört wird", aber es kommt ganz anders: „daß die Freiheit der Handelnden unberührt bleibt" (Seite 532).

In dem Buch, welches von Gott und dem Glauben an ihn handelt, finden sich plötzlich die gemeinsten Schlingen des Betrugs!

Gott ist unwandelbar und darum kann Er nicht seine Bestimmung über die Freiheit des Menschen ändern. Aber vor allem bedeutet Unwandelbarkeit durchaus nicht das. Die Unwandelbarkeit bedeutet, daß Er immer selbst derselbe bleibt. Und wenn in der Definition der göttlichen Eigenschaften hinzugefügt wird, daß Er seine Bestimmungen nicht ändere, so ist diese unrichtige Definition augenscheinlich nur deshalb gemacht worden, um sich später darauf zu stützen. Aber nehmen wir selbst das Unmögliche an, weil in der Theologie in Bezug auf die Umänderung seiner Bestimmungen durch Gott gesagt ist, daß die Unwandelbarkeit Gottes die Unabänderlichkeit seiner Bestimmungen bedeute, so sind doch keine Beweise vorhanden und es bleibt nur ein so erbärmlicher Betrug, wie falsches Kartenspiel übrig. – Nach der Theologie gehört zu den Eigenschaften Gottes auch die Allmacht, die vollkommene Freiheit, die unendliche Güte. – Die Zulassung des sittlichen Bösen durch Gott, welches aus der Freiheit des Menschen hervorgeht, und die Bestrafung dafür widersprechen seiner Güte. Die Notwendigkeit aber, in welche Gott versetzt wird, so zu handeln, daß die Freiheit der handelnden Wesen unangetastet bleibt, widerspricht seiner Freiheit und Allmacht. Die Theologen haben sich selbst einen Knoten geflochten, welchen sie nicht lösen können. Der allmächtige, gütige Gott, der Schöpfer und Fürsorger für den Menschen und der unglückliche, böse und freie Mensch, wie ihn die Theologen darstellen, sind zwei Begriffe, welche einander ausschließen.

b) „Die göttliche Vorsehung für die Geschöpfe äußert sich darin, daß sie sie erhält, ihnen hilft oder Nachsicht gewährt und sie lenkt. Wenn Gott die sittlichen Wesen erhält, so erhält Er ihr Dasein und ihre Kräfte, dann beschränkt Er auch ohne Zweifel nicht ihre Freiheit: Das ist für sich selbst klar. Indem Er ihnen seine Hilfe im Guten gewährt, beschränkt Er jedenfalls nicht ihre Freiheit, weil die handelnden Wesen, welche wählen und irgend eine Handlung vollbringen, sie selbst bleiben, Gott aber nur ihnen hilft oder sie unterstützt. Wenn Er ihnen Nachsicht gewährt, irgend etwas Böses zu vollbringen, so beschränkt Er noch weniger ihre Freiheit und überläßt es nur ihnen selbst, zu handeln nach eigenem Belieben, ohne seine Hilfe. Endlich, indem die göttliche Vorsehung die sittlichen Wesen lenkt, richtet sie sie nach jenem

Ziel, für welches sie geschaffen sind. Aber die richtige Anwendung ihrer Freiheit besteht auch darin, daß sie nach dem letzten Ziel ihres Daseins streben." (Seite 533.)

Was heißt das? Es ist doch gesagt, daß Er ihnen den Willen läßt im Bösen. Wie also richtet Er sie „auf das Ziel", für welches sie geschaffen sind, während doch früher gesagt wurde, dieses Ziel sei ihr Heil?

„Folglich beschränkt auch die göttliche Lenkung nicht im Geringsten die sittliche Freiheit, sondern unterstützt sie nur in ihrem Streben nach dem Ziel.["]

c) „Durch die Erfahrung ist uns bekannt, daß auch wir nicht selten durch unsere Worte, Bewegungen und auf verschiedene andere Weise unsere Nächsten zu dieser oder jener Handlung veranlassen können, daß wir sie lenken können, ohne ihre Freiheit zu beschränken. Ist also nicht um so viel mehr der unendlich Allweise und Allmächtige im Stande, Mittel zu finden, die sittlichen Geschöpfe so zu lenken, daß dadurch ihre Freiheit nicht im Geringsten leidet? ..."

Im Buch stehen hier einige Punkte. – Dieses ganze Kapitel ist dadurch erstaunlich, daß es, ohne jede anscheinende sichtliche Notwendigkeit, von neuem die Frage vom Sündenfall Adams erhebt, indem sie dieselbe jetzt aus dem Gebiet der Geschichte in das Gebiet der Thatsächlichkeit überträgt. Es könnte scheinen, daß die Frage, woher das sittliche und physische Übel gekommen sei, von der Theologie durch das Dogma vom Sündenfall gelöst sei. Adam war die Freiheit gewährt, aber er verfiel in die Sünde und demzufolge auch seine ganze Nachkommenschaft. Es könnte scheinen, damit sei alles zu Ende und für die Frage von der Freiheit sei nun kein Raum mehr. Aber nun erweist es sich plötzlich, daß auch nach dem Sündenfall des Menschen er ganz derselbe bleibt, der Adam war. Er bleibt derselbe, das heißt fähig, das Gute oder das Böse zu thun, auch nach der Erlösung, so daß wieder der Mensch, das Geschöpf des gütigen Gottes, der ihm beständig seine Fürsorge zuwendet, böse und unglücklich werden kann, wie es zu Adams Zeiten war. Ganz ebenso bleibt es auch in Beziehung auf alle Menschen nach dem Sündenfall und ihrer Erlösung. Es ist augenscheinlich, daß die Theologie diesen Widerspruch des gütigen Gottes und des bösen, unglücklichen und freien Adams und Menschen wünscht. Und wirklich ist er ihr notwendig. Die Notwendigkeit dieses Widerspruchs findet ihre Erklärung in der Lehre von der Gnade. Darauf folgt

§ 102. Die sittliche Anwendung des Dogmas. Sie besteht darin: 1. Gott zu preisen, 2. auf ihn unsere Hoffnung setzen, 3. zu beten, 4. sich mit der göttlichen Vorsehung in Übereinstimmung zu setzen und 5. wie Gott, Anderen Gutes zu erweisen.

Damit endigt die Lehre von der göttlichen Vorsehung. Der folgende Teil ist nur die Rechtfertigung des gröbsten Aberglaubens, welcher mit dieser Lehre verbunden wird.

Nun folgt, was die Theologen aus der göttlichen Vorsehung ableiten. – Von der göttlichen Vorsehung in ihrem Verhältnis: I. zur geistlichen Welt.

§ 103. Fortsetzung des Vorhergehenden.

§ 104. Gott unterstützt die guten Engel. Dies wird bewiesen aus der heiligen Schrift. Die Engel dienen dem allzufriedenen, allvollkommenen Gott.

§ 105. Gott lenkt die guten Engel. a) Ihre Dienste zu Ehren Gottes.

§ 106. b) die Dienste, welche die Engel dem Menschen erweisen aa) im Allgemeinen „widmen sie sich der Behütung der Städte, der Reiche, der Provinzen, der Klöster, der Kirchen und Menschen, sowohl der geistlichen als weltlichen ...".

§ 107. bb) die Engel beschützen die menschlichen Gemeinwesen. Es giebt Schutzengel der Reiche, der Völker, der Kirchen.

§ 108. cc) die Engel sind die Beschützer der einzelnen Personen.

§ 109. Die Thätigkeit der bösen Engel wird von Gott nur geduldet. – Den Teufeln wird von Gott nur erlaubt, zu handeln.

§ 110. Gott beschränkte und beschränkt die Thätigkeit der bösen Geister, indem Er zugleich dieselbe zu guten Folgen wendet. – In diesem Kapitel wird erzählt und durch die heilige Schrift bekräftigt, welche Arten von Teufeln es giebt, wie man sich gegen sie schützen soll: Durch das Kreuz und das Gebet, sowie endlich, wie und wozu die Teufel nützlich sind: Sie demütigen uns u. s. w.

§ 111. Die sittliche Anwendung des Dogmas von den Engeln und Teufeln besteht darin, daß man die Engel verehren und die Teufel fürchten müsse:

„Aber wenn wir auch im Kampfe fallen, wenn wir auch sündigen, sollen wir nicht vor dem Bösen erschrecken und uns nicht der Verzweiflung hingeben: Wir haben einen Fürsprecher beim Vater in Jesus Christus dem Gerechten (1. Joh. 2, 1), wenn wir ihn nur anrufen mit aufrichtiger Reue über unseren Fall und mit aufrichtigem Glauben, so hebt er uns auf und rüstet uns von neuem aus mit allen Waffen, damit wir widerstehen können unserem Erbfeind." (Seite 575.)

§§ 112, 113, 114 schärfen uns mit Bekräftigung durch die heilige Schrift ein, daß Gott die materielle Welt regiert und daß davon die sittliche Anwendung des Dogmas herrührt, – Gott um Regen, um gutes Wetter, um Genesung zu bitten und seine Gesundheit nicht zu sehr auszusetzen.

§ 116. Die besondere Fürsorge Gottes für den Menschen.

§ 117. Gott sorgt für die Reiche und Völker. Der Inhalt dieses Paragraphen, welcher durch die heilige Schrift bestätigt wird, ist folgender:

„Das Wohlergehen der Reiche gewährt uns Ruhe … denn Gott hat die Obrigkeit zum allgemeinen Wohl eingesetzt. Und wäre es nicht ungerecht, wenn sie sich waffnen und kämpfen würden, damit wir in Ruhe leben und wir dagegen nicht beten würden für diejenigen, welche die Gefahr auf sich nehmen und kämpfen? Und darum ist das Gebet für die Könige keine Schmeichelei, sondern geboten durch das Gesetz der Billigkeit." (Seite 585.)

Und an einer anderen Stelle heißt es: „Vernichtest Du das Gericht, so vernichtest Du auch jede Ordnung in unserem Leben. Nimmst Du dem Schiff den Steuermann, so bereitest Du ihm den Untergang. Nimmst Du dem Heere den Feldherrn, so lieferst Du es dem Feind in Gefangenschaft. Und ebenso, nimmst Du den Städten die Obrigkeit, so werden wir uns unsinniger als unwissende Tiere aufführen – wir werden einander beißen und aufessen (Gal. 5, 15), der Reiche den Armen, der Stärkere den Schwachen, der Freche den Milden. Jetzt aber nach der Gnade Gottes geschieht solches nicht. Die Rechtschaffenen haben natürlich nicht Maßregeln der Besserung von seiten der Obrigkeit nötig, dem Gerechten ist kein Gesetz gegeben (1. Tim. 1, 9). Aber wenn die lasterhaften Menschen nicht durch die Furcht vor der Obrigkeit zurückgehalten würden, so würden sie die Städte mit grenzenlosem Elend erfüllen. Paulus wußte das und sagte: „Denn es ist keine Obrigkeit, wenn nicht von Gott, die bestehenden Gewalten sind von Gott eingesetzt." (Röm. 13, 1).

„Was die Verbindungsstücke der Balken in den Häusern sind, das sind die Obrigkeiten in den Städten, wenn Du jene vernichtest, so zerstörst Du die Wände und sie zerfallen von selbst: Ebenso, wenn man von der Obrigkeit die Furcht nimmt, die sie einflößt, so werden die Häuser und die Städte und die Völker mit großer Frechheit über einander herfallen, weil dann niemand da ist, sie zurückzuhalten und durch die Angst vor der Strafe sie zu nötigen, ruhig zu sein." (Seite 585, 586.)

§ 118. Gottes Fürsorge sorgt auch für die einzelnen Personen. Beweise aus der heiliger Schrift.

§ 119. Gottes Fürsorge sorgt hauptsächlich für die Gerechten: Lösung eines Bedenkens. – Dasselbe besteht darin: Warum sind Gerechte unglücklich? Es wird dadurch gelöst, daß sie ihren Lohn jenseits des Grabes empfangen.

§ 120. Die Mittel der göttlichen Vorsehung für den Menschen und Übergang zum folgenden Teil. – Die Mittel der Vorsehung sind von zweierlei Art: natürliche und übernatürliche.

§ 121. Die sittliche Anwendung des Dogmas:

2. „Indem der Allerhöchste die irdischen Reiche regiert, setzt Er selber über sie Könige und verleiht den von ihm Erwählten durch die geheimnißvolle Salbung Kraft und Gewalt, Er krönt ihre Ehre und ihren Ruhm zum Wohle der Völker. Daher die Verpflichtung jedes Sohnes des Vaterlandes: a) seinen Monarchen zu verehren als den Gesalbten Gottes; b) ihn zu lieben als den allgemeinen Vater, der von dem Allerhöchsten für die große

Völkerfamilie gegeben und mit der Sorge für das Glück aller belastet ist; c) sich ihm zu unterwerfen als dem, der mit der höchsten Gewalt bekleidet ist und in seinem kaiserlichen Walten regiert und geleitet wird durch Gott selbst; d) für den Herrscher zu beten, daß ihm der Herr zum Glück seiner Unterthanen Gesundheit und Heil in allen guten Bestrebungen, über die Feinde aber Sieg und Triumph verleihen und daß Er ihm viele Jahre gewähren möge" (1. Tim 2, 1).

3. „Durch die Herrscher, als seine Gesandten, sendet Gott den Völkern auch alle niedrigen Obrigkeiten. Daher die Pflicht jedes Bürgers: a) sich jeder Obrigkeit um des Herrn willen zu unterwerfen (1. Petri 2, 13), denn wenn du dich der Obrigkeit widersetzest, so widersetzest du dich dem göttlichen Willen" (Röm. 13, 2.) – b) jedem zu geben, was ihm zukommt: Steuer, dem Steuer gebührt; Abgabe, dem Abgabe gebührt: und Furcht, dem Furcht gebührt, und Ehre, dem Ehre gebührt". (Röm. 13, 7.) (Seite 597, 598).

Damit endigt der erste Teil der „Theologie". Mit dieser sittlichen Anwendung des Dogmas endigt die einfache Theologie.

Anhang

КАТИХИSІСЪ

ТО ЕСТЪ,

НАУКА СТАРОДАВНАЯ ХРІСТІАНЬ
СКАА Ѿ СВЕТОГО ПИСМА, ДЛЯ ПРО
СТЫХЪ ЛЮДЕЙ ЯЗЫКА РУ҃
СКОГО, ВЪПЫТАНІАХЪ і Ѿ҃
КАЗЪХЪ СЪБРАНА•

Ѿ ПЕРВАГО СВЕТОГО АПОСТОЛА
Петра ПОСЛАНІА ЗАЧАЛО г҃•

Готови прнно къ ввету всакому въ прошющим̄ ӯ вы,
слово ѡвашем̄ ӯповании съкротостию и страхо,
соеѣстьнмаѳе блгу и прочая•

Katechismus, gedruckt 1562 in Niasvizh, Belarus
(commons.wikimedia.org)

Drei Greise

(Три старца I Tri starza, 1886)[1]

Leo N. Tolstoi

Wenn ihr betet, so macht nicht viel Worte, wie die Heiden; sie glauben mit ihrer Geschwätzigkeit Erklärung zu finden. Macht es ihnen nicht nach, denn euer Vater weiß, was ihr bedürft, ehe ihr es von ihm verlangt. (Matth. VI, 6. 8.)

Zu Schiff fuhr der Bischof aus der Stadt Archangel nach Solowki. Auf demselben Schiff fuhren auch Pilger zur Wallfahrt. Der Wind war günstig, das Wetter klar, es schaukelte nicht. Die Pilger, – von denen einige am Boden lagen, andere einen Imbiß zu sich nahmen, wieder andere in Häuflein da saßen, unterhielten sich untereinander. Auch der Bischof kam auf das Deck und begann auf der Brücke auf und ab zu gehen. Dann näherte er sich dem Schiffsschnabel, wo ein Häuflein Menschen versammelt war. Ein Bäuerlein zeigte mit der Hand auf irgend etwas im Meer, erzählte etwas und die anderen hörten zu. Der Bischof blieb stehen, schaute in der Richtung, wohin das Bäuerlein deutete, sah aber nichts, nur die Sonne glitzerte im Meer. Er trat näher heran, um zuzuhören. Als das Bäuerlein des Bischofs gewahr wurde, nahm es die Mütze ab und verstummte. Auch die übrigen wurden seiner gewahr, nahmen ebenfalls die Mützen ab, um ihre Ehrfurcht zu bezeigen.

„Laßt euch nicht stören, meine Freunde," sagte der Bischof.

„Ich möchte auch hören, was du, guter Mensch, erzählst."

„Von den Greisen berichtete uns das Fischerlein [sic]," sagte ein Kaufmann, der kühner als die anderen war.

---

[1] Textquelle dieser Übersetzung I Leo TOLSTOI: Für alle Tage. Ein Lebensbuch Band II. Erste vollständig autorisierte Übersetzung. Herausgegeben von Dr. E H Schmitt und Dr. A. Škarvan. Dresden: Verlag von Carl Reißner 1907, S. 659-666.

„Was erzählte er denn von den Greisen?" fragte der Bischof, trat näher zum Bord und setzte sich auf eine Kiste. „Erzähle 'mal, ich will auch zuhören, worauf hast du hingewiesen?"

„Da, hier schimmert eine kleine Insel," sagte das Bäuerlein und zeigte vorne nach rechts. „Nun, auf dieser Insel leben die Greise, suchen ihr Seelenheil."

„Wo ist denn die Insel?" frug der Bischof.

„Belieben in der Richtung meiner Hand zu schauen. Sehen Sie das Wölklein dort, etwas nach links von ihm, nach unten, ist ein Streifen sichtbar."

Der Bischof sah lange hin, das Wasser flimmerte im Sonnenschein, er konnte aber mit seinen ungeübten Augen nichts entdecken.

„Ich sehe nichts," sagte er. „Also was für Greise leben da auf der Insel?"

„Gottesmänner sind es," antwortete der Bauer. – „Längst schon habe ich von ihnen gehört, kam aber nie dazu, sie zu sehen, den vorvorigen Sommer aber habe ich sie selbst gesehen."

Und er erzählte wiederum, wie er auf Fischfang ausfuhr und wie er an diese Insel getrieben wurde, und er selbst nicht wußte, wo er sei. Am Morgen machte er sich auf, sich umzusehen und stieß auf eine Erdhütte. In der Erdhütte erblickte er einen Greis, dann kamen noch zwei andere heraus; sie sättigten und trockneten ihn und halfen ihm, sein Boot auszubessern.

„Wie sehen sie denn aus?" fragte der Bischof.

„Der eine ist ein kleines, zusammengekrümmtes, sehr altes Männchen, in einer vertragenen Kutte, wird wohl über hundert Jahre alt sein; sein grauer Bart fängt schon an ins Grüne zu spielen, selbst aber lächelt er in einem fort und leuchtet wie ein Engel des Himmels. Der andere ist höher von Wuchs, ebenfalls alt, trägt einen zerrissenen Kaftan, den Bart trägt er breit, grau mit gelblicher Färbung, ist aber ein starker Mann: wie einen Zuber wendete er mein Boot um, ich hatte gar nicht Zeit, ihm zu helfen, – auch er sieht heiter aus. Der dritte ist hochgewachsen, der Bart reicht ihm bis zu den Knien und ist schneeweiß, sieht aber mürrisch aus, die Brauen hängen ihm über die Augen, und ist ganz nackt, nur mit einer Matte ist er umgürtet."

„Was haben sie denn mit dir gesprochen?" fragte der Bischof.

„Meistens geschwiegen haben sie bei der Arbeit, auch untereinander sprachen sie wenig. Es brauchte der eine nur einen Blick zu tun, sofort verstand ihn der andere. Ich fragte den Großen, ob sie schon lange da leben. Er machte ein finsteres Gesicht, brummte irgend was, gleichsam als ob er in Zorn geraten wäre, aber der niedrige Kleine faßte ihn sofort bei der Hand, lächelte, – der Große beruhigte sich. Nur so viel sagte der Alte: ‚Erbarme dich unser' und lächelte."

Während der Bauer erzählte, war das Schiff den Inseln näher gekommen.

„Jetzt sieht man es ganz gut," sagte der Kaufmann. „Belieben hin zu sehen. Euer Hochwürden," sagte er, nach der Insel deutend.

Der Bischof sah hin. Tatsächlich sah er wie einen schwarzen Streifen – die Insel. Nachdem er länger hingesehen, ging er fort vom Schiffsschnabel nach dem Hinterteil des Schiffes zum Steuermann.

„Was ist das für ein Inselchen, das da sichtbar wird?"

„Hat keinen Namen. Solche gibt es viele da."

„Ist das wahr, was man sagt, daß dort Greise ihr Seelenheil suchen?"

„So sagt man. Euer Hochwürden, nur weiß ich nicht, ob es wahr ist. Die Fischer hätten sie gesehen. Nur kommt es oft vor, daß man auch allerlei Unsinn schwatzt."

„Ich habe den Wunsch, auf der Insel zu landen, – die Greise aufzusuchen," sagte der Bischof, „wie ließe sich das tun?"

„Mit dem Schiff kann man nicht herankommen," sagte der Steuermann. „Mit einem Boote wohl, nur muß man den Kapitän fragen."

Der Kapitän wurde herbeigerufen.

„Ich möchte die Greise sehen," sagte der Bischof. „Könnte ich hingeführt werden?"

Der Kapitän riet ab. „Möglich wäre es schon," meinte er, „nur verlieren wir dabei viel Zeit, auch erlaube ich mir Euer Hochwürden aufmerksam zu machen, daß es sich nicht lohnt, sie zu sehen. Ich hörte von Leuten, es wären das ganz alberne Alte, die nichts verstünden und nichts sprechen können, wie die Fische im Meer."

„Dennoch habe ich den Wunsch, sie zu sehen," – sagte der Bischof. „Für die Mühe werde ich bezahlen, führen Sie mich hin."

Was konnte man tun? Befehle wurden erteilt, die Schiffsleute wendeten die Segel. Der Steuermann gab dem Schiff eine andere Richtung, man fuhr auf die Insel zu. Dem Bischof wurde ein Stuhl hinausgebracht und am Schnabel aufgestellt. Er setzte sich und sah vor sich hin. Alle hatten sich um den Schnabel versammelt, alle schauten nach dem Inselchen. Die schärfere Augen hatten, konnten schon Steine auf der Insel sehen und zeigten schon die Erdhütte. Einer erblickte auch schon die drei Greise. Der Kapitän brachte ein Fernrohr, schaute hinein und reichte es dem Bischof. „Richtig," sagte er, „vom großen Stein nach rechts, stehen drei Menschen am Ufer." Auch der Bischof schaute in das Fernrohr, richtete es, wie es nötig war. Ja, drei Menschen stehen beisammen: einer ein hoher, der andere etwas kleiner, der dritte aber ganz klein; sie stehen am Ufer und halten sich bei den Händen.

Der Kapitän trat zum Bischof hin: „Hier müssen wir, Hochwürden, mit dem Schiff halten. Und wenn beliebt, so geruhen von hier aus mit dem Boot hinüberzufahren, wir aber wollen hier ankern."

Sofort wurde das Troß los gewunden, der Anker ausgeworfen, man ließ die Segel herab, – ein Ruck, dann schwankte das Schiff. Ein Boot ward herabgelassen, die Ruderer sprangen hinein, und der Bischof stieg die kleine Treppe hinunter. Unten angelangt, setzte er sich auf die Bank im Boot, die Ruder wurden in Bewegung gesetzt und das Boot glitt der Insel zu. Nachdem sie auf Steinwurfsweite vorwärts gekommen waren, sahen sie die drei Greise stehen, den Hohen nackt, mit einer Matte umgürtet, den kleinern – im zerrissenen Kaftan, und den zusammengekrümmten kleinen Alten – in einer vertragenen Kutte; alle drei standen beisammen und hielten sich bei den Händen.

Die Ruderer langten zum Ufer an und hakten den Bootshaken ein. Der Bischof stieg aus.

Die Greise verbeugten sich vor ihm, er gab ihnen den Segen, worauf sie sich noch tiefer vor ihm verbeugten. Und also sprach der Bischof zu ihnen:

„Ich habe vernommen, daß ihr da seid, Greise Gottes, daß ihr eure Seelen zu retten sucht, für die Menschen zu Gott-Christus betet, ich aber unwürdiger Diener Christi, bin aus Gnade Gottes berufen Seine Herde zu hüten, und so wollte ich auch euch, Knechte Gottes, sprechen und, wenn möglich, euch belehren."

Die Greise schweigen, lächeln und blicken sich gegenseitig an.

„Saget mir, wie ihr die Seligkeit sucht und wie ihr Gott dient?" fragte der Bischof.

Es seufzte der mittelgroße Greis und schaute zum Ältesten, dem Uralten; der Hohe machte ein finsteres Gesicht und schaute ebenfalls auf den Ältesten, den Uralten. Der älteste, der uralte Greis lächelte und sagte: „Diener Gottes, wir verstehen nicht, Gott zu dienen, wir dienen nur uns selbst, nur uns selbst ernähren wir."

„Wie betet ihr denn zu Gott?" fragte der Bischof.

Der uralte Greis sagte: „So beten wir: Drei seid ihr, drei sind wir, wir flehen um Gnade zu dir."

Und sobald der uralte Greis dies gesprochen hatte, hoben alle drei Greise ihre Augen gen Himmel und sagten alle drei: „Drei seid ihr, drei sind wir, wir flehen um Gnade zu dir!"

Der Bischof lächelte und sagte: „Ihr habt offenbar von der heiligen Dreifaltigkeit etwas gehört, nur betet ihr nicht recht. Ich habe euch lieb gewonnen, Greise Gottes; ich sehe, ihr wünscht, nach Gefallen Gottes zu leben, nur wißt ihr nicht, wie man Ihm dienen soll. Nicht so soll man beten, sondern höret, ich will es euch lehren. Nicht von mir will ich euch lehren, sondern aus der Schrift Gottes werde ich euch lehren, wie Gott allen befohlen hat, zu Ihm zu beten."

Und der Bischof begann den Greisen zu erklären, wie sich

Gott den Menschen offenbarte: er belehrte sie über Gott den Vater, Gott den Sohn und Gott den heiligen Geist und sagte:

„Gott-Sohn ist auf die Erde gekommen, um die Menschen zu erlösen und hat so gelehrt, daß alle zu Ihm beten. Höret zu und saget es mir nach." Und der Bischof sprach: „Vater unser".

Einer der Greise wiederholte: „Vater unser," auch der andere wiederholte: „Vater unser," der dritte wiederholte ebenfalls: „Vater unser." – „Der du bist im Himmel." Auch die Greise sagten: „Der du bist im Himmel." Nur verwirrte der mittelgroße Greis die Worte, er sagte es nicht richtig; auch der hohe, der nackte Greis, sprach es nicht richtig aus: der Schnurrbart hatte ihm den Mund überwuchert – er konnte nicht deutlich sprechen; unverständlich zischelte auch der uralte, zahnlose Greis.

Noch einmal wiederholte der Bischof, noch einmal wiederholten nach ihm die Greise. Dann setzte sich der Bischof auf einen Stein, die Greise standen um ihn, schauten ihm auf den Mund und wiederholten, solange er ihnen vorsagte. Den ganzen Tag lang, bis zum Abend gab sich der Bischof Mühe mit ihnen: zehn- und zwanzigmal, und hundertmal wiederholte er jedes Wort und die Greise sprachen ihm nach. Sie mischten die Worte durcheinander und er verbesserte sie und ließ sie von Anfang wiederholen.

Und der Bischof verließ sie nicht, bis er ihnen nicht das ganze Gebet des Herrn beigebracht hatte. Sie sagten es ihm nach, auch allein vermochten sie es herzusagen. Der erste war der mittelgroße, der das ganze Gebet erlernt hat und auswendig herzusagen wußte. Der Bischof ließ es ihm nochmals und nochmals wiederholen, und auch die anderen sagten das ganze Gebet her.

Es begann bereits zu dämmern und der Mond begann sich aus dem Meer zu erheben, als sich der Bischof erhob, um zum Schiff zurückzukehren. Er nahm Abschied von den Greisen und diese verbeugten sich kniend vor ihm. Er ließ sie aufstehen und küßte einen jeden, auch gebot er ihnen, zu beten, wie er sie gelehrt hatte, setzte sich dann in das Boot und fuhr zum Schiff.

Und als er zum Schiff fuhr, hörte er beständig, wie die Greise im Chor das Gebet des Herrn laut hersagten. Sie kamen nahe zum Schiff, die Stimmen der Greise waren nicht mehr hörbar, man sah sie nur bei Mondschein, wie sie am Ufer stehen, auf derselben Stelle, alle drei – der eine, der kleinste, in der Mitte, der hohe zur Rechten, der mittelgroße zur Linken. Der Bischof langte zum Schiff an, bestieg das Deck, der Anker wurde hinaufgezogen, die Segel wurden gespannt, der Wind schwellte sie, das Schiff wurde fortgeschoben und sie fuhren weiter. Der Bischof begab sich auf das Hinterdeck, setzte sich dort und blickte beständig auf die Insel. Anfangs waren die Greise noch sichtbar, bald aber verschwanden sie im Gesichtskreis, nur das Inselchen zeigte sich noch, dann verschwand auch dieses, nur das Meere schimmerte im Mondlicht.

Die Pilger legten sich schlafen, und alles war verstummt auf dem Deck. Aber der Bischof hatte keine Lust zum Schlaf, er saß allein auf dem Hinterdeck, schaute dahin, wo das Inselchen verschwand und dachte an die braven Greise. Er dachte daran, wie sie sich freuten, daß sie das Gebet erlernt hatten, und dankte Gott, daß Er es so gefügt hatte, daß er den Greisen Gottes helfen und sie im Worte Gottes belehren konnte.

So sitzt nun der Bischof, denkt nach, schaut auf die See, dahin, wo das Inselchen sich verlor. Und es flimmert ihm vor den Augen – bald hier, bald dort erglänzt Licht auf den Wellen, plötzlich sieht er etwas Weißes im Mondstreifen erglänzen: ist es ein Vogel, eine Möve oder ein Segel, das so weiß dort blinkt? Er schaut genauer hin. „Ein Segelboot ist es," denkt er sich, „das uns nachläuft. Nur kommt es gar zu schnell geflogen. Soeben war es noch sehr weit, und nun sieht man es schon ganz nahe. Auch sieht es nicht danach aus, wie ein Boot, einem Segel sieht es ebenfalls nicht ähnlich. Aber es läuft uns etwas nach und holt uns ein." Der Bischof konnte nicht unterscheiden, was es sei: ein Boot ist es nicht, ein Vogel auch nicht, und ein Fisch ebenfalls nicht. Einem Menschen sieht es ähnlich, nur ist es zu groß, auch kann es keinen Menschen mitten im Meer geben. Der Bischof erhob sich und trat zum Steuermann heran: „Sieh mal, was das ist?" sagt er zu ihm. „Was ist das, Freund? Was ist das?" fragt ungestüm der Bischof, doch er sieht schon selbst – die Greise eilen über das

Meer, ihre weißen Bärte schimmern und glänzen und so schnell nähern sie sich, daß es den Anschein hat, als stehe das Schiff stille.

Der Steuermann blickte sich um, wurde von Schrecken erfaßt, ließ das Steuerruder stehen und rief mit lauter Stimme:

„Um Gotteswillen! Die Greise eilen uns auf dem Wasser nach, wie auf trockenem Lande, so eilen sie!" Die Leute hörten den Lärm, erhoben sich und stürzten alle nach dem Hinterteil des Schiffes. Alle sehen es, wie die Greise heraneilen, wie sie sich bei den Händen halten – und zu beiden Seiten mit den Händen winken, das Schiff solle halten. Alle drei nähern sich im Wasser, als wäre es auf dem trockenen Lande und bewegen doch ihre Beine nicht.

Ehe noch das Schiff zum Halten kam, waren die Greise schon beim Schiff, näherten sich knapp zum Bord, erhoben die Köpfe und sprachen einstimmig:

„Wir haben vergessen, Diener Gottes, haben deine Lehre vergessen! So lange wir sie wiederholten, – wußten wir sie, als wir aber für eine Stunde aufhörten, entging uns ein Wort, das wir vergessen haben, da war uns alles entfallen. Nichts haben wir behalten; lehre uns wieder."

Der Bischof bekreuzte sich, neigte sich zu den Greisen und sagte: „Auch euer Gebet dringt zu Gott, Greise Gottes. Nicht ich habe euch zu belehren. Betet für uns Sünder!"

Und er verbeugte sich tief vor den Greisen. Die Greise standen noch einen Augenblick da, dann kehrten sie um und gingen zurück über das Meer. Und bis zum Morgen war ein Lichtschein von jener Seite her sichtbar, wohin die Greise gegangen waren.

Kritische Arbeit

Ein Kapitel aus dem dokumentarischen Werk
„Tolstois Biographie und Memoiren"
(1909)[1]

Von Pavel Birjukov

Die Glaubenslehre des Makarius. – Die Kirchenlehre erzeugt Gottlosigkeit. – Die Aufgabe der Kritik. – Tolstois Entrüstung über die kirchlichen Sophismen in der Lehre von der Dreieinigkeit. – Der Sündenfall Adams. – Die Göttlichkeit Christi. – Die Antwort der Kirche auf die Frage nach dem Sinne des Lebens. – Der Bruch mit der Kirche. – Das Studium des Neuen Testamentes. – Vorwort. – Ziel des Studiums. – Quellen. – Die Unterredung mit Nikodim. – Legende vom Säemann. – Das Wunder der Auferstehung. – Tolstois Verhältnis zu seiner Arbeit. – Kurze Zusammenfassung des Evangeliums. Das Vaterunser. – An die Leser. – Französische Übersetzung der „Bekenntnisse". – Englische Übersetzung. – Die Meinung J. S. Aksakofs.

In diesem Jahre [1879] gelangt Tolstoi zu der Unmöglichkeit, die Forderungen seiner Vernunft und seines Gewissens mit der kirchlichen Lehre in Einklang zu bringen, während das Studium der Theologie ihm diese Tatsache theoretisch bestätigt.

Im November 1879 schreibt S[ofia]. A[lexandrowna]. an ihre Schwester: „… Leochen arbeitet immerfort, wie er sich ausdrückt. Aber, ach! Er schreibt irgend welche religiöse Erörterungen, er liest und denkt, bis er Kopfweh bekommt, und alles das, um zu zeigen, wie die Kirche mit der Lehre des Evangeliums nicht übereinstimmt. Es werden sich in Rußland gewiß keine zehn Menschen finden, die sich dafür interessieren. Aber es ist nichts zu machen, ich wünsche nur eines, daß er das bald zu

---

[1] Textquelle | *Leo N. Tolstois Biographie und Memoiren.* Autobiographische Memoiren, Briefe und biographisches Material. Herausgegeben von Paul Birukof und durchgesehen von Leo Tolstoi. II. Band: Reifes Mannesalter. Wien/Leipzig: Moritz Perthes (k. u. k. Buchhandlung) 1909, S. 370-401.

Ende bringen möge und daß das vorübergehen möge wie eine Krankheit. – Über ihn Macht gewinnen oder ihm die eine oder die andere geistige Arbeit vorschreiben, kann kein Mensch in der Welt, er selbst sogar ist darin machtlos."[2] [...]

Tolstoi benutzte die am meisten verbreitete Darstellung der griechisch-orthodoxen Kirchenlehre, nämlich die des Makarius, des Metropoliten von Moskau, ein Werk, das schon viele Auflagen erlebt hatte und als Leitfaden in den geistlichen Schulen angenommen, ja sogar ins Französische übersetzt war.

Die autoritäre Auslegung der griechisch-orthodoxen Dogmen unterwarf Tolstoi keiner sogenannten wissenschaftlichen Kritik, sondern der Kritik des einfachen, sittlichen, gesunden Verstandes und kam zu einem ganz unerwarteten Schlusse.

Er erzählt darüber in dem Vorwort zu seinem Buche: „Kritik der dogmatischen Glaubenslehre" folgendes:

„Ich war unvermeidlich dazu geführt worden, die Lehren von dem Glauben der griechisch-orthodoxen Kirche zu studieren. In der Einigkeit mit der orthodoxen Kirche hatte ich Rettung vor Verzweiflung gefunden. Ich war fest überzeugt, daß in dieser Lehre die einzige Wahrheit sei, aber viele, sehr viele Äußerungen dieser Lehre, welche jenen Grundbegriffen entgegenliefen, die ich von Gott und seinem Gebote hatte, zwangen mich zur Erforschung der Lehre selbst.

Ich habe nicht vorausgesetzt, daß die Lehre falsch sei, ich fürchtete dies vorauszusetzen, denn eine einzige Lüge in dieser Lehre zerstörte die ganze Lehre. Und zu dieser Zeit verlor ich den Hauptstützpunkt, welchen ich an der Kirche hatte, als der Trägerin der Wahrheit, als der Quelle jenes Wissens vom Sinne des Lebens, welches ich im Glauben suchte. Und ich fing an, Bücher zu studieren, welche die orthodoxe Glaubenslehre darlegen. In allen diesen Schriften ist die Lehre, ungeachtet des Unterschiedes in den Details, und eines gewissen

---

[2] T. A. Kuzminski'sches Archiv.

Unterschiedes in der Konsequenz, eine und dieselbe, ein und derselbe Zusammenhang zwischen den Teilen, ein und dieselbe Grundlage.

Ich las diese Bücher und studierte sie und dies ist das Gefühl, welches ich aus diesem Studium davontrug: wenn ich nicht durch das Leben selbst zu der unvermeidlichen Anerkennung der Notwendigkeit des Glaubens geführt worden wäre, wenn ich nicht eingesehen hätte, daß der Glaube die Grundlage des Lebens für alle Menschen ist, wenn sich dieses, durch das Leben ins Wanken gebrachte Gefühl in meinem Herzen nicht aufs Neue verstärkt hätte – und wenn die Grundlage meines Glaubens nur das Vertrauen wäre, wenn nur derjenige Glaube in mir wäre, von welchem in der Glaubenslehre gesprochen wird (sie werden gelehrt zu glauben) – so würde ich, nachdem ich diese Bücher durchgelesen, nicht nur ein Gottloser geworden sein, sondern der ärgste Feind eines jeden Glaubens, denn ich fand in diesen Büchern nicht nur Gedankenlosigkeit, sondern bewußte Lüge von Menschen, welche den Glauben als ein Mittel gebrauchen zur Erreichung ihrer eigenen zweifelhaften Ziele."[3]

Weiter sagt er dortselbst:

„Ich begriff nun, warum diese Lehre dort, wo sie gelehrt wird – in Seminarien – ganz sicher Gottlose hervorbringt, ich verstand auch jenes seltsame Gefühl, welches ich hatte, als ich diese Bücher las. Ich pflegte einmal die sogenannten gotteslästerlichen Werke Voltaires, Humes zu lesen, aber nie habe ich eine so unzweifelhafte Überzeugung von der völligen Ungläubigkeit eines Menschen gehabt, wie ich sie hatte in Bezug auf die Verfasser der Katechismen und Glaubenslehren. Liest man in diesen Schriften jene Sätze aus den Aposteln und den sogenannten Kirchenvätern, aus welchen sich die Glaubenslehre zusammensetzt, so sieht man, daß dies Äußerungen

---

[3] *Kritik der dogmatischen Glaubenslehre* von L. N. Tolstoi. Ausg[abe]. des „Swobodnoje Slowo" (Freies Wort).

von gläubigen Menschen sind, so hört man die Stimme des Herzens, trotz der Ungeschicklichkeit, der Derbheit, ja oft Falschheit des Ausdruckes; liest man aber die Äußerungen des Verfassers, so sieht man klar, daß es ihm auf den Sinn des Herzens gar nicht ankommt, welchen die angeführte Stelle geben soll, daß er es nicht einmal versucht, diesen Sinn zu begreifen. Er braucht nur ein zufällig in den Sinn kommendes Wort, um mittels dieses Wortes den Gedanken eines Apostels mit einem Ausspruche Mosis oder dem eines der jüngeren Kirchenväter zusammenzukoppeln. Er braucht nur einen solchen Kodex zusammenzustellen, nach welchem es scheinen sollte, daß alles, was in den sogenannten heiligen Büchern geschrieben steht, sowie bei allen Kirchenvätern, nur zu dem Zwecke geschrieben ist, um den Katechismus zu rechtfertigen. Und ich begriff endlich, daß diese ganze Glaubenslehre, von der ich damals gemeint hatte, daß sie den Glauben des Volkes zum Ausdrucke bringe, – daß all' das nicht nur Lüge ist, sondern Betrug von Seiten Ungläubiger, ein Betrug, angehäuft in Jahrhunderten, ein Betrug mit einem bestimmten und niedrigen Zwecke."[4]

Wir wollen hier einige Stellen anführen, welche einerseits auf den Charakter der Kritik hinweisen, anderseits eine leichte Andeutung erhalten von jenem Drama, welches sich in der Seele Tolstois während dieser Arbeit abspielte.

Um nicht der vorgefaßten schlechten Meinung von der Kirche geziehen zu werden, sagt Tolstoi, indem er an die Erforschung der Dogmen herangeht:

„Ich sage nicht, daß ich nicht an die Heiligkeit und Unfehlbarkeit der Kirche glaube. Ich habe sogar zu der Zeit, wo ich diese Untersuchung begann, vollkommen an sie geglaubt, nur an sie (wie mir schien) geglaubt."[5]

---

[4] Ebenda, S. 4.
[5] Ebenda, S. 9.

Aber er war an die kirchliche Lehre mit zu strengen, zu reinen Anforderungen herangetreten. Und sie, die im Tempel Schacher trieben, sie konnte ihn natürlich nicht befriedigen.

So hoch war die Aufgabe, die er sich gestellt hatte, als er die Untersuchung der Dogmen in Angriff nahm:

„Ich bin ein Mensch, Gott hat auch mich im Auge. Ich suche Erlösung: wie sollte ich nicht das eine annehmen, wonach ich mit aller Kraft meiner Seele suche. Ich muß die Wahrheiten annehmen, ich werde sie sicher annehmen. Wenn mein Anschluß an die Kirche sie kräftigt – um so besser. Sagt mir die Wahrheiten so wie ihr sie wißt, sagt sie meinetwegen so wie sie in jener Glaubenslehre gesagt sind, welche wir alle auswendig gelernt haben. Wenn ihr fürchtet, daß ich sie wegen der Dunkelheit und Schwäche meines Verstandes, wegen der Verderbtheit meines Herzens nicht verstehen werde, so helft mir (ihr kennt diese Wahrheiten Gottes, ihr, die Kirche, belehrt mich), helft meinem schwachen Verstände, aber vergeßt nicht, daß ihr alles, was ihr auch sagen möget, dem Verstande sagt. Ihr werdet von der Wahrheit Gottes reden, in Worten, die Worte aber müssen wiederum durch den Verstand begriffen werden. Erklärt mir diese Wahrheit, zeigt mir die Nichtigkeit meiner Einwände, erweicht mein verhärtet Herz durch unwiderstehliches Mitgefühl, durch Streben nach dem Guten und Wahren, welches ich in euch finden werde, aber fangt mich nicht durch Worte, durch wohlüberlegten Betrug, der die Heiligkeit der Sache entweiht, von welcher ihr sprecht.

Mich rührt das Gebet jener drei Einsiedler, von denen die Legende erzählt: sie beteten zu Gott: ‚Drei sind wir [*richtig*: Drei seid ihr], drei sind wir, erhöre uns.‘ Ich weiß, daß ihr Begriff von Gott unrichtig ist, aber es zieht mich zu ihnen hin, ich möchte ihnen nachahmen, wie man lachen möchte, wenn man lachen sieht, wie man gähnen möchte, wenn man gähnen sieht, denn ich fühle mit meinem ganzen Herzen, daß sie Gott suchen und die Unrichtigkeit ihrer Ausdrucksweise nicht bemerken. Aber Sophismen, gewollter Betrug, um unvorsichtige und in ihrer Vernunft unsichere Menschen einzufangen, das stößt mich ab."[6]

Tolstoi vertieft sich in das Studium der Dogmen und stößt auf das Dogma der Dreieinigkeit. Entrüstet über die Menge der von den Theologen aufgehäuften Sophismen und unverständlichen Gebetsformeln, welche zum Beweise des offenbaren Unsinns, daß 1 = 3 ist, herangezogen werden, gießt Tolstoi sein sich aufbäumendes Gefühl in folgenden glühenden Worten aus:

„Nehmen wir an, es würde behauptet werden, daß Gott auf dem Olymp wohne, daß Gott aus Gold ist, daß es keinen Gott gibt, daß es 14 Götter gibt, daß Gott Kinder habe, daß er einen Sohn habe. Alles das sind seltsame, ungeheuerliche Behauptungen, aber mit jeder solchen Behauptung kann ein Begriff verbunden werden. Mit der Behauptung jedoch, daß Gott eins ist und drei, kann keinerlei Begriff verbunden werden. Und was für eine Autorität immer dies behaupten würde, nicht nur alle lebenden und toten Patriarchen von Alexandria und Antiochia, sondern wenn vom Himmel selbst eine Stimme mir unaufhörlich zurufen würde: Ich bin eins und drei, so würde ich doch in demselben Zustande verharren – nicht der Ungläubigkeit (hier ist nichts, woran man glauben kann), sondern des Zweifels, was denn diese Worte eigentlich bedeuten und in welcher Sprache und nach welchen Vernunftgesetzen sie irgend einen Sinn geben können.
Für mich aber, einen Menschen, der im Geiste des christlichen Glaubens erzogen, nach allen Irrungen seines Lebens das unklare Bewußtsein zurückbehalten hat, daß in diesem Glauben die Wahrheit ist; für mich, der ich durch Fehler im Leben und Verlockungen des Verstandes zur Verneinung des Lebens und zu der entsetzlichsten Verzweiflung gekommen war; für mich, der ich in der Vereinigung mit dem Geiste jenes

---

[6] Ebenda, S. 9. [Zur Korrektur vgl. das *Gebet der drei Greise* →S. 29 und S. 169]

Glaubens, den ich als einzige, die Menschheit bewegende göttliche Kraft empfand, Erlösung gefunden hatte, für mich, der ich den allerhöchsten mir zugänglichen Ausdruck dieses Glaubens suchte, für mich, der ich vor allem an Gott, meinen Vater, glaube, den Vater, durch dessen Willen ich bin, leide und dessen Offenbarung ich unter Qualen suche, für mich – ist es unmöglich, anzunehmen, daß diese sinnlosen, gotteslästerlichen Worte die einzige Antwort sind, die ich von meinem Vater erhalten kann auf mein Flehen, mich zu lehren, wie ich ihn erfassen, ihn lieben könnte.

Das ist unmöglich und nicht nur ist dies unmöglich, sondern es ist klar, daß dies gar nicht das Richtige ist, – daß ich mich getäuscht habe, wenn ich geglaubt habe, von der Kirche eine Antwort und eine Lösung meiner Zweifel zu erhalten. Ich habe geglaubt zu Gott zu gehen, und geriet in einen stinkenden Sumpf, welcher in mir nur jene Gefühle hervorruft, die ich am meisten fürchte: Abscheu, Wut, Zorn.

Gott, unfaßbarer Gott, durch dessen Willen ich lebe!"

In seiner Untersuchung fortfahrend gibt Tolstoi einen interessanten Auszug aus der biblischen Geschichte von dem Sündenfalle Adams:

„Der zusammenhängende Sinn dieser ganzen Geschichte nach dem Buche der Genesis", sagt er, „ist dem der kirchlichen Erzählung gerade entgegengesetzt und lautet: Gott hatte den Menschen gemacht, aber er wollte, daß dieser so bleibe wie die Tiere, den Unterschied des Guten und Bösen nicht kennend, und darum verbot er ihm, die Früchte vom Baume der Erkenntnis des Guten und Bösen zu essen. Dabei betrog Gott den Menschen, um ihm Angst zu machen, indem er ihm sagte, daß er sterben werde, sobald er davon esse. Aber der Mensch durchschaute den Betrug Gottes mit Hilfe der Weisheit (der Schlange), er erkannte das Gute und Böse und starb nicht. Aber Gott erschrak und versperrte ihm den Weg zu dem Baume des Lebens, zu welchem der Mensch – wie nach der Angst Gottes, der Mensch möge diese Frucht nicht kosten, im Sinne der Geschichte anzunehmen ist – wohl den Zugang finden wird, wie er ihn zur Erkenntnis des Guten und Bösen gefunden hat.

Diese Geschichte mag gut oder schlecht sein, so steht sie in der Bibel. Gott ist in seinem Verhältnis zum Menschen in dieser Geschichte derselbe Gott wie Zeus im Verhältnis zu Prometheus. Prometheus stiehlt das Feuer, Adam die Erkenntnis des Guten und Bösen. Der Gott dieser ersten Kapitel ist nicht der christliche Gott, nicht einmal der Gott der Propheten und des Moses, ein Gott, der die Menschen liebt, sondern es ist ein Gott, der wegen seiner Macht auf die Menschen eifersüchtig ist, der die Menschen fürchtet. Und nun sollte die Theologie die Geschichte von diesem Gotte mit dem Dogma der Erlösung zusammenbringen und darum wurde der eifersüchtige und böse Gott in Eins gebracht mit Gott-Vater, den Christus gelehrt hat. Diese Erwägung allein gibt gewissermaßen den Schlüssel zu der Gotteslästerung in diesem Kapitel."[7]

Äußerst interessant sind Tolstois Erörterungen bei seiner Verneinung des Dogmas von der Göttlichkeit Christi.

„Ich habe mich bei dieser Stelle nicht deswegen aufgehalten, um zu beweisen, daß Christus nicht Gott ist – es ist nutzlos das zu beweisen – wer an Gott glaubt, für den kann Christus nicht Gott sein. In der Erklärung des Dogmas der Dreieinigkeit und des ganzen übrigen unvermeidlichen Unsinns ist das zu klar geworden; ich bin bei dieser Stelle stehen geblieben, als bei einer solchen, in welcher die Quelle aller vorangegangenen Abscheulichkeiten und Sinnlosigkeiten liegt. Ich kann es begreifen, daß die Jünger Christi, von seiner Lehre tief durchdrungen, nach seinem Tode über ihn redend und schreibend, als über einen Menschen, welcher gelehrt hatte, daß alle Kinder Gottes seien und im Leben sich mit Gott

---

[7] Ebenda, S. 108.

vereinen müssen, und welcher in seinem Leben bis zu seinem Tode diese Unterwerfung unter den Willen Gottes und diese Verschmelzung mit ihm vollbracht hatte – ich kann es begreifen, daß die Jünger ihn göttlich nannten, den geliebten Sohn Gottes, wegen der Höhe seiner Lehre und wegen seines Lebens, welches seine Lehre vollkommen in die Tat umgesetzt hatte. Und es ist begreiflich, daß gewöhnliche Menschen, welche die Lehre der Apostel zu hören bekamen, dieselbe nicht verstanden, sondern nur die Worte verstanden und auf diese Worte, die sie in grobem Sinne aufgefaßt hatten, ihre eigene Lehre begründeten und daß sie mit der der Gewöhnlichkeit eigentümlichen Hartnäckigkeit für ihre Auffassung einstanden und jede andere leugneten, gerade deshalb, weil sie sie nicht begreifen konnten, und wie dann diese groben, gewöhnlichen Menschen auf dem ersten und zweiten allgemeinen Konzil diese furchtbare Verirrung bekräftigten.

Ebenso wie in dem Dogma von der Erbsünde kann ich die Auffassung jener Menschen gelten lassen, welche in der Erzählung vom Sündenfalle nichts anderes sehen können als das, daß es einen Adam gegeben habe und daß er den Befehl Gottes, die verbotene Frucht nicht zu essen, nicht befolgt habe (diese Auffassung ist nicht falsch, sie ist nur grob), ebenso kann ich die Auffassung derjenigen gelten lassen, welche sagen, daß Jesus Gott war und daß er durch seinen Tod und seine Leiden die Menschen erlöst hat. Diese Auffassung ist nicht falsch, sie ist nur grob und unvollständig. Die Auffassung, daß der Mensch gefallen ist, weil er Gott nicht gehorchte, ist deswegen richtig, weil sie den Gedanken ausspricht, daß die Abhängigkeit, die Schwäche, der Tod des Menschen – daß alles das Folgen seiner fleischlichen Leidenschaften sind. Ebenso ist es auch richtig, daß Christus Gott war, indem er uns wirklich, wie es Johannes auch ausgesprochen hat, Gott offenbart hat.

Sobald aber die Menschen anfangen zu behaupten, daß dies die einzige Wahrheit sei, daß vor so und so vielen Jahren an diesem und diesem Orte Adam gelebt habe, den Gott erschaffen hatte, daß Gott einen Garten für ihn gepflanzt habe u. s. w. und daß darin die ganze Bedeutung dieser ihrer Behauptung liege, oder, daß Jesus das zweite Gesicht Gottes sei, daß er vom Heiligen Geiste in der Jungfrau Maria Mensch geworden sei – sobald sie zu behaupten anfangen, daß gerade diese Form, in der sie diesen Gedanken ausdrücken, die einzige Wahrheit sei, kann ich das, was sie sagen, nicht mehr gelten lassen, denn ihre Erklärungen und Behauptungen kommentieren die Bedeutung jenes Gedankens selbst, welchen sie aussprechen, der Gedanke aber schließt die Möglichkeit jedweder Einheit des Glaubens aus und zeigt in klarer Weise, daß die Quelle ihrer Hartnäckigkeit im Behaupten Derbheit und Verständnislosigkeit ist. Und gerade dies hat die Kirche getan und tut es noch, im Namen ihrer Heiligkeit und Unfehlbarkeit".[8]

Indem er auf diese Weise ein Dogma nach dem andern untersucht, gelangt er zu der völligen Leugnung derselben.

Der Schlußsatz Tolstois in seiner Kritik der Glaubenslehre faßt die ganze Lehre der griechisch-orthodoxen Kirche zusammen, wie sie Tolstoi während seiner Forschung aufgefaßt hatte.

Nachdem er diese Lehre in kurzen Zügen zusammengefaßt hat, stellt er wieder jene Frage auf, welche ihn zu der Durchforschung des christlichen Glaubens und speziell des kirchlich-orthodoxen Glaubens geführt hatte: „Welchen Sinn hat das Leben in dieser Welt?"

Und die orthodoxe Kirche beantwortet, wie er sagt, diese Frage folgendermaßen:

„Gott hat die Welt aus Laune geschaffen, ein sonderbarer, unbegreiflich wilder Gott, ein halbes Ungeheuer – erschuf er die Welt, wie er sie gerade wollte, und den Menschen, wie er ihn gerade wollte, und sagte immer wieder ‚gut' dazu und vor allem sagt er, es sei gut und vom Menschen – er sei gut. Aber

---

[8] Ebenda, S. 156.

es kam alles gar nicht gut heraus. Der Mensch war fluchbeladen und seine ganze Nachkommenschaft; der gute Gott aber fuhr immer fort Menschen zu schaffen im Mutterleibe, trotzdem er wußte, daß sie alle oder doch viele von ihnen zugrunde gehen würden. Und nachdem er schon ein Mittel gefunden hatte, sie zu erlösen, blieb doch alles beim alten oder es wurde noch ärger, denn damals konnten, wie die Kirche sagt, solche Menschen wie Abraham, Jakob, durch ihr gutes Leben erlöst werden. Jetzt aber bin ich, wenn ich als Jude, als Buddhist geboren und zufällig nicht unter die seligmachende Wirkung der Kirche geraten bin – sicher verloren und werde mich in alle Ewigkeit mit den Teufeln quälen; noch mehr, wenn ich mich sogar unter den Glücklichen befinde, jedoch das Unglück habe, die Forderungen meiner Vernunft als berechtigte anzuerkennen und sie nicht zu verleugnen, um an die Lehre der Kirche zu glauben, so bin ich ebenfalls verloren. Noch mehr, sogar wenn ich an alles glaube, aber noch nicht Zeit gehabt habe, das Abendmahl zu nehmen, und wenn für mich wegen der Nachlässigkeit meiner Mitmenschen nicht gebetet wird, so kann ich gleicherweise in die Hölle kommen und dort bleiben. Der Sinn meines Lebens ist nach dieser Lehre ein völliger Unsinn, ein unvergleichlich ärgerer als derjenige, als welcher er mir im Lichte meiner Vernunft erschien. Damals sah ich, daß ich lebe und daß ich, solange ich lebe, das Leben genieße, daß ich aber nichts empfinden werde, sobald ich sterbe. Damals schreckte mich die Sinnlosigkeit meines persönlichen Lebens, die Unlösbarkeit der Frage: wozu mein Streben, mein Leben, wenn alles dies ein Ende nimmt? Nun aber ist es schlimmer: alles das wird ein Ende nehmen, aber diese ganze sinnlose Laune von irgend jemand wird ewig dauern.

Auf die Frage, wie ich leben soll, verneint die Antwort, die diese Lehre gibt, direkt alles das, was mein sittliches Gefühl fordert, und fordert das, was mir immer als das Allerunsittlichste erschien – Heuchelei. Aus allen moralischen Beigaben der Dogmen folgt nur eines: rette dich im Glauben; kannst du das, woran man dich glauben heißt, nicht verstehen, so sage, daß du glaubst; unterdrücke mit aller Kraft der Seele das Bedürfnis nach Licht und Wahrheit; sage daß du glaubst, und tue das, was aus dem Glauben entspringt. Die Sache ist klar. Trotz aller Ausreden, daß man zu irgend einem fraglichen Zwecke gute Werke brauche und daß man die Lehre Christi von der Demut und der Selbstverleugnung und Liebe befolgen müsse, ist es doch offenbar, daß diese Werke unnötig sind und die Praxis des Lebens aller Gläubigen bestätigt das ja. Die Logik ist unerbittlich. Wozu gute Werke, wenn ich durch den Tod Gottes gesühnt bin, wenn sogar alle meine zukünftigen Sünden gesühnt sind? – man muß nur glauben. Und wie kann ich denn auch kämpfen, nach dem Guten streben, worin allein ich früher die guten Werke sah, wenn das Hauptdogma der Glaubenslehre darin besteht, daß der Mensch selbst nichts kann, daß alles durch den Segen umsonst gegeben wird. Man muß den Segen nur suchen; der Segen aber wird nicht durch mich allein erworben, sondern er wird durch andere mitgeteilt. Sogar wenn ich bei Lebzeiten nicht dazu kommen werde, durch den Segen geheiligt zu werden, so gibt es doch Mittel, diesen auch nach dem Tode zu gewinnen: man kann Geld für eine Kirche vermachen und es wird dann für einen gebetet. Der Segen aber wird durch Mysterien und Gebete der Kirche verliehen, daher muß man zu ihnen seine Zuflucht nehmen und sich so verhalten, daß man ihrer immer teilhaftig werde – man muß Popen um sich haben oder in einem Kloster leben und so viel Geld als möglich für Seelenmessen hinterlassen. Noch mehr, wenn ich mir mein zukünftiges Leben auf diese Weise sichergestellt habe, kann ich das diesseitige ruhig genießen und kann jene Werkzeuge für dieses Leben gebrauchen, welche mir die Kirche gibt – ich kann zu Gott, als der Vorsehung, beten, daß er mir in meinen irdischen Geschäften helfe, so beten, wie es mir vorgeschrieben ist, und so, daß die Gebete so wirksam als möglich werden. Es ist wirksamer in der Nähe von Ikonen und Reliquien während des Gottesdienstes zu beten.

Und die Antwort auf die Frage, was ich tun soll, erfließt in klarer Weise aus der Lehre und diese Antwort ist jedermann zu sehr bekannt und sie widerspricht dem Gewissen in grober Weise; aber diese Antwort ist unvermeidlich.

Ich erinnere mich noch der Zeit, wo ich an der Lehre der Kirche nicht zweifelte und das neue Testament las, es waren die Worte: ‚Die Lästerung eines Menschensohnes wird euch vergeben, aber die Lästerung des Heiligen Geistes wird euch nicht vergeben, weder in diesem Zeitalter, noch in einem künftigen‘. Ich konnte diese Worte nie verstehen.

Jetzt aber sind diese Worte mir schrecklich klar. Das ist sie, die Lästerung wider den Heiligen Geist, welche nicht vergeben wird, weder in diesem Zeitalter, noch in einem künftigen. Diese Lästerung ist die schreckliche Lehre der Kirche, deren Grundlage die Lehre von der Kirche ist.“[9]

Wir sehen aus diesen letzten Worten, daß Tolstois Abfall von der Kirche eine unvermeidliche Folge der von ihm angestellten Untersuchung der kirchlichen Lehre war. Und im Gegensatze zu dieser von ihm geleugneten kirchlichen Lehre legt Tolstoi in einer kurzen Ergänzung des Schlusses unter dem fragenden Titel: „Orthodoxe Kirche?“ in kurzen Worten seine damalige Auffassung der Lehre Christi dar, indem er seinem empörten Gefühl gegenüber der Kirchenlüge Ausdruck gibt:

„Für denjenigen, der die Lehre Jesu begriffen hat, besteht sie darin, daß es mir, meinem Lichte gegeben ist zum Lichte zu gehen, daß mir mein Leben gegeben ist. Und außer diesem Leben und mehr als das gibt es nichts, es gibt nur die Quelle alles Lebens – Gott.

Die ganze Lehre von der Demut, die Entsagung, die Nächstenliebe hat nur den Sinn, daß ich dieses Leben in sich selbst unendlich gestalten kann. Jedes Verhalten meinerseits zu einem fremden Leben ist nur ein Emportragen meines eigener,

---

9 Ebenda, S. 312.

eine Gemeinschaft, eine Einigkeit mit meinem Leben in Frieden und in Gott. Nur durch mich selbst kann ich zur Wahrheit gelangen und meine Werke sind die Folgen der Emporhebung meines Lebens.
Ich kann für mich allein diese Wahrheit zum Ausdrucke bringen. Was für eine Frage kann es nun für mich, der ich das Leben so auffasse (und ich verstehe es nicht anders) sein, was die anderen denken, wie die anderen leben? Da ich sie liebe, muß ich wünschen, ihnen mein Glück mitzuteilen, aber ein Werkzeug, das mir gegeben ist, das ist das Bewußtsein meines Lebens und meines Lebenswerkes. Ich kann nicht für einen anderen wünschen, denken, glauben. Ich hebe mein Leben empor und das allein kann das Leben eines anderen emporheben. Und der andere – das bin ich ja auch. So hebe ich alle Menschen empor, indem ich mich emporhebe. Ich bin in ihnen und sie sind in mir."[10]

„Und was wird denn sein, wenn keine Kirche sein wird?" fragt Tolstoi am Schlusse seiner Arbeit. Und er antwortet selbst auf seine Frage wie folgt:

„Es wird das sein, was auch jetzt da ist, wovon Jesus gesagt hat. Er hat gesagt: ‚Tuet gute Werke, auf daß die Menschen, wenn sie sie sehen, Gott preisen.' Und nur diese eine Lehre war und wird sein, solange die Welt steht und stehen wird. Es gibt keinen Zwiespalt in den Taten, sondern in dem Glaubensbekenntnis, in der Auffassung, in der äußeren Gottverehrung. Wenn es einen Zwiespalt gibt und geben wird, so berührt er den Glauben nicht und nicht die Taten und er stört niemand. Die Kirche wollte diese Glaubensbekenntnisse und äußeren Formen der Gottverehrung vereinigen, zerfiel aber selbst in eine ungeheure Anzahl von Meinungen und eine Meinung warf die andere um und zeigte damit, daß weder das Glaubensbekenntnis noch die Form der Gottverehrung

---

[10] Ebenda, S. 324.

Sache des Glaubens ist. Sache des Glaubens ist nur ein Leben nach dem Glauben. Und das Leben allein ist höher als alles und kann niemand unterworfen werden außer Gott, der nur durch das Leben erkannt werden kann."[11]

So hatte sich denn Tolstoi von der orthodoxen Kirche getrennt. Aber er war ja nur deswegen in ihr gewesen, weil er sie für die Hüterin der Lehre Christi hielt, an welche er glauben gelernt hatte und welcher er im Leben zu folgen begann. Wo war nun diese Lehre? In der Kirche hat Tolstoi bei sorgfältiger Durchforschung ihrer Lehre so viele Widersprüche mit der Hauptgrundlage der Lehre Christi gefunden, daß er gezwungen war, die kirchliche Lehre ganz zu verwerfen.

Aber er konnte nicht ohne die Lehre Christi leben; noch mehr, er wollte sie ausführlicher, gründlicher erforschen, um durch sie sein Leben zu erleuchten. Wo sollte er sie suchen?

Immer noch in derselben, von ihm geleugneten Kirche, die das Evangelium durch Jahrhunderte getragen und es uns wie durch ein unbegreifliches Wunder erhalten, diese Darlegung der Lehre Christi, deren Wesen die ganze Kirchenlehre zerstört.

Und nun geht Tolstoi eifrig an die Lektüre des Neuen Testaments. Diese Lektüre rief aufs neue angestrengte Gedanken- und Gefühlsarbeit in ihm wach und das Resultat dieser Arbeit war ein merkwürdiges Werk von ihm: „Zusammenstellung und Übertragung der vier Evangelisten" genannt.

In dem Vorwort zu dieser Arbeit erzählt Tolstoi selbst von den Lebensverhältnissen, welche ihn auf diese Arbeit gebracht hatten. Wir führen hier die wesentlichsten Stellen aus diesem Vorwort an:

„Durch die Vernunft ohne Glauben zur Verzweiflung und zur Lebensverneinung gebracht, blickte ich um mich auf die lebende Menschheit und überzeugte mich, daß diese Verzweiflung nicht das allgemeine Los der Menschen sei, sondern daß die Menschen

---

[11] Ebenda, S. 325.

mit Hilfe des Glaubens gelebt haben und noch leben. Ich sah Menschen um mich, die diesen Glauben hatten und einen Sinn des Lebens aus ihm entnahmen, welcher ihnen die Kraft verlieh, ruhig und freudig zu leben und ebenso zu sterben. Ich konnte mir durch die Vernunft diesen Sinn nicht erklären. Ich bemühte mich nun, mein Leben so einzurichten wie das Leben der Gläubigen, auch in der äußerlichen Form der Gottverehrung, in der Meinung, daß sich mir auf diesem Wege der Sinn des Lebens erschließen werde. Je mehr ich mich dem Volke näherte und so lebte wie das Volk lebt, und alle jene äußeren Gebräuche der Gottverehrung beobachtete, umso stärker fühlte ich zwei auf mich in entgegengesetzter Richtung einwirkende Kräfte. Einerseits eröffnete sich mir immer mehr ein mich befriedigender Sinn des Lebens, ein Sinn des Lebens, der durch den Tod nicht zerstört wird, anderseits sah ich, daß in jenem äußerlichen Glaubensbekenntnisse, in jener Gottverehrung viel Lüge war. Ich habe eingesehen, daß das Volk diese Lüge wegen seiner Unbildung, wegen des Mangels an Muße und wegen der Unlust zu denken übersehen kann, und daß ich nicht umhin kann, diese Lüge zu sehen. Und hat man sie einmal gesehen, so kann man nicht mehr ein Auge zudrücken, wie mir dies gläubige, gebildete Menschen angeraten haben. Je länger ich so lebte, die Pflichten eines Gläubigen erfüllend, um so mehr stach mir diese Lüge in die Augen und forderte nach der Untersuchung, wo in dieser Lehre die Lüge auf hört und die Wahrheit anfängt. An dem, was in der christlichen Lehre die Lebenswahrheit selbst war, zweifelte ich nicht mehr. Der innere Zwiespalt in mir ging endlich so weit, daß ich die Augen nicht mehr absichtlich verschließen konnte, wie ich das früher zu tun pflegte, und ich mußte die Glaubenslehre, welche ich mir zu eigen machen wollte, unvermeidlich genauer durchforschen."

„Jede christliche Kirche", sagt er weiter, „d. h. jede christliche Glaubenslehre hat unzweifelhaft ihren Ursprung in der Lehre Christi selbst, aber nicht sie allein, auch alle anderen Lehren entspringen aus der Lehre Christi. Sie alle sind einem Samen entsprossen und das, was sie verbindet, was ihnen allen gemeinsam ist, ist das, woraus sie entstanden sind, d. h. der Same. Und darum ist es, um die Christuslehre wahrhaft zu verstehen, nicht nötig, sie zu studieren, wie es die einzelne Glaubenslehre macht, von den Zweigen auf den Stamm übergehend, ebenso wenig ist es nötig und nützlich, diese Lehre, wie es die Wissenschaft, die Religionsgeschichte, tut, so zu studieren, daß man vom Stamme zu den Zweigen herabsteigt. Weder das eine noch das andere ergibt den Sinn der Lehre. Der Sinn wird nur durch die Erkenntnis desjenigen Samens, derjenigen Frucht gewonnen, aus welcher alle diese Lehren hervorgegangen sind und für welche sie alle da sind. Sie alle sind aus dem Leben und den Werken Christi entsprungen und sie alle leben nur dazu, um Werke Christi hervorzubringen, d. h. Werke des Guten. Und nur in diesen Werken werden sie alle übereinstimmen."

„Mich selbst hat das Suchen nach dem Sinn des Lebens, d. h. das Suchen nach dem Wege des Lebens – wie man leben müsse – zum Glauben geführt. Und als ich die Lebenswerke der Menschen sah, welche sich zur Lehre Christi bekannten, da schloß ich mich diesen Menschen an. Solche Menschen, welche sich durch Taten zur Lehre Christi bekannten, habe ich in gleicher Weise und ohne Unterschied sowohl unter den Orthodoxen als auch unter den Raskolniki aller Sekten, wie unter den Katholiken und Lutheranern angetroffen, so daß der allgemeine Sinn des Lebens, der durch die Lehre Christi gegeben wird, offenbar nicht aus den Glaubenslehren geschöpft wird, sondern aus irgend etwas anderem, was allen Glaubenslehren gemeinsam ist. Ich habe gute Menschen beobachtet, die nicht einer gemeinsamen Glaubenslehre angehörten, sondern verschiedenen, und in allen sah ich einen und denselben Sinn, der sich auf die Lehre Christi gründet. In allen diesen verschiedenen christlichen Sekten sah ich völlige Übereinstimmung in der Anschauung vom Guten, vom Bösen und darüber, wie man leben soll. Und alle diese Menschen erklärten diese ihre Anschauung als die Lehre Christi. Die Glaubenslehren haben sich getrennt, ihre Grundlage ist eine einzige – folglich ist in dem, was allen Glaubensbekenntnissen zugrunde liegt, eine einige Wahrheit. Diese Wahrheit eben will ich jetzt erkennen. Die Wahrheit des Glaubens muß sich nicht in bestimmten Auslegungen der Offenbarung Christi befinden, in eben jenen Auslegungen, welche die Christen in 1000 Sekten gespalten haben, sondern sie muß sich in der allerersten Offenbarung Christi befinden. Diese allererste Offenbarung sind die Worte Christi selbst, sie befindet sich im Evangelium. Und darum habe ich mich dem Studium des Neuen Testaments zugewendet."[12]

„Um den Inhalt der Schrift zu verstehen, welche sich auf den christlichen Glauben bezieht, muß vor allen Dingen die Frage beantwortet werden: welche von den 27 Büchern, die als Heilige Schrift ausgegeben werden, sind mehr oder weniger wesentlich, wichtig, und mit den wichtigen muß dann begonnen werden. Solche Bücher sind unzweifelhaft die vier Bücher der Evangelisten. Alles Vorhergehende kann im besten Falle nur historisches Material zum Verständnis des Neuen Testamentes, alles Nachfolgende nur die Erklärung für eben diese Bücher abgeben. Und darum ist es nicht nötig, wie es die Kirchen tun, alle Bücher unbedingt in Übereinstimmung zu bringen (wir haben uns überzeugt, daß dies die Kirche ganz besonders dazu gebracht hat, unverständliche Dinge zu predigen), sondern es ist nötig in diesen 4 Büchern, in welchen, wie die Kirche selbst lehrt, die wesentlichste Offenbarung enthalten ist, die Grundzüge der Lehre aufzufinden, ohne sich um irgend eine andere Lehre anderer Bücher zu kümmern. Und dies nicht deswegen, weil ich es nicht will, sondern weil ich mich vor dem Irrtum in den anderen Büchern fürchte, für den es ein so grelles und augenscheinliches Beispiel gibt."

„In diesen Büchern will ich aufzufinden trachten: 1. Das, was ich begreifen kann, denn niemand kann an Unbegreifliches glauben und das Wissen vom Unbegreiflichen ist so viel wie Nichtwissen; 2. das, was meine Fragen: Was bin ich? Was ist Gott? beantwortet und 3. welches ist die hauptsächliche, einzige Grund-

---

[12] Ebenda, S. 5.

lage der ganzen Offenbarung ? Und darum werde ich die unverständlichen, unklaren, halbverständlichen Stellen nicht so lesen, wie ich gerade will, sondern so, daß diese Stellen mit den völlig klaren Stellen so gut als möglich übereinstimmen und zu einem Grundgedanken gebracht werden können. Nachdem ich nun sowohl die Schrift selbst als auch, was darüber geschrieben ist, auf diese Weise nicht einmal und nicht zweimal, sondern vielemal gelesen habe, bin ich zu dem Schlüsse gekommen, daß die ganze christliche Tradition sich in den vier Evangelisten befindet, daß die Bücher des Alten Testaments nur zur Erklärung der Form dienen können, welche die Lehre Christi für mich gewählt hat, daß sie den Sinn der Lehre Christi nur verdunkeln und keineswegs erklären können, daß die Episteln des Johannes, des Jakob Lehren sind, welche durch die Eigentümlichkeit der zufälligen persönlichen Erörterungen hervorgerufen sind, daß man in ihnen die Lehre Christi, hie und da von einer neuen Zeit beleuchtet, jedoch nichts Neues finden kann. Unglücklicherweise kann man sehr oft, besonders in den Episteln des Paulus, einen solchen Ausdruck für die Lehre finden, welcher die Leser verwirrt und die Lehre selbst verdunkelt. Die Taten der Apostel aber, wie auch einige Episteln des Paulus haben oft nicht nur nichts gemein mit dem Evangelium, mit den Episteln des Johannes, Petrus und Jakob, sondern sie widersprechen diesen sogar oft. Die Apokalypsis enthüllt uns schon gar nichts. Die Hauptsache aber ist, daß die Evangelienbücher, zu so verschiedener Zeit sie auch geschrieben sind, die Darlegung der ganzen Lehre enthalten, alles andere ist nur Kommentar. Ich habe das Neue Testament in griechischer Sprache gelesen, in der Sprache, in welcher wir es haben, und habe es so übersetzt, wie es der Sinn und die Wörterbücher vorschrieben, indem ich hie und da von den vorhandenen Übersetzungen in neuere Sprachen abwich, welche schon zu einer Zeit gemacht wurden, wo die Kirche die Bedeutung der Tradition bereits auf ihre Weise aufgefaßt und bestimmt hatte. Außer zu dieser Übersetzung war ich auch unvermeidlich zu der Notwendigkeit geführt worden, die vier Evangelisten auf eine Einheit zurückzuführen, da sie alle, wenn auch mit verschiedenen Worten, ganz dieselben Ereignisse und eine und dieselbe Lehre darlegen."[13]

Wir haben bereits in einem der früheren Kapitel erwähnt, daß Tolstoi anfangs der Siebziger Jahre mit Leidenschaft Griechisch gelernt hatte. Diese Kenntnisse kamen ihm ganz besonders zustatten. Seine außerordentliche philologische Begabung verlieh ihm einen besonderen Scharfblick bei der Übersetzung griechischer Texte.

Mit vollem Ernst und mit merkwürdiger Begeisterung arbeitete Tolstoi an der Durchforschung der Evangelisten. Er benutzte die Arbeiten der besten Exegeten seiner Zeit, die Arbeiten eines Reiß, Griesbach, Tischendorff, und stellte ihre Meinungen denen der orthodoxen Forscher gegenüber, wie denen des Archimandrit Michael, Gregulewitsch u. a. Tolstoi ordnet die Geschichte des Neuen Testamentes in chronologischer Reihenfolge, verbindet die vier Evangelisten zu einem zusammenhängenden System, dann übersetzt er einen Text nach dem andern, vergleicht sie, kommentiert und generalisiert sie und findet einen gemeinsamen Sinn. Seine ganze Zusammenstellung der Evangelienbücher teilt er ein in eine Einleitung, zwölf Kapitel und ein Schlußwort.

Am Ende eines jeden Kapitels faßt er in freier Darlegung den Inhalt des betreffenden Kapitels zusammen. Als Zentralpunkte des Neuen Testamentes sollen, nach der Erklärung Tolstois, seine Unterredung mit Nikodim „über die Wiedergeburt" und die Auslegung der Legende vom Säemann gelten, in welcher die Frage: Was ist das Böse? gelöst wird.

Mit den Worten: „Es ist zu Ende, zu Ende ist auch das Evangelium", beginnt Tolstoi das Schlußwort zu diesem Buche, indem er dadurch zeigt, daß er alles Wunderbare, um so mehr also das Wunder der Wunder, die Auferstehung, wegläßt.

„Die Wahrheit der evangelischen Lehre", sagt Tolstoi, „bedarf keiner Beweise.

---

[13] Ebenda, S. 11.

Ihre Existenz unter Milliarden von Menschen durch 1800 Jahre zeigt uns ihre Wichtigkeit in genügender Weise. Vielleicht war es nötig, zu sagen, daß der Wald von Gott gepflanzt ist und daß ein Ungeheuer ihn hütet und Gott ihn schützt – vielleicht war dies nötig, als es noch keinen Wald gab, jetzt aber lebe ich in diesem 1800 Jahre alten Walde, jetzt, wo er schon emporgewachsen ist und mich von allen Seiten umgibt. Ich brauche keine Beweise dafür, daß er da ist; er ist da. So lassen wir denn alles das, was einmal für das Emporwachsenlassen dieses Waldes nötig war – für die Entstehung der Lehre Christi – beiseite."[14]

Diese ungeheure Arbeit wurde im Jahre 1881 vollendet.

Die Durchforschung des Neuen Testamentes sowie der größte Teil der religionsphilosophischen Schriften Tolstois waren nicht von ihm selbst für den Druck bestimmt. Er überließ dies seinen Freunden. Am Schlusse seiner Bekenntnisse sagt er selbst, indem er den Plan seiner religiösen Schriften darlegt:

„Was ich Falsches, was ich Wahres in dieser Lehre gefunden, zu welchen Schlüssen ich gelangt bin, das bildet die folgenden Teile einer Schrift, welche, wenn sie es wert ist und wenn sie jemand braucht, wahrscheinlich einmal gedruckt werden wird."[15]

Da Tolstoi für diese neue Art seiner Betätigung in seiner Familie keinen Anklang fand, legte er die mit großer Mühe geschriebene Arbeit beiseite und wendete sich der weiteren Darlegung seiner Gedanken zu.

Aber so wie „eine Stadt nicht verborgen bleiben kann, welche auf einer Bergeshöhe liegt", so konnte auch dieses große Werk nicht unbekannt bleiben und bald erblickte es das Licht der Welt. Die erste vollständige Ausgabe der „Zusammenstellung und Übertragung der vier Evangelisten" ist von uns in

---

14 Ebenda, Bd. III., S. 321.
15 *Bekenntnisse*, Ausg[abe], des „Swob. Slowo".

Genf bei Elpidin auf Kosten des K. M. S. veranstaltet worden.

Wir haben schon der Anwesenheit des Lehrers W. J. in Tolstois Hause Erwähnung getan, welcher den religiösen Werdegang Tolstois mit Aufmerksamkeit und Liebe verfolgte, teils in sanfter Weise auf Tolstoi einwirkend, teils aber selbst jenen mächtigen Einfluß in sich auf nehmend.

Als W. J. Tolstois Bearbeitung des Neuen Testamentes durchgelesen hatte, war er von dem neuen Sinne der Lehre Christi, der sich ihm hier eröffnete, überrascht. Der erste unmittelbare Wunsch W. J.'s war, diese merkwürdige Arbeit in einer Abschrift mit sich zu nehmen, um diese neuen Gedanken seinen Freunden mitzuteilen, da das Ende seines Aufenthalts im Tolstoischen Hause herannahte. Aber als er die Dimensionen des Werkes und die kurze Zeit, die ihm blieb, in Erwägung zog, sah er ein, daß er mit der Abschrift des ganzen Evangeliums nicht fertig werden könne, und beschloß, nur die Übertragung der evangelischen Texte selbst abzuschreiben. Nachdem W. J. diese Arbeit vollendet hatte, gab er sie Tolstoi zur Durchsicht. Tolstoi las die Texte aufs neue, korrigierte sie und schrieb ein neues Vor- und Schlußwort zu dieser Abschrift. So erschien ein neues Werk Tolstois unter dem Titel: „Kurze Zusammenfassung des Neuen Testamentes", ein Werk, welches fast das verbreitetste wurde von allen seinen religiösen Schriften und welches dem lesenden Publikum, sowie der Kritik unter dem Namen: „Tolstois Evangelium" bekannt ist.

In dem Vorwort zu dieser kurzen Zusammenfassung des Neuen Testaments bestimmt Tolstoi den Platz dieser Schrift innerhalb der Reihe der anderen religiösen Werke:

„Die kurze Zusammenfassung des Neuen Testaments ist der Auszug aus einer großen Schrift, welche im Manuskript vorliegt und in Rußland nicht gedruckt werden kann.

Die Schrift besteht aus vier Teilen:

1. Darstellung des Verlaufes meines persönlichen Lebens und derjenigen Gedanken, welche mich zu der Überzeugung führten, daß sich in der christlichen Lehre die Wahrheit befinde. [*„Beichte' bzw. „Bekenntnisse'.*]

2. Darlegung der christlichen Lehre nach den Kommentaren der Kirche überhaupt, der Apostel, Konzile und der sogenannten Kirchenväter und die Beweise der Unrichtigkeit dieser Kommentare. *Kritik der dogmatischen Glaubenslehre.*
3. Durchforschung der christlichen Lehre nicht nach diesen Kommentaren, sondern nur nach dem, was uns von der Lehre Christi erhalten ist, ihm selbst zugeschrieben wird und in den Evangelisten verzeichnet ist. Übertragung der vier Evangelisten und Zusammenfassung derselben in eine Einheit. (*Zusammenstellung und Übertragung der vier Evangelisten.*)
4. Darlegung des wahren Sinnes der christlichen Lehre, der Ursachen ihrer Entstellung und der Folgen, die das Predigen dieser Lehre haben muß. (*Worin besteht mein Glaube?*)
Diese kurze Zusammenfassung des Neuen Testaments ist eine verkürzte Ausgabe des dritten Teiles."[16]

Die ganze kurze Zusammenfassung ist ähnlich wie die ausführliche Schrift von Tolstoi in 12 Kapitel eingeteilt, obwohl die Benennungen der Kapitel etwas andere sind.

„Als ich meine Arbeit beendet hatte", sagt Tolstoi im Vorwort, „fand ich zu meiner Verwunderung und zu meiner Freude, daß das sogenannte Gebet des Herrn (Vaterunser) nichts anderes ist als die ganze Lehre Jesu in der gedrängtesten Form, in derselben Reihenfolge, in welcher ich die Kapitel angeordnet hatte, und daß jeder Satz des Gebetes dem Sinne und der Anordnung der Kapitel entspricht.

WORTE DES GEBETES – BENENNUNG DER KAPITEL

1. *Vater unser.* – Der Mensch ist ein Sohn Gottes.
2. *Der Du bist im Himmel.* – Gott ist das unendliche geistige Prinzip des Lebens.
3. *Geheiliget werde dein Name.* – Dieses Prinzip des Lebens möge heilig sein.
4. *Es komme Dein Reich.* – Und es möge sich vollziehen Sein Wille in allen Menschen.

---

[16] *„Kurze Zusammenfassung des Neuen Testaments"*, Ausgabe Elpidins.

5. *Dein Wille geschehe im Himmel.* – Und es möge sich vollziehen der Wille des unendlichen Prinzips in ihm selbst.
6. *Und auf Erden.* – So auch in dem Fleischlichen.
7. *Unser täglich Brot gib uns.* – Das zeitliche Leben ist die Nahrung des wahren Lebens.
8. *Heute.* – Das wahre Leben ist in der Gegenwart.
9. *Und vergib uns unsere Schuld, wie auch wir vergeben unseren Schuldigern.* – Und es mögen die Irrtümer dieses wahren Lebens und die Verirrungen der Vergangenheit uns nicht verborgen bleiben.
10. *Und führe uns nicht in Versuchung.* – Und sie mögen uns nicht täuschen.
11. *Sondern rette uns vor dem Bösen.* – Und darum wird es kein Böses geben.
12. *Denn Dein ist das Reich und die Kraft und die Ehre.* – Sondern Deine Macht wird bestehen, Deine Kraft und Deine Vernunft.

In diesem selben Vorwort wiederholt Tolstoi in kurzen Zügen die Schilderung des Weges, welcher ihn. zur Durchforschung des Neuen Testaments und zur Anerkennung seiner vollen Wahrheit geführt hat.

Und er schließt mit den Worten, in welchen er, sich an den Leser wendend, die Bedeutung seiner Arbeit unterstreicht und erklärt:

„Es kommt nicht darauf an, zu beweisen, daß Jesus nicht Gott war und daß seine Lehre deswegen keine göttliche ist, auch kommt es nicht darauf an, zu beweisen, daß er kein Katholik war, sondern darauf kommt es an, zu begreifen, worin jene Lehre bestand, welche den Menschen so teuer und so unerreichbar war, daß die Menschen den Prediger dieser Lehre als einen Gott anerkannten und noch anerkennen. Das eben habe ich versucht zu tun und habe es, für mich selbst wenigstens, getan. Und das ist es, was ich meinen Brüdern vorschlage. Wenn der Leser zu der ungeheuren Mehrheit der gebildeten,

im Kirchenglauben erzogenen Menschen gehört, welche sich
trotz der Unmöglichkeit, diesen Glauben mit dem gesunden
Verstande und mit dem Gewissen in Einklang zu bringen,
nicht von ihm losgesagt haben (vielleicht, weil einem solchen
Menschen die Liebe und Achtung zu dem Geiste der christlichen Lehre geblieben ist) oder wenn er nach dem Sprichwort:
,Böse auf den Floh, wirft er den ganzen Pelz in den Ofen', das
ganze Christentum für einen schädlichen Aberglauben hält,
so bitte ich einen solchen Leser, nicht zu vergessen, daß dasjenige, was ihn abstößt und was er für einen Aberglauben
hält, nicht die Lehre Christi ist, daß Christus nicht schuld sein
kann an jener häßlichen Tradition, die man seiner Lehre angehängt und für das Christentum ausgegeben hat; man muß
nur die Lehre Christi erforschen, so wie sie auf uns gekommen ist, d. h. jene Worte und Handlungen, welche Christus
zugeschrieben werden und welche eine belehrende Bedeutung haben. Bei der Lektüre meiner Darlegung wird sich ein
solcher Leser überzeugen, daß das Christentum nicht nur
kein Gemisch von Hohem und Niedrigem ist, nicht nur kein
Aberglaube, sondern die allerstrengste, reinste und vollständigste metaphysische und ethische Lehre, die höchste, zu der
sich bis jetzt die menschliche Vernunft aufgeschwungen hat
und nach deren Mittelpunkt, ohne sich dessen bewußt zu
sein, die ganze höhere Tätigkeit des Menschen: die politische,
die wissenschaftliche, die dichterische und die philosophi-
sche hinstrebt. Gehört der Leser zu jener verschwindend kleinen Minderheit von gebildeten Menschen, welche sich an den
Kirchenglauben halten, indem sie sich nicht für äußere Zwecke zu ihm bekennen, sondern zum Zwecke der inneren Ruhe
– so bitte ich einen solchen Leser, bevor er zu lesen beginnt,
in seiner Seele die Frage zu lösen, was ihm teurer ist: die Ruhe
seiner Seele oder die Wahrheit? Wenn ihm seine Seelenruhe
teurer ist, so bitte ich ihn, nicht weiter zu lesen, ist ihm aber
die Wahrheit teurer, so bitte ich ihn eingedenk zu sein, daß
die Lehre Christi, die hier dargelegt ist, ungeachtet des gleichen Namens eine ganz andere Lehre ist und daß darum sein

Verhältnis zu dieser Darlegung als das eines Menschen, der sich zum Kirchenglauben bekennt, dasselbe ist, wie das Verhältnis eines Mohammedaners zu der Predigt des Christentums, daß für ihn die Frage nicht die ist, ob die vorliegende Lehre mit seinem Glauben übereinstimmt oder nicht, sondern die, welche Lehre mit seiner Vernunft und mit seinem Herzen mehr übereinstimmt, sein Kirchenglaube oder die Lehre Christi allein. Die Frage ist für ihn nur die, ob er die neue Lehre annehmen will oder bei seinem Glauben bleiben. Gehört aber der Leser zu den Menschen, welche sich äußerlich zum Kirchenglauben bekennen und ihn hochhalten, nicht deswegen, weil sie an seine Wahrheit glauben, sondern aus äußeren Erwägungen, weil sie das Bekenntnis dieses Glaubens und das Predigen desselben für vorteilhaft halten, so mögen solche Menschen im Auge behalten, daß, so viele Gleichdenkende sie auch immer haben, so mächtig sie auch sind, auf welche Throne immer sie sich setzen, mit wie hohen Namen sie sich auch nennen – sie nicht Ankläger sind, sondern Angeklagte, nicht von mir, sondern von Christus. Solche Leser mögen nicht vergessen, daß sie nichts zu beweisen haben, daß sie schon längst gesagt haben, was sie zu sagen hatten; daß, wenn sie auch beweisen würden, was die Hunderte der einander verleugnenden Glaubensbekenntnisse jedes für sich beweisen – daß es ihnen nicht zukommt zu beweisen, sondern sich zu rechtfertigen. Sich zu rechtfertigen wegen der Gotteslästerung, mit welcher sie die Lehre Jesu – des Gottes den Lehren des Esra, der Konzile, der Theophilokten gleichstellten und sich erlaubten, die Worte Gottes zu kommentieren und zu ändern nach den Worten der Menschen. Rechtfertigen müssen sie sich wegen der Verleumdung Gottes, indem sie alle Abscheulichkeiten, welche in ihren Herzen waren, auf Gott Jesus wälzten und sie für seine Lehre ausgaben. Rechtfertigen wegen Betruges, indem sie die Lehre Gottes verheimlichten, welcher gekommen war, der Welt das Glück zu bringen, und statt dessen ihren ‚Heiligengeist-Glauben' setzten, und weil sie durch diese Unterschiebung Milliarden von

Menschen derjenigen Glückseligkeit beraubt haben und noch berauben, welche Christus den Menschen gebracht hat und weil sie statt des Friedens und der Liebe, die er gebracht hat, Sekten, Verdammungen und allerlei Verbrechen in die Welt gesetzt haben, welche sie mit dem Namen Christi verhüllten. Für diese Leser gibt es nur zwei Möglichkeiten: demütige Reue und Lossagung von der Lüge oder Verfolgung derjenigen, welche sie wegen ihrer früheren und jetzigen Taten beschuldigen.

Wenn sie sich nicht von der Lüge lossagen, so bleibt ihnen nur Eines, mich zu verfolgen – worauf ich mich, meine Schrift vollendend, mit Freude und mit Furcht vor meiner Schwäche gefaßt mache."[17]

N. N. Strachof, der alle Arbeiten Tolstois verfolgte, teilt N. J. Danilewskij über diese Arbeit folgendes mit:

„Während dieses Winters hat er eine neue Darlegung der Evangelischen Lehre (nicht des Evangeliums selbst) verfaßt. Wenn Sie hier sein werden, so werde ich Sie mit alledem so lange als Sie wollen füttern, ich werde auch mit Ihnen diskutieren, falls Sie es sich einfallen lassen, wie Sie es zu tun pflegen, hartnäckig zu sein."

In demselben Briefe spricht Strachof von den ersten erschienenen französischen Übersetzungen der religiösen Schriften Tolstois:

„… Über L. N. Tolstoi weiß ich folgendes sicher. Sein Freund, Fürst Urussof, war in Paris; er ist der größte Verehrer der neuen Ideen Tolstois und hat für die *Revue Nouvelle* die ‚Bekenntnisse' übersetzt welche in der ‚Russkaja Mysl' (Russischer Gedanke) abgedruckt waren und verbrannt wurden, sowie die Einleitung zur Darlegung des Neuen Testaments. Diese Einleitung wurde dort abgedruckt, nachdem

---

[17] „*Kurze Zusammenfassung des Neuen Testaments*" von L. N. Tolstoi, Ausg[abe]. M. Elpidin, Genf.

man ihr einen anderen Namen gegeben hatte, welcher gar nicht paßte. Die ‚Bekenntnisse' zu drucken, hält man nicht für nötig, da man schon einen gar nicht dummen Artikel Zions: *Un pessimiste russe,* gebracht hatte. Bei alledem ist ein unklares Zeug herausgekommen. Alles das wurde ohne jede Initiative von Seiten Tolstois gemacht, aber er denkt auch nicht daran, das zu verhindern."

Das freie Schalten Tolstois mit den Texten des neuen Testaments gefiel diesen ihm wohlgesinnten, aber konservativen Leuten augenscheinlich nicht. In einem der nächsten Briefe an Danilewskij schreibt N. N. Strachof:

„Ich habe ihm davon erzählt, daß wir seine ‚Zusammenfassung' gelesen haben und daß wir über ihn geschimpft haben. Er gab zu, daß das Anführen von Versen aus dem Evangelium stutzig machen muß; er erklärte, daß dies eine Arbeit sei, die er für sich selbst gemacht hatte und die in dieser Gestalt nicht hätte veröffentlicht werden sollen. Er sagte mir bei dieser Gelegenheit, daß bereits drei seiner Schriften: 1. ‚Bekenntnisse', 2. ‚Worin besteht mein Glaube?' und 3. die ‚Zusammenfassung' ins Englische übersetzt sind, daß aber in der ‚Zusammenfassung' nur seine Einleitungen beibehalten, der abgeänderte Text aber mit den Hinweisen auf die Verse sei ausgelassen worden. Das ist sehr recht. ‚Worin besteht mein Glaube?' ist deutsch und französisch schon längst erschienen."

Diese kurze Zusammenfassung des Neuen Testaments war der Stein des Anstoßes für viele aufrichtige Freunde Tolstois.
J. S. Aksakof verhielt sich dazu folgendermaßen:
N. N. Strachof schreibt darüber an Danilewskij am 5. Juli 1885:

„... In Moskau habe ich Aksakof in der Bank getroffen und wir sprachen, d. h. er sprach immer über ein und dasselbe, über die ‚Kurze Zusammenfassung des Neuen Testaments'. Ach, Nikolaj Jakowlewitsch, nur mit Ihnen genoß ich die Unterhaltung im wahren Sinne dieses Wortes. Übrigens bin ich für eine freie Rede über diesen Gegenstand noch immer nicht vorbereitet und blieb oft selbst stecken, wenn ich versuchte, darüber zu sprechen. Mit einem Wort, je redseliger Aksakof war, um so weniger kam bei unserem Gespräche heraus.

... Vor allem äußert er großes Entzücken über die beiden Erzählungen Tolstois, welche ich Ihnen gebracht habe und sagt, daß er ihm derentwegen die ‚Zusammenfassung‘ verziehen hat.

In den Erzählungen, sagt Iwan Sergejewitsch, kommt es zum Ausdruck, daß Leo Nikolajewitsch in einem solchen reinen, herzlichen, liebevollen Verhältnisse zur heiligen Wahrheit steht, daß das Geheimnis dieses Verhältnisses unserer Analyse nicht untersteht und daß es ihn, den Autor, außerhalb unseres Urteils stellt. Offenbar hat er sein *Conto-Current* mit Gott.“

Als Tolstoi die Untersuchung des Neuen Testaments beendet, nachdem er die wesentlichen Grundlagen des Christentums daraus entnommen hatte, empfand er eine ungeheure Befriedigung für sein Streben und seine geistige und seelische Tätigkeit wandte sich einerseits zur Darlegung seiner Weltanschauung in positivem Sinne, andererseits zur Realisierung dieser Weltanschauung in seinem persönlichen Leben. Als er um sich blickte, erschrak er vor der furchtbaren Kluft, welche die von ihm und seiner Umgebung angewendeten Lebensformen von dem Ideale schied, welches nun in seiner ganzen blendenden Reinheit vor ihm stand. Das soziale und politische Leben erschreckte ihn gleichfalls durch den Kontrast zu derjenigen Lehre, welche in Worten von der sogenannten christlichen Gesellschaft anerkannt wird.

Darstellung zum Ersten Konzil von Nicäa 325 n. Chr.:
Kaiser Konstantin entrollt als höchste Autorität der
Staatsmacht den Text des dogmatischen Bekenntnisses

(wikipedia.org/wiki/Erstes_Konzil_von_Nicäa)

Das „Unaussprechliche"
als Gegenstand reiner Wortmagie

Aus dem Werk „Glauben in Freiheit", 1993[1]

Von Eugen Drewermann

Der Unterschied ist klar: von einem *lyrischen Gedicht* kann man erwarten, daß es die *Erfahrung* der Liebe, die Tiefe des Gefühls, die Wahrheit einer Beziehung adäquat verdichtet wiedergibt – seine Sprache geht auf das Geheimnis der Liebe ein, indem sie es ausdrückt; die Theologensprache hingegen *entfernt* sich immer weiter von ihrem „Gegenstand", indem sie ihn „begrifflich" zu „fassen" sucht. In den selbstgeschaffenen *Hohlraum* der Evidenz aber dringt dann wieder das Moment des gerade noch unterdrückten eigenen Wollens, nur jetzt in der Form eines *Imperativs*: nunmehr muß man sich selbst einen Glauben „befehlen", den man weder „objektiv" erkennen kann noch „subjektiv" fühlen darf. Einerseits fürchtet man die „Unvernunft" der Liebe, andererseits die „Unvernunft" der religiösen Überzeugung; aber was der Kirchenglaube von beiden übrig läßt, ist nichts als ein Akt scheinlogischer Willkür – eine „Vernunftehe" bestenfalls –, ein permanentes Beziehungsunglück zum Zwecke gesellschaftlichen Vorteils, kann man auch sagen. Denn: Die Bedeutung des „Willensmäßigen", „Befohlenen" in der kirchlichen Definition des Glaubens gewinnt des weiteren eine konkrete Gestalt in der *vollkommenen Unterwerfung des einzelnen Gläubigen* unter das

---

[1] Textquelle | Buchauszug, hier dargeboten mit freundlicher Erlaubnis des Verfassers aus Eugen DREWERMANN: Glauben in Freiheit oder Tiefenpsychologie und Dogmatik. Band 1: Dogma, Angst und Symbolismus. Solothurn/Düsseldorf: Walter-Verlag 1993, S. 73-76. – Auswahl und Überschrift dieses Auszugs vom Herausgeber; die Anmerkungen zum Buchabschnitt entfallen an dieser Stelle.

Diktat eines Lehrstandes professioneller Experten in allen Angelegenheiten der Religion. Aus einer Frage, die eigentlich jedermanns Leben betrifft und betreffen sollte, wird jetzt eine Art Geheimwissen von besonders geschulten Kirchenbeamten, auf deren „Begründungen", „Ableitungen" und „Entscheidungen" das gemeine Kirchenvolk vollkommen eingeschworen werden muß.

Nirgendwo sonst tritt die Pervertierung der ursprünglichen Art der Botschaft Jesu schon in ihrer äußeren Form so deutlich in Erscheinung wie in der Etablierung einer solchen kirchlichen Fachschaft von *Bildungsexperten göttlichen Wissens*. Die bittersten Sätze aus dem Munde des Nazareners über den Stand der Schriftgelehrten seiner Zeit finden hier ihr aktuelle Bestätigung. Man lese nur Mt 23! „Sie lieben es", heißt es da, „in den Synagogen (den Kirchen also) die ersten Plätze einzunehmen" (Mt 23,6) – man betrachte Sonntag um Sonntag nur den Einzug der Prälaten, Pröbste und Pastöre in das Chorgestühl des Doms zur Conzelebration eines bischöflichen „Pontifikalamtes"; man besehe sich nur das Schauspiel eines „Semestereröffnungsgottesdienstes" jeder beliebigen theologischen Fakultät: wie da die erlauchte Gelehrtenschaft in schwarzem und rotem Ornat, mit Spänglein und Kettchen behängt, in den vorderen Bankreihen Platz nimmt, dicht am Altar, wo bald schon der Christus selber im kirchlichen Meßritus unter den Händen des „Ortsoberhirten" in den Gestalten von Brot und Wein zum Heil der Menschheit sich selber „zum Opfer darbringen" wird, nachdem dieser zuvörderst in seiner Eigenschaft als der oberste „Lehramtsinhaber" und „Großkanzler" seiner theologischen Fakultät, als Bischof eben, den versammelten Gottesgelehrten nebst ihren Alumni in ergreifenden Worten die Treue zum kirchlichen Lehramt, die Disziplinierung öffentlicher Kritik und die „Freude" an der Göttlichkeit und Wahrheit der Kirche „unseres Herrn und Meisters" ans Herz gelegt hat – und man weiß ein für allemal, daß hier die Fähigkeit längst abhanden gekommen sein muß, die Worte Jesu auch nur entfernt auf sich selbst zu beziehen und sich davon entscheidend in Frage stellen zu lassen.

Denn schlimmer noch: diese Leute, sagte an gleicher Stelle

Jesus (Mt 23,13), „halten den Schlüssel zum Himmelreich in Händen, doch sie selber gehen nicht hinein, und sie lassen auch niemanden hinein." Energischer kann man nicht dagegen protestieren, daß unter den Händen der „Schriftgelehrten", der *Theologiedozenten* in unseren Tagen, das Gottesverhältnis des Menschen in eine intellektualisierte, autoritär vorgegebene, „objektive", unpersönliche Paßform stehender Redensarten umgewandelt werden soll. – Ein kleines Beispiel mag da genügen: *die Präfation der katholischen Meßfeier am Dreifaltigkeitstag*. Da wird zur Feier des Tages in vorgeschriebener „Freude" über die im Christentum endgültig geoffenbarten Wahrheiten des Dreifaltigen Gottes singend von dem amtierenden Priester die würdige Verehrung der Trinität zelebriert: „nicht", wie es heißt, „in der Einzigkeit einer Person, sondern in der Dreiheit eines Wesens … Und so beten wir an den wahren und ewigen Gott: in den Personen die Sonderheit, im Wesen die Einheit und in der Majestät die Gleichheit …" Das ist die Sprache des offiziellen *Gebetes* über *den Kerninhalt des christlichen Glaubens*! Man darf mit Sicherheit behaupten, daß nicht ein einziger unter den Gläubigen, ja, daß nicht einmal der sechs Jahre lang theologisch gebildete Zelebrant selbst, auch nach anderthalbtausend Jahren kirchlicher Festlegung dieser Dogmensprache nicht, wenigstens von ferne begreifen wird, wovon da die Rede geht. All die Predigten am Dreifaltigkeitssonntag beschreiben denn auch in aller Regel als erstes und einziges die übermenschlichen Schwierigkeiten, überhaupt zu verstehen, wie rätselhaft das göttliche Wesen dem menschlichen Denken *entgegensteht*; gleichwohl steht über jedem dieser Prediger noch wieder der eigene Dogmatikdozent, der ihm in mindestens zwei bis drei abzuleistenden Examina den Beweis abgerungen hat, daß er *trotzdem* die Lehre von der Heiligsten Dreifaltigkeit, „dogmengeschichtlich" und „systematisch" betrachtet, hersagbar auf dem Schnürchen hat; und so macht schließlich zumindest der Theologiedozent selber Verdacht, er wenigstens kenne sich aus in den Lehren der göttlichen Metaphysik; doch weil auch das noch nicht genügt, ist über ihm selber der bischöfliche Oberhirte als höchster Lehramtsbewahrer gesetzt, sorgfältig zu wachen über die „Angemessenheit" und „Genügsamkeit" der jeweiligen theologisch verwandten Kommentare bezüglich des Heilsgeheimnisses des Göttlichen.

Kann man noch deutlicher zeigen, wie sehr man mit all dem sich von der einfachen Wahrheit eines Gottesverhältnisses des Vertrauens, wie Jesus es durch sein Leben ermöglichen wollte, entfernt hat? Freilich, am Ende sagt's der Pastor *Faustens Gretchen* auch, Gott sei „die Liebe" und eben deshalb „dreipersönlich" – ein ewiger, unendlicher Bezug der „Selbstreflexion" und der „Selbstdurchdringung", der „Zeugung" und „Hervorbringung" durch „aktive" und „passive" „Hauchung", doch nichts von all diesen Formeln, für die im Verlauf der Kirchengeschichte unzählige Menschen exkommuniziert und getötet wurden, wird einem Menschen die so beschriebene Gottheit näher bringen.

Stattdessen wird das „Unbegreifbare", das den Worten nach „Unaussprechliche" nunmehr endgültig zu einem *Gegenstand reiner Wortmagie*. Da in dem ganzen theologischen Begriffsgebäude schon die bloße Frage, was denn die jeweilige Lehre mit der persönlichen Erfahrung des jeweiligen Dozenten zu tun habe, als eine ungehörige, ja, unerhörte Infragestellung erscheinen muß, wird es jetzt unvermeidlich, jede Erinnerung an die persönliche Existenz, so gut es geht, zu *tilgen* und die *Wahrheit* definitiv und endgültig *an das Amt zu binden*.

Alles menschliche Leben ist notwendigerweise, vielschichtig, schillernd und mehrdeutig – keinerlei Eindeutigkeit und Gewißheit einer bestimmten Doktrin läßt sich darauf gründen. Wozu aber hätte Gott, wenn wir theologisch schon einmal so weit sind, sich noch „offenbaren" sollen, wenn nicht, um die Irrungen und Wirrungen des menschlichen Lebens endlich zu Klarheit und Wahrheit zu bestimmen? Und wie anders könnte dies gelingen, als indem man vom menschlichen Leben ganz und gar *absieht*? Das „Göttliche" – das ist fortan das, was „der Mensch" von sich aus gar nimmer finden könnte und was er in seiner Gebrochenheit sogar nach ergangener „Offenbarung" niemals getreu genug durch die Zeiten bewahren könnte. Wenn irgend trotzdem die Wahrheit des Göttlichen dem Menschen zugänglich bleiben soll, so muß sie, isoliert vom persönlichen Leben, in der Form eines objektiven Ausdrucks an ein Amt gebunden werden, von dem man nur glauben muß, daß Gott selbst es zur Sicherung seiner Botschaft eingerichtet habe.

Spätestens jetzt ist es soweit: Die gesamte Aufregung einer religiösen Existenz ist fortan endgültig überwunden; was Menschen fühlen, leben und erleiden, besitzt jetzt allenfalls noch eine periphere Bedeutung; von substantiellem Rang ist künftig allein das Wort des kirchlichen Lehramtes selbst. In ihm liegt die Wahrheit. Es selbst *ist* die Garantie der Wahrheit. So wie das Lehramt es vorspricht, muß man es daher nachsprechen, um der göttlichen Wahrheit teilhaftig zu werden. Aus der Intellektualisierung der religiösen Wahrheit ist in gerader Linie also die Verbeamtung der Wahrheit erwachsen.

Cte Léon TOLSTOÏ

(1885-1886)

Kommentiertes Verzeichnis
zu Editionen von Tolstois
Kritik der dogmatischen Theologie

Russischer Text

Große sowjetische Werkausgabe | Lew N. TOLSTOI: Issledovanie dogmatičeskogo bogoslovija (Untersuchung der dogmatischen Theologie, 1879-1884). In: PSS [Russische Gesamtausgabe in 90 Bänden, Moskau 1928-1957ff: Polnoe sobranije sočinenij w 90 tomach]. Band 23. Moskau 1957, S. 60-303. [Als Internet-Ressource: http://tolstoy.ru/creati vity/90-volume-colection-of-the-works]

Zur Editionsgeschichte | „Der erste Teil der ‚Untersuchung' erschien erstmals 1891 in Genf in einer textologisch unzuverlässigen Ausgabe unter dem Titel ‚Kritik der dogmatischen Theologie', der zweite Teil fünf Jahre später in Carouge bei Genf. Čertkov veröffentlichte die ‚Untersuchung' im zweiten Band der Werkausgabe der in Russland verbotenen Schriften Tolstojs (L. N. Tolstoj, Polnoe sobranie sočinenij, zapreščennych v. Rossii, Bd. 2, Christchurch 1903). In Russland konnte sie erstmals 1908 ungekürzt erscheinen." (Daniel Riniker: Einleitung zum Auszug ‚Schlussbetrachtung' aus der Schrift ‚Untersuchung der dogmatischen Theologie'. In: M. George / J. Herth / Chr. Münch / U. Schmid [Hg.]: Tolstoj als theologischer Denker und Kirchenkritiker [2014]. Zweite Auflage. Göttingen: Vandenhoeck & Ruprecht 2015, S. 87.)

Übersetzungen
für die deutschsprachige Leserschaft

Dargebotene Teilübersetzung von L. A. Hauff (1891) | Graf Leo N. TOLSTOI: Vernunft und Dogma. Eine Kritik der Glaubenslehre. Mit Genehmigung des Verfassers aus dem Russischen übersetzt von L. A[lbert]. Hauff. Berlin: Verlag von Otto Janke 1891. [164 Seiten; enthält nur den zum Zeitpunkt der Übersetzung allein als Veröffentlichung vorliegenden ersten Teil von Tolstois Werk zur Kritik der dogmatischen Theologie.] [Der Übersetzer L. Albert Hauff (1838-1904) war ein deutsch-russischer Philologe.]

Vollständige Übersetzung von Carl Ritter (1904) | Leo N. TOLSTOJ: Kritik der dogmatischen Theologie. Erster Band. Übersetzt von Carl Ritter. (= Leo N. Tolstoj. Gesammelte Werke. II. Serie, Band 1. Von dem Verfasser genehmigte Ausgabe von Raphael Löwenfeld). Leipzig: Eugen Diederichs Verlag 1904. [X und 211 Seiten] – Leo N. TOLSTOJ: Kritik der dogmatischen Theologie. Zweiter Band. Übersetzt von Carl Ritter. (= Leo N. Tolstoj. Gesammelte Werke. II. Serie, Band 2. Von dem Verfasser genehmigte Ausgabe von Raphael Löwenfeld). Leipzig: Eugen Diederichs Verlag 1904. [331 Seiten]

Vollständige Übersetzung von Carl Ritter (Neuauflage 1911) I Leo N. TOLSTOJ: Kritik der dogmatischen Theologie. Erster Band. Übersetzt von Carl Ritter. (= Leo N. Tolstoj. Gesammelte Werke. II. Serie, Band 2. Von dem Verfasser genehmigte Ausgabe von Raphael Löwenfeld). Zweites und drittes Tausend. Jena: Eugen Diederichs Verlag 1911. [X und 211 Seiten] – Leo N. TOLSTOJ: Kritik der dogmatischen Theologie. Zweiter Band. Übersetzt von Carl Ritter. (= Leo N. Tolstoj. Gesammelte Werke. II. Serie, Band 3. Von dem Verfasser genehmigte Ausgabe von Raphael Löwenfeld). Zweites und drittes Tausend. Jena: Eugen Diederichs Verlag 1911. [331 Seiten]

Übersetzung eines Auszugs von O. Radetzkaja (2014) I L. TOLSTOJ: Schlussbetrachtung aus der Untersuchung ,Untersuchung der dogmatischen Theologie', übersetzt von Olga Radetzkaja. In: Christian Münch in: Martin George / Jens Herth / Christian Münch / Ulrich Schmid (Hg.): Tolstoj als theologischer Denker und Kirchenkritiker. (Übersetzung der Tolstoj-Texte von Olga Radetzkaja und Dorothea Trottenberg, Kommentierung von Daniel Riniker). [2014]. Zweite Auflage. Göttingen: Vandenhoeck & Ruprecht 2015, S. 87-101.

Briefbezüge zum Werk

Lew TOLSTOI: Briefe. Erster Band: 1844-1885. Übersetzt von Günter Dalitz aus dem Russischen. (= Gesammelte Werke in zwanzig Bänden. Herausgegeben von Eberhard Dieckmann und Gerhard Dudek, Band 16). Berlin: Rütten & Loening 1971, S. 558-559: *Brief an N. N. Strachow, 22.-23.11.1879*; S. 586-587: *Nicht abgeschickter Brief an Alexandra Alexandrowna Gräfin Tolstaja, März 1882* („... Zwischen mir und Ihnen kann es nichts Gemeinsames geben, denn jenen Heiligengeistglauben, zu dem Sie sich bekennen, habe ich früher von ganzem Herzen bekannt, mit all meinen Geisteskräften studiert und mich davon überzeugen müssen, daß er kein Glaube, sondern niederträchtiger Betrug ist, ersonnen zum Verderben der Menschheit. Nachdem ich mich hiervon überzeugt hatte, schrieb ich ein Buch, das die Betrüger entlarvt. Das also wäre meine Einstellung zu Ihnen. A tort ou à raison, jedenfalls halte ich Ihren Glauben für ein Werk des Teufels, das zu dem Zweck erfunden wurde, die Menschheit des von Christus gewährten Heils zu berauben. Mein Buch und ich selbst sind eine Entlarvung der Betrüger, jener Lügenpropheten, die im Schafspelz kommen und die wir an ihren Früchten erkennen sollen. – Zwischen Entlarver und Entlarvtem kann es also kein Einverständnis geben. Die Angeklagten haben nur zwei Auswege – sich zu rechtfertigen und nachzuweisen, daß alle meine Anklagen nicht zutreffen (das kann nicht mit einem Federstrich geschehen, dazu bedarf es eines Studiums des Gegenstandes, der Freiheit des Wortes und vor allem des Bewußtwerdens der eigenen Wahrheit. – Und daran fehle es eben. Die Entlarvten haben sich hinter Zensur und Bajonetten versteckt und schreien: Herr, erbarme dich – und Sie schreien mit), oder aber ihre Schuld zu bekennen und der Lüge und dem Bösen abzusagen. – Aber was Sie und diese Leute sagen: ,Wahrhaftig, bei Gott, wir sind unschuldig. Du solltest Gott fürchten, wahrhaftig, wir glauben an Christus', und dergleichen mehr, ist genau das, was Schuldige immer behaupten. / Entweder müssen sie sich rechtfertigen für Gewalttaten aller Art, für Hinrichtungen, Morde, für die Horden, die sie zum Menschenmord zusammengeholt haben und in Verhöhnung Gottes eine Christus liebende Kriegerschar nennen, müssen sich rechtfertigen für alle Greuel, die seit eh und je mit dem Segen ihres Glaubens begangen werden, oder aber sie müssen bereuen. / Und ich weiß, die Betrüger denken nicht daran, sich zu rechtfertigen oder zu bereuen. Zu Reue verspüren diese Leute wie auch Sie selbst keine Lust, denn dann ginge es nicht mehr an, dem Mammon zu dienen und sich selbst einzureden, man diene Gott. / Die Betrüger werden tun, was sie immer getan haben, sie werden schweigen. Wenn es aber nicht mehr möglich sein wird, zu schweigen, werden sie mich umbringen. – Darauf bin ich gefaßt. Und Sie leisten dabei große Unterstützung, wofür ich Ihnen eben so dankbar bin.")

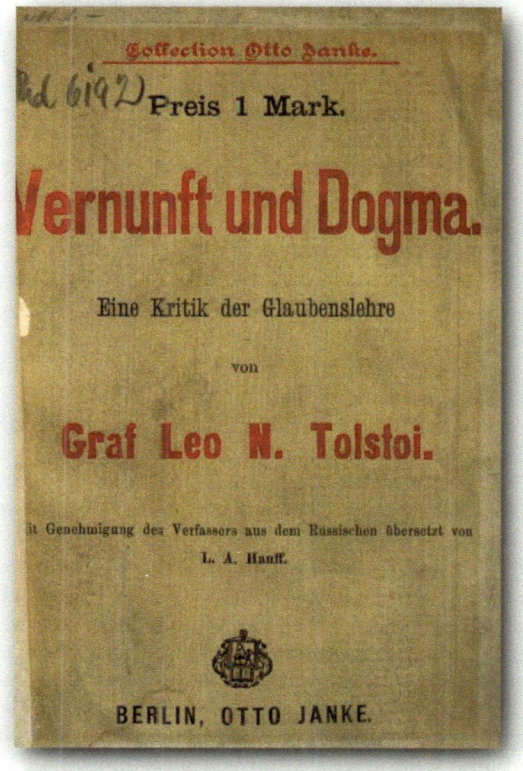

Ausgewählte Literatur
zu Tolstois Schriften über
Religion, Theologie und Kirche

AXELROD 1902 = Esther Luba Axelrod: Tolstois Weltanschauung und ihre Entwicklung. Stuttgart: Enke 1902. [& Stuttgart: Union dt. Verlagsanstalt ¹1902.]

BARTOLF 2006 = Christian Bartolf: Ursprung der Lehre vom Nicht-Widerstehen. Über Sozialethik und Vergeltungskritik bei Leo Tolstoi. Berlin: Selbstverlag des Gandhi-Informations-Zentrum 2006.

BIRUKOF 1909 = Leo N. Tolstois Biographie und Memoiren. Autobiographische Memoiren, Briefe und biographisches Material. Herausgegeben von Paul Birukof und durchgesehen von Leo Tolstoi. II. Band: Reifes Mannesalter. Wien/Leipzig: Moritz Perthes (k. u. k. Buchhandlung) 1909.

BRYNER 2015 = Erich Bryner: Protestantismus. In: M. George / J. Herlth / Chr. Münch / U. Schmid (Hg.): Tolstoj als theologischer Denker und Kirchenkritiker. Zweite Auflage. Göttingen: Vandenhoeck & Ruprecht 2015, S. 540-553.

DOERNE 1969 = Martin Doerne: Tolstoj und Dostojewskij. Zwei christliche Utopien. Göttingen: Vandenhoeck & Ruprecht 1969.

DREWERMANN 2023 = Eugen Drewermann: Zum Geleit. In: Leo N. Tolstoi: Texte gegen die Todesstrafe. Über die Unmöglichkeit des Gerichtes und der Bestrafung der Menschen untereinander. (= Tolstoi-Friedensbibliothek: Reihe B, Band 1). Norderstedt: BoD 2023, S. 9-15.

ERNST 1991 = Peter Ernst: Ehrfurcht vor dem Leben: Versuch der Aufklärung einer aufgeklärten Kultur. Ethische Vernunft und christlicher Glaube im Werk Albert Schweitzers. Mit einem Exkurs über religiöse Kultur und Sozialethik im literarischen Entwurf Leo Tolstois. (= Europäische Hochschulschriften. Reihe 23, Band 414). Frankfurt am Main: Peter Lang 1991.

GAEDE 1980 = Käte Gaede: Lew Nikolajewitsch Tolstoi. Schriftsteller und Bibelinterpret. Berlin: Evangelische Verlagsanstalt 1980.

GEORGE 2015a = Martin George: Gott. In: M. George / J. Herlth / Chr. Münch / U. Schmid (Hg.): Tolstoj als theologischer Denker und Kirchenkritiker. Zweite Auflage. Göttingen: Vandenhoeck & Ruprecht 2015, S. 355-372.

GEORGE 2015b = Martin George: Kirche. In: M. George / J. Herlth / Chr. Münch / U. Schmid (Hg.): Tolstoj als theologischer Denker und Kirchenkritiker. Zweite Auflage. Göttingen: Vandenhoeck & Ruprecht 2015, S. 389-407.

GEORGE/HERLTH/MÜNCH/SCHMID 2015 = Martin George / Jens Herlth / Christian Münch / Ulrich Schmid (Hg.): Tolstoj als theologischer Denker und Kirchenkritiker. (Übersetzung der Tolstoj-Texte von Olga Radetzkaja und Dorothea Trottenberg, Kommentierung von Daniel Riniker). Zweite Auflage. Göttingen: Vandenhoeck & Ruprecht 2015. [Erstauflage 2014.]

GLOGAU 1893 = Gustav Glogau: Leo Graf Tolstoi ein russischer Reformator. Ein Beitrag zur Religionsphilosophie. Kiel/Leipzig: Lipsius & Tischler 1893.

GOLDT 2015 = Rainer Goldt: Judentum. In: M. George / J. Herlth / Chr. Münch / U. Schmid (Hg.): Tolstoj als theologischer Denker und Kirchenkritiker. Zweite Auflage. Göttingen: Vandenhoeck & Ruprecht 2015, S. 557-570.

HANKE 1993 = Edith Hanke: Prophet des Unmodernen. Leo N. Tolstoi als Kulturkritiker in der deutschen Diskussion der Jahrhundertwende. Tübingen: Max Niemeyer 1993.

HOLL 1922/1928 = Karl Holl: Tolstoi nach seinen Tagebüchern [1922]. In: Karl Holl: Gesammelte Aufsätze zur Kirchengeschichte. Band II. Der Osten. Tübingen: Verlag von J.C.B. Mohr 1928, S. 433-449.

KALICHA 2013 = Sebastian Kalicha (Hg.): Christlicher Anarchismus. Facetten einer libertären Strömung. Heidelberg: Verlag Graswurzelrevolution 2013.

KJETSAA 2001 = Geir Kjetsaa: Lew Tolstoj. Dichter und Religionsphilosoph. Gernsbach: Casimir Katz Verlag 2001.

KLEMM 2008 = Ulrich Klemm: Leo Tolstoi. Dichter, Christ, Anarchist. Hilterfingen: Edition Anares 2008.

KOEBER 1890 = Raphael von Koeber: Leo Tolstoi und sein unkirchliches Christentum. Herausgegeben mit einer Nachschrift: Die Flucht aus dem brennenden Cirkus, von Hübbe-Schleiden. Braunschweig: C. A. Schwetschke & Sohn 1890.

KOLSTØ 2015 = Pål Kolstø: Orthodoxie. In: M. George / J. Herlth / Chr. Münch / U. Schmid (Hg.): Tolstoj als theologischer Denker und Kirchenkritiker. Zweite Auflage. Göttingen: Vandenhoeck & Ruprecht 2015, S. 528-540.

KUßE 2010 = Holger Kuße: Lev Tolstoj und die Sprache der Weisheit. Göttingen: Vandenhoeck & Ruprecht 2010.

KUßE 2015a = Holger Kuße: Religion. In: M. George / J. Herlth / Chr. Münch / U. Schmid (Hg.): Tolstoj als theologischer Denker und Kirchenkritiker. Zweite Auflage. Göttingen: Vandenhoeck & Ruprecht 2015, S. 408-432.

KUßE 2015b = Holger Kuße: Anthropologie. In: M. George/ J. Herlth /Chr. Münch/ U. Schmid (Hg.): Tolstoj als theologischer Denker und Kirchenkritiker. Zweite Auflage. Göttingen: Vandenhoeck & Ruprecht 2015, S. 433-448.

LÖWENFELD 1892 = Raphael Löwenfeld: Leo N. Tolstoj, sein Leben, seine Werke, seine Weltanschauung. Erster Teil. Leipzig: Arwed Strauch [1892].

LÖWENFELD 1901 = Raphael Löwenfeld: Gespräche über und mit Tolstoj. Dritte, vermehrte Auflage. Leipzig: Eugen Diederichs 1901.

MACHINEK 1998 = Marian Machinek: „Das Gesetz des Lebens"? Die Auslegung der Bergpredigt bei L. N. Tolstoj im Kontext seines ethisch-religiösen Systems. (= Moraltheologische Studien – Systematische Abteilung, Band 25). St Ottilien: Eos Verlag Erzabtei St. Ottilien 1998.

MILKOV 2004 = Nikolay Milkov: Leo Tolstois Darlegung des Evangeliums und seine theologisch-philosophische Ethik. In: Perspektiven der Philosophie Neues Jahrbuch. Band 30 (2004), S. 311-333.

MÜNCH 2015a = Christian Münch: Glaube und Vernunft. In: M. George / J. Herlth, Chr. Münch / U. Schmid (Hg.): Tolstoj als theologischer Denker und Kirchenkritiker. Zweite Auflage. Göttingen: Vandenhoeck & Ruprecht 2015, S. 324-338.

MÜNCH 2015b = Christian Münch: Offenbarung und Bibel. In: M. George / J. Herlth / Chr. Münch / U. Schmid (Hg.): Tolstoj als theologischer Denker und Kirchenkritiker. Zweite Auflage. Göttingen: Vandenhoeck & Ruprecht 2015, S. 338-354.

MÜNCH 2015c = Christian Münch: Jesus Christus. In: M. George / J. Herlth / Chr. Münch / U. Schmid (Hg.): Tolstoj als theologischer Denker und Kirchenkritiker. Zweite Auflage. Göttingen: Vandenhoeck & Ruprecht 2015, S. 373-388.

NIGG 1949/1986 = Walter Nigg: Der Häretiker in der Ostkirche. Leo Tolstoi. In: W. Nigg: Das Buch der Ketzer [1949]. Zürich: Diogenes Tb. 1986, S. 530-557.

ORECHANOV 2015 = Georgij Orechanov: Russische Orthodoxe Kirche [Tolstoj-Rezeption]. In: M. George / J. Herlth / Chr. Münch / U. Schmid (Hg.): Tolstoj als theologischer Denker und Kirchenkritiker. Zweite Auflage. Göttingen: Vandenhoeck & Ruprecht 2015, S. 585-593.

PHILIPP = Franz-Heinrich Philipp: Tolstoj und der Protestantismus. (= Marburger Abhandlungen zur Geschichte und Kultur Osteuropas, II). Gießen: Verlag Wilhelm Schmitz 1959.

QUISKAMP 1937 = Robert Quiskamp: Der Gottesbegriff bei Tolstoj. Paderborn: Ferdinand Schöningh 1937. [Abweichende Ausgabe: Der Gottesbegriff bei Tolstoy [Dissertation]. Emsdetten: Lechte 1937.] [Der röm.-kath. Autor dieser Studie wurde am 19.12.1940 vor dem Sondergericht Bielefeld verurteilt wegen des kirchlichen Begräbnisses eines polnischen Zwangsarbeiters – mit Predigt in polnischer Sprache; baldiger Tod nach Bochumer Gefängnishaft.]

RITTER 1902 = Carl Ritter: , Leo Tolstoi. Betrachtungen zur deutschen Gesamtausgabe seiner Werke' [= Rezension zur Werkausgabe des Diederichs-Verlags]. In: Die christliche Welt. Evangelisches Gemeindeblatt für Gebildete aller Stände. Marburg 16. Jg. (1902), Nr. 26, Spalten 606-611.

RITTER 1904 = Carl Ritter: Tolstoi.]. In: Die christliche Welt. Evangelisches Gemeindeblatt für Gebildete aller Stände. Marburg 18. Jg. (1904), Nr. 11, Spalten 252-257.

SANDFUCHS 1995 = Wolfgang Sandfuchs: Dichter – Moralist – Anarchist. Die deutsche Tolstojkritik 1880 – 1900. Stuttgart: M & P Verlag für Wissenschaft und Forschung 1995.

SCHMID 2010 = Ulrich Schmid: Lew Tolstoi. München: C.H. Beck 2010.

SCHMID 2015a = Ulrich Schmid: Katholizismus [I. Tolstojs Stellung zu diesem]. In: M. George / J. Herlth / Chr. Münch / U. Schmid (Hg.): Tolstoj als theologischer Denker und Kirchenkritiker [2014]. Zweite Auflage. Göttingen: Vandenhoeck & Ruprecht 2015, S. 554-556.

SCHMID 2015b = Ulrich Schmid: Katholizismus [II. Tolstoj-Rezeption]. In: M. George / J. Herlth / Chr. Münch / U. Schmid (Hg.): Tolstoj als theologischer Denker und Kirchenkritiker. Zweite Auflage. Göttingen: Vandenhoeck & Ruprecht 2015, S. 620-627.

SCHMIDT 1990 = Evelies Schmidt: Nachwort. In: Leo N. Tolstoi: Meine Beichte. Aus dem Russischen von Raphael Löwenfeld. (= Religions- und gesellschaftskritische Schriften, Band 1. Neu herausgegeben und durchgesehen von Evelies Schmidt). München: Eugen Diederichs Verlag 1990, S. 167-200.

SCHMITT 1901 = Eugen Schmitt: Die Kulturbedingungen der christlichen Dogmen und unsere Zeit. Leipzig: Verlag Eugen Diederichs 1901. [Zu Tolststoi besonders S. 44ff.]

STEPUN 1961 = Fedor Stepun: Die religiöse Tragödie Tolstojs. In: F. Stepun: Dostojewskij und Tolstoj. Christentum und soziale Revolution. München: Hanser 1961, S. 80-156.

TROYAT 1966 = Henri Troyat: Tolstoi oder Die Flucht in die Wahrheit. Wien / Düsseldorf: Econ-Verlag 1966. [S. 299-332: Kunst und Glaube; S. 445-472: Auferstehung, Exkommunizierung.]

TAMCKE 2015 = Martin Tamcke: Protestantische Theologie [Tolstoj-Rezeption]. In: M. George / J. Herlth / Chr. Münch / U. Schmid (Hg.): Tolstoj als theologischer Denker und Kirchenkritiker. Zweite Auflage. Göttingen: Vandenhoeck & Ruprecht 2015, S. 608-619

TAMCKE 2020 = Martin Tamcke: Tolstojs Religion. Eine spirituelle Biographie. Berlin: Insel Verlag 2020.

THAETER 1988 = Jörg Thaeter: Die Beziehung des Individuums zur Unbegrenztheit und zur Gemeinschaft. L. N. Tolstoj als „Seher des Geistes". Kiel: Dissertation 1988.

TOLSTOI-BRIEFE 1844-1885 = Lew Tolstoi: Briefe. Erster Band: 1844-1885. Übersetzt von Günter Dalitz aus dem Russischen. (= Gesammelte Werke in zwanzig Bänden. Herausgegeben von Eberhard Dieckmann und Gerhard Dudek, Band 16). Berlin: Rütten & Loening 1971.

ZWAHLEN 2015 = Regula Zwahlen: Russische Religionsphilosophie [Tolstoj-Rezeption]. In: M. George / J. Herlth / Chr. Münch / U. Schmid (Hg.): Tolstoj als theologischer Denker und Kirchenkritiker. Zweite Auflage. Göttingen: Vandenhoeck & Ruprecht 2015, S. 594-607.

———

Dieser Band erscheint in der Reihe A des Editionsprojekts ‚Tolstoi-Friedensbibliothek' zur (Neu-)Erschließung gemeinfreier Übersetzungen von ‚religionsphilosophischen (theologischen) und sozialethischen Schriften' Leo N. Tolstois. Über weiterführende Literatur, zu unseren Angeboten sowie zum Kreis der Beteiligten (Konzeption und Herausgeberschaft, Bearbeitung, Beratung, Kooperationspartner*innen) informiert die Projektseite: www.tolstoi-friedensbibliothek.de